网络支付市场调研与案例选编
（2015—2016）

中国支付清算协会　编著

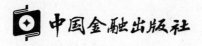

中国金融出版社

责任编辑：肖　炜

责任校对：李俊英

责任印制：陈晓川

图书在版编目（CIP）数据

网络支付市场调研与案例选编（Wangluo Zhifu Shichang Diaoyan yu Anli Xuanbian）：2015—2016/中国支付清算协会编著．—北京：中国金融出版社，2017.8

ISBN 978 - 7 - 5049 - 9067 - 9

Ⅰ．①网⋯　Ⅱ．①中⋯　Ⅲ．①互联网络—应用—银行业务—市场调研—案例—中国—2015～2016　Ⅳ．①F832.2

中国版本图书馆 CIP 数据核字（2017）第 144967 号

出版
发行　中国金融出版社

社址　北京市丰台区益泽路 2 号

市场开发部　（010）63266347，63805472，63439533（传真）

网 上 书 店　http://www.chinafph.com

　　　　　　（010）63286832，63365686（传真）

读者服务部　（010）66070833，62568380

邮编　100071

经销　新华书店

印刷　保利达印务有限公司

尺寸　169 毫米×239 毫米

印张　24.25

字数　360 千

版次　2017 年 8 月第 1 版

印次　2017 年 8 月第 1 次印刷

定价　60.00 元

ISBN 978 - 7 - 5049 - 9067 - 9

如出现印装错误本社负责调换　联系电话（010）63263947

序

近年来，随着我国经济金融体系的不断发展和各类经济主体支付需求的不断变化，支付体系已经快速融入到经营生产、商品交易、社会生活的方方面面，并发挥着提高资金流转效率、促进市场经济高效运作的关键作用。特别是以网络支付、移动支付和跨境支付等为代表的支付服务创新发展，极大程度满足了客户日益多样化、个性化的支付需求，有力支撑了我国电子商务的发展和社会消费的增长，对拉动内需、促进国民经济发展起到积极且重要的作用。

当前，监管部门对网络支付业务的规范和引导正逐步加强，专项业务管理办法和自律规范陆续出台，"强合规、防风险、促发展"成为行业发展的主旋律。在此背景下，网络支付行业步入全面规范发展的新阶段，并呈现出以下特点：一是业务规模保持增长态势。2016年，国内商业银行共处理网上支付业务461.78亿笔，金额2084.95万亿元，同比分别增长26.96%和3.31%；共处理移动支付业务257.10亿笔，金额157.55万亿元，同比分别增长85.82%和45.59%。非银行支付机构共处理网络支付业务（含移动支付业务）1639.02亿笔，金额99.27万亿元，同比分别增长99.53%和100.65%。二是客户规模不断扩大。截至2016年底，国内银行网上支付客户总数为13.25亿个，同比增长17.99%。支付机构为客户开立的支付账户总量为34.48亿个，同比增长30.80%。三是市场主体积极打造支付服务生态圈，通过增加产品功能、优化业务流程、降低综合费率、提高优惠补贴等手段，不断改善用户体验，提升获客能力。四是跨境支付业务呈现蓬勃发展态势。2016年，国内支付机构跨境互联网支付交易笔数为5.85亿笔，金额为1865.51亿元，同比分别增长42.68%和28.32%。五是新技术与支付应用深度融合，促进支付产品创新及普及推广。如生物识别技术在客户身份识别和交易验证等方面的审慎应用，可穿戴设备与移动支付的深入结合等。

为更好地推动网络支付和移动支付业务的市场推广与应用，促进同业间的业务沟通与交流，加深对行业前沿和热点问题的剖析，促进网络支付和移动支付业务创新发展。中国支付清算协会网络支付应用工作委员会和移动支付工作委员会于2015年和2016年持续组织成员单位开展了市场调查研究工作及优秀案例征集活动，期间得到广大成员单位的踊跃参与和大力支持。在业内诸多专业人士的共同努力下，通过业务座谈、专题研究、实地调研、网上问卷等多种方式，推动相关工作的顺利完成，形成了多篇高水平、高质量的调研报告，以及一系列反映网络支付和移动支付行业创新发展现状的优秀案例。

协会对上述经验成果进行系统性整理，在监管部门、会员单位的多名专家共同参与和努力下，最终形成《网络支付市场调研与案例选编（2015—2016）》（以下简称《选编》）以飨读者，以帮助会员单位及其从业人员准确了解行业创新发展情况，同时对会员单位近年来的实践经验和阶段性成果做出积极正面的宣传。

《选编》凝聚了广大会员单位和业内诸多专业人士的集体智慧，内容丰富、数据详实、信息量大，既有深入的理论性研究，又有会员单位的具体实操经验，可供行业从业人员和高等院校研究人员参考学习。作为反映支付领域创新、实践和探索的读本，《选编》难免存在疏漏或不足之处，企盼各界同仁予以宝贵的批评指正，并希望以此书稿为载体促进业内开展更为广阔的业务学习交流与合作，帮助社会各界更加全面、准确地了解网络支付和移动支付行业，从而促进我国支付清算行业迈上新的台阶。

中国支付清算协会编写组
2017年6月

目　　录

第一篇
热 点 追 踪

条码支付业务发展概述及展望

封　俏[①]

随着移动互联网的快速发展以及智能手机的普及，条码（二维码）以其承载信息量大、易编辑、形式新颖等优势被尝试应用于移动支付业务当中，通过支付宝、财付通（微信支付）等市场主体的积极实践和探索，条码支付在产品解决方案、市场接受度、风险控制机制等方面逐步趋向成熟，扫码工具 App 的用户安装量和功能持续增加，业务应用场景不断丰富，通过条码方式进行支付已经成为消费者的日常行为习惯之一。本研究将对条码支付业务发展现状进行梳理，归纳典型的业务模式和流程，分析存在的主要风险和问题，提出相关策略建议，并对行业未来发展趋势作出展望。

一、条码支付业务开展现状

（一）典型业务模式及流程

条码支付产品支持收款扫码和付款扫码两种主要业务方式。收款扫码是指收款人通过读取付款人移动终端展示的条码完成收款的行为；付款扫码是指付款人通过移动终端读取收款人展示的条码完成支付的行为。

1. 收款扫码业务流程

（1）用户在商户门店选购商品或服务，打开 App 并向商户展示条码；

（2）商户使用受理终端设备扫描用户 App 生成的条码，生成交易订单；

（3）商户收银系统将交易信息传递至收单机构的业务处理系统；

① 本课题牵头单位为支付宝，参与单位包括工商银行、建设银行、民生银行、财付通、快钱。蔡宏、陈光波、周勇、李颖、刘剑、封俏、孙霄、杨笑时、廖金灵参与了本课题的研究工作。

（4）收单机构业务处理系统推送扣款信息至用户 App，由用户在 App 上进行付款确认（小额免密场景直接完成扣款）；

（5）收单机构同时反馈交易是否成功的信息至商户受理终端和用户 App。

2. 付款扫码业务流程

（1）用户在商户门店选购商品或服务，打开 App 扫描商户展示的条码；

（2）用户在 App 展示的付款页面查看商户信息、输入付款金额及密码确认支付；

（3）收单机构同时反馈交易是否成功的信息至商户系统和用户 App。

3. 用户扫描账单条码付款业务流程

（1）用户选择需要购买的商品或服务后，商户将商品或服务信息输入收银系统生成订单并传递给收单机构系统；

（2）收单机构系统将商户传输的交易订单信息（包括商户账户信息和订单金额信息）通过技术及安全手段生成条码；

（3）商户收银系统将条码打印在用户消费账单上，并向用户出示；

（4）用户打开 App，扫描账单上的条码，确认账单金额，输入支付密码支付完成；

（5）收单机构同时反馈交易是否成功的信息至商户收银系统和用户 App。

（二）业务资金流

1. 付款人使用支付账户付款

（1）收款人收款账户为支付账户的，则资金流为付款人支付账户余额减少→收款人支付账户余额增加（无实际银存资金变动，只是支付机构内部记账处理）；

（2）收款人收款账户为银行账户的，则资金流为（付款人支付账户余额减少）收单机构客户备付金账户→收款人银行账户。

2. 付款人使用银行账户付款

（1）收款人收款账户为支付账户的，则资金流为付款人银行账户→收单机构客户备付金账户（收款人支付账户余额增加）；

（2）收款人收款账户为银行账户的，则资金流为付款人银行账户→收单机构客户备付金账户（收单机构为支付机构时）→收款人银行账户。

（三）受理场景

条码支付主要服务于中小商户，以小额高频消费场景为主，商户主要涉及日用百货、餐饮、商超、美容美发、加油站、机场候机楼、高铁站等行业领域，应用领域较为广泛，商户类型较为丰富。其中，最为集中的领域为餐饮行业和商超行业。

（四）商业模式分析

1. 目标客户群体

条码支付同时服务于消费者和实体门店商户两端，在消费者端目前普及度非常高，各主流手机软件都加载条码相关功能，消费者端的培育已经基本成熟。商户端暂主要集中在一线、二线城市餐饮、商超等日常消费领域，三线、四线城市的商户开发程度还远远不够，存在巨大的市场空间，特别是针对小微商户群体。总的来说，条码支付的目标群体就是日常消费领域的各类实体门店，发展趋势是从一线、二线城市逐步向三线、四线城市延伸。

2. 产品核心价值

一是便捷性。即从消费者的角度省去携带管理现金的麻烦、避免钱包丢失带来的各种风险；从商户的角度省去现金找零、现金管理的困扰，提高收银速度且方便对账。

二是安全性。即从消费者的角度看，不用再担心银行卡丢失、被侧录、盗刷的风险；从商户的角度看，可避免大量现金滞留收银台带来的丢失、被盗、抢劫等潜在风险。

三是低成本。即商户无需承担传统 POS 机具安装及维护成本，使用普通扫码枪即可完成收银。特别对于难以申办 POS 机的小微商户可以起到填补服务空白地带的作用。

3. 盈利模式分析

条码支付主要面向特约商户收费，特约商户承担收单手续费已经是市场惯例，商户基本上能够接受。由于条码支付可以基于银行账户、支付账户等多种支付方式完成支付，在资金渠道成本上更具有优势。

二、业务发展过程中面临的主要风险问题及应对措施

（一）主要风险问题

一是在付款扫码模式下存在假码风险。在付款扫码模式下扫描静态码有可能遭遇假码，目前条码生成软件获取相对容易，可能被手机木马或恶意软件制造者用于非法目的。一些不法分子将有毒或带木马、插件的网址生成一个条码，诱导用户进行扫描，从而窃取用户手机通讯录、银行卡号、支付账户等隐私信息。

二是移动终端被他人控制造成资金损失风险。如果用户的手机丢失并被他人控制后，控制手机的人可以通过技术手段解锁手机，再攻破 App 登录密码就有可能使用条码完成支付，从而产生资金损失风险。

三是付款条码被复制传播导致盗刷的风险。用户展示给商户的付款条码可能存在被非法复制传播的风险，特别是当前部分用户开通了小额免密功能，一旦付款条码被他人获取可能存在资金损失隐患。

四是存在利用营销活动套利的风险。即不法分子通过虚假交易套取市场主体在新产品推广期发放的营销补贴奖励，营销活动套利风险并非条码支付业务独有的风险，但现阶段条码支付业务正处于快速发展阶段，这一问题较为突出。

（二）市场主体的风险应对措施

1. 针对假码风险

一是条码 App 禁用文件下载功能，禁止用户扫码时下载并安装任何文件，从而避免用户因误扫非法链接而被种木马的情况，最大限度地保护用户的资金安全。二是在交易报文安全上，以标准的交易报文安全防御措施为基础，对条码识别后的内容进行严格安全校验，保证只有合法有效的条码才能进入后续支付。三是建立黑名单库，如果解析出的链接或下载地址在黑名单内，就会向用户提示风险并禁止用户在支付宝钱包等应用内打开链接。

2. 针对移动终端被他人控制导致的资金损失风险

市场主体一般通过大数据分析模型进行交易风险控制，例如同一用户在不同终端或异地发生登录时，则要求用户进行指纹、人脸或重新输入登录密码等方式进行安全校验。此外，市场主体还提供包括手机 App、PC 端、人工服务热线等多渠道的快速挂失服务，用户发生手机丢失后可以及时挂失，避免资金损失发生。

3. 付款条码被复制传播风险

针对付款条码被复制传播风险，条码应由后台服务器加密动态生成或由移动终端安全单元（SE）加密动态生成并仅限短时间内一次使用有效，不允许付款条码反复使用。采用服务器加密动态生成条码时，原则上应实时从后台服务器获取；若无法实时从后台服务器获取，移动终端软件应定期从后台服务器获取条码生成因子，通过生成因子加密动态生成条码；同时应采取密码技术对生成因子进行保护，防止生成因子受到未授权的访问，以确保其唯一性；并将其与移动终端的唯一标识信息绑定，防止生成因子被非法复制到其他移动终端使用。

通过对条码设置短暂有效期内一次性使用的方式，在有效期过后或使用后将会形成新的条码，而之前已生成或使用的条码进行失效处理，无法在后续任何条码支付中使用，从而有效防范因条码被复制传播而导致的资金风险。

通过禁止截屏防范条码复制风险。用户打开 App 进入付款码页面进行截屏时，Android 用户端会禁止截屏付款码，用户无法截屏付款码；iOS 用户端会弹出截屏提醒，并对截屏的条码进行失效处理。同时，用户在付款码页面截屏付款码操作时，App 会弹出提醒对话框提示用户存在风险。

4. 防止套现风险

根据商户信用卡交易、整数交易、同一卡号交易次数和频率进行分析统计，如发现有疑似套现风险的商户，则采取调低商户限额、要求商户提供交易单据或暂停收款服务等措施，对连续预警疑似风险商户进行上门调查，并对商户进行风险教育。

5. 防止营销活动套利

7

针对用户可能基于营销补贴规则多次套利的情形，主要建立明确、完善的补贴规则禁止套利行为，并依托大数据分析能力有效识别同一用户的消费行为，例如同一身份不同账户消费、不同账户同一手机消费、同一身份不同门店多次消费等，同时配合建立恶意套利、批量注册账户的黑名单库，在营销活动时进行针对性拦截。

三、对监管和自律工作的建议和需求

（一）建立条码支付业务风险信息共享机制

建议中国支付清算协会牵头搭建条码支付的风险信息共享机制，搜集建立商户及外包商的黑名单库并进行行业共享，便于开展全行业的联防共治；针对新型风险案例、行业集中爆发的风险问题等及时在行业内进行预警通报，便于全行业及时开展有针对性的防控工作。

（二）在风险可控的基础上，解决小微商户收款需求

条码支付较多应用于中小、小微商户，此类商户一般为个人门店或个人独资企业，而个人门店的实际经营者与工商执照往往不一致，未经工商变更的门店转让行为普遍存在，在工商手续上存在一定瑕疵。建议根据社会实际情况，允许实际经营门店的个人经营者作为自然人商户接入，可以使用个人结算账户作为收单账户，同时可要求收单机构通过控制受理卡种、交易限额、加大巡查等方式控制交易风险。

（三）从政策上鼓励开展广泛的行业合作，打造开放、共享、共赢的行业环境

在不违反监管规定的基础上，鼓励行业机构开展多种形式的业务合作和资源共享，实现不同机构之间的优势互补，多方共赢，从而打造一个开放、共享、互惠共赢的行业发展环境，同时也可降低小微商户多头接入的经营管理成本。

四、业务创新规划及行业发展趋势展望

一是市场主体积极推动条码支付业务从境内走向境外。条码的应用将在符合所在地及我国的监管要求及技术要求的前提下，伴随跨境电商、海

外购、海外退税等业务的发展，在应用上逐步从境内拓展到境外使用。

二是在相关技术标准统一应用的背景下，条码支付的安全性、便捷性将得到提升。伴随着《条码支付技术安全指引》和《条码支付受理终端技术指引》的下发及终端安全加密手段的不断升级，条码支付的安全性将得以大幅提升，在小额便民领域成为银行卡的有益补充。

三是市场主体持续拓展业务应用场景，不断丰富功能，满足客户多样化、个性化的支付需求。条码支付的功能和应用场景将进一步多样化，会在如个人转账、ATM取款、公交等民生领域得以进一步发展。

网络支付监管背景下
市场主体执行情况、
风险问题应对及政策需求研究

马晓东　滕　辉　高小强[①]

2015 年 12 月 28 日，备受各界瞩目的《非银行支付机构网络支付业务管理办法》（以下简称《网络支付办法》）正式出台，通过在支付效率与安全目标之间进一步寻求平衡，将会促使重要性渐增、却又问题凸显的非银行支付机构网络支付市场，逐步走上"良币驱逐劣币"的健康发展轨道。

《网络支付办法》出台的过程以及引起的热议，既体现了非银行支付机构的网络支付业务已经与公众日常生活息息相关，也反映出人民银行在政策制定中更加重视多方利益协调的公共选择过程。财付通支付科技有限公司（以下简称财付通公司）作为国内领先的非银行支付机构，在网络支付领域已经耕耘超过 10 年，同时积极参与到《网络支付办法》的制定与执行落实过程中。基于市场主体对监管制度的执行情况，分析《网络支付办法》出台的重要意义及对市场主体的影响，归纳市场主体在运营过程中面临的主要问题及政策需求，并提出相关策略建议。

一、网络支付监管制度出台的背景和重要意义

《网络支付办法》坚持支付账户实名制底线，要求支付机构遵循"了解你的客户"原则，建立健全客户身份识别机制，切实落实反洗钱、反恐怖融资要求，防范和遏制违法犯罪活动。同时，《网络支付办法》着重突

---

① 本课题牵头单位为财付通支付科技有限公司。

出对客户权益的保护，在客户资金安全、信息安全、自主选择权、知情权等方面提出了一系列管理规定，并要求支付机构健全客户投诉处理、客户损失赔付等机制，提升客户服务水平。对于权责关系相对较为复杂的银行卡快捷支付业务，还明确了业务授权等相关要求，在确保支付便捷性的同时充分保障客户合法权益。《网络支付办法》对规范我国支付服务市场、维护公平有序竞争、平衡支付安全与效率、保障消费者合法权益、促进支付服务创新和互联网金融健康发展具有重要意义。

《网络支付办法》对快速发展的网络支付行业发展及市场主体业务经营的积极作用不亚于2010年《非金融机构支付服务管理办法》，给疯狂生长的网络支付打上了一剂强效镇静剂，对于规范支付市场秩序、促进支付服务创新、防范网络支付风险意义重大。

（一）对支付便利与支付安全的平衡点把握更加准确

与商业银行相比，支付机构给消费者带来的服务理应更加有效、及时和便利，但由于许多创新走到了监管前面，也在部分环节引发潜在风险，因此如何处理好效率与风险的"跷跷板"成为重中之重。对此，《网络支付办法》一方面围绕业务关系相对复杂的银行卡快捷支付，既设定了底线原则，又给予保障便利的、责权相称的弹性政策空间，另一方面针对基于支付账户余额的支付活动，按照实名程度从原有两类扩为三类，赋予不同的功能，并列出了相应的业务"负面清单"。客观来看，《网络支付办法》已在规范的前提下，尽可能降低了对消费者支付便利的影响。

（二）结合行业发展现状，充分落实差别化分类分级监管的基本原则

《网络支付办法》把支付机构分为三类进行差异化监管。对于评定为较高类别且实名制落实较好的支付机构，在客户身份验证方式、支付账户转账功能、支付账户单日交易限额、银行卡快捷支付验证方式、个人卖家管理等方面，都提升了监管弹性和灵活性。如在支付账户的实名认证中，允许评定为较高类别的支付机构运用各种安全、合法的技术手段，更加灵活地制定其他有效的身份核实方法，经人民银行评估认可后予以采用。

（三）牢牢抓住支付账户实名制与身份验证真实性的监管"抓手"

无论是人民银行针对商业银行出台的个人银行账户分类管理相关规

定，还是《网络支付办法》，其监管着力点都是在适应电子支付创新趋势的同时，牢牢把握个人实名制这个掌控风险的"牛鼻子"。在现代金融体系中，账户作为反映资金流动和沉淀的基本单位，既是最重要的金融"交通载体"，也可能成为容纳个体违规行为与金融风险的"黑箱"。对此，实名制实际上一方面有利于事先约束风险萌芽、提高风险预警和可控性，另一方面有助于事后风险追溯，从而使得金融安全与归责变得更易操作和具有震慑力。在《网络支付办法》与身份验证有关的各部分内容中，都体现了这种"以人为本"的电子支付监管思路转型。

（四）重点强调了市场主体风险量化与信息披露的重要性

零售支付市场监管的核心目标之一就是控制风险，过去对于第三方支付市场，究竟应如何判断系统性风险与非系统性风险的类型，如何让公众准确了解现有风险状况，在一定程度上缺乏相应原则与外部监管约束。而《网络支付办法》要求支付机构于每年1月31日前，将上一年度发生的各类客户投诉处理、风险事件及处理的情况对外公布，正体现了把支付风险从模糊化到具体化的制度尝试。同时，有效的信息披露既是消除矛盾、纠纷与误读的重要途径，也是一切违规行为的"天敌"，已充分贯穿在《网络支付办法》精神中。

（五）提出了支付消费者保护与教育的诸多新理念

在金融创新不断加快、金融要素日渐复杂的背景下，金融消费者权益保护成为监管与行业自律的工作重心，也是各国金融监管规则完善的依托主线。作为影响经济社会稳定的重要金融基础设施，零售支付服务中的消费者保护同样不容忽视。在《网络支付办法》中，对于客户的资金安全、信息安全、业务知情权、消费选择权等都进行了归纳和阐释，这也有助于落实国务院办公厅《关于加强金融消费者权益保护工作的指导意见》的相关要求。此外，消费者保护也与良好的支付文化建设密切相关，《网络支付办法》不仅对容易引起误读的一些专业性概念范畴进行了解读，而且促使支付机构更好地履行职责，向客户宣传专业知识与风险认识，从而努力构建各方共赢的行业环境。

二、网络支付监管制度的出台将引导市场主体实现规范经营，促进其业务经营模式的优化、转型和调整

《网络支付办法》在鼓励创新与规范发展之间寻找到一条相对平衡的道路，不仅满足了广大互联网用户对小额支付便捷性的需求，而且加强了对大额转账安全性的管理。不仅在微观上有效规范了未来网络支付的发展之路，而且在宏观层面上维护了支付体系的稳定安全。创新与稳健的统筹，为银行和支付机构的持续发展创造了良好的外部环境，拓展了支付模式的创新空间。

《网络支付办法》实施后，将促使各支付机构规范经营、严格落实账户实名制、注重风险管理，这在有利于支付产业健康发展的同时，也加速了网络支付行业优胜劣汰的进程。对于资本实力、市场份额和技术能力占优的企业，这无疑是政策利好，在其符合评定为 A 类支付机构的情况下，有利于其进一步提升市场占有率。而对于其他经营规模较小、缺乏特色经营领域的支付机构而言，在差异化监管及《支付业务许可证》续展的压力下，其未来发展前景存在变数。目前，具备银行金融牌照的大型金融机构，互联网企业旗下第三方支付机构正加速转型和调整，稳步推进互联网"消费＋支付＋理财"的转型发展策略，以最大限度地避免监管制度带来的影响。而部分市场主体则面临较为严峻的考验，向互联网大数据和支持小微企业发展或许可能成为其未来发展方向。

三、市场主体贯彻落实《网络支付办法》的主要情况，以及遇到的主要困难和问题

（一）市场主体支付账户实名制的贯彻落实情况

2015 年 12 月，《网络支付办法》正式公布，这一办法于 2016 年 7 月 1 日起正式生效，其中支付机构为客户开立支付账户的，应当对客户实行实名制管理。此外将个人网络支付账户分为 3 类，升级账户需追加认证。从该办法的规定来看，个人网络支付账户被分成 I、II、III 类。III 类账户需要有 1 个及以上外部渠道验证身份，付款限额自开设起累计 1000 元；II 类

账户需要有 3 个及以上外部渠道验证身份，付款限额每年累计 10 万元； I 类账户需要有 5 个及以上外部渠道验证身份，或线下面对面开设，付款限额每年累计 20 万元。

根据该规定，如果用户的支付宝或微信未达到相应标准，就将直接影响支付账户部分功能的使用，无法接收来自他人的红包、打赏、转账等，因而《网络支付办法》也被称作"史上最严支付新规"。但也正是这项支付新规，让支付宝、微信加快了实名认证的步伐。

2016 年 3 月，支付宝发表声明称，为了配合支付新规，支付宝将在《网络支付办法》出台后正式启动相关系统升级与改造工作，并且帮助用户进行相关操作。支付宝将提示和引导非实名用户进行账户信息完善，以完成落实实名制的要求，并表示"目前实名验证的方式有很多种，除了身份证、银行卡之外，手机、缴费账户和社保账户等都可以作为身份验证的渠道"。

财付通公司支付账户基数庞大，为了有效落实支付账户实名制工作，也采取一系列措施积极推进实名制。公司旗下的移动支付产品微信支付和 QQ 钱包，不但结合门户网站、视频网站、官方微博等公开宣传渠道向互联网用户宣传实名制知识，而且持续通过公众号提醒、系统消息等方式通知用户，引导用户完善个人身份信息，完成账户升级。

《网络支付办法》正式实施以来，财付通公司对非实名用户账户的支付、转账、收款、理财等功能进行了严格限制，强制要求用户积极实名认证，为自己的支付行为筑起安全保障。目前，微信支付主要通过在钱包中添加本人银行卡、上传证件、运营商验证等方式帮助用户完成实名认证。QQ 钱包在派发红包奖励的同时，陆续向用户发送 QQ 钱包公众号和 QQ 弹窗信息，并在"常见问题"中设置了多个实名认证入口。

实际上，早在 2015 年《网络支付办法》征求意见稿伊始，许多第三方支付企业及相关电商平台就已经开始了推进用户实名制的进程。譬如，百度钱包就给用户发送了短信提醒，建议用户加快完善身份证号等私人信息，升级个人支付账户体系。京东商城在"618 活动"期间为了推进实名制落实，对已实名认证的用户洒了一场红包雨。且据相关人士透露，京东钱包由于依托京东金融平台，其用户信息能够得到京东大数据的支持，在实名制方面已"领先一步"，因此在业务创新方面自然能够"跑得更快"。

（二）支付账户实名制落实中的实际困难

实名制作为一项重要的原则性政策，是金融领域加强监管的必由之路，也是应对金融领域中出现的违法违规的灰色地带的重要举措。但在具体执行过程中，第三方支付机构面临着技术更新、系统改造、用户引导和行业规范等多重压力，可能会面临各种各样事先没考虑到的难题。

实名制实施以来，社会各界对此反应不一，一方面，支付新规对防范支付风险、保护当事人合法权益有着积极作用；另一方面，不少用户对在第三方支付平台上上传身份证、银行卡等实名认证资料仍保持谨慎甚至拒绝态度，而包括支付宝、微信支付、QQ 钱包等支付平台不断跳出的实名认证提醒甚至是强制性拦截使得用户的支付效率与用户体验受到影响，如不少网友反映收发红包受到限制，不能愉快地抢红包成为一大痛点。同时境外人士无有效实名校验方式、实名校验渠道有限、标准不明确、实名校验的成本较高也成为微利型支付机构运营的一大成本支出。

（三）现阶段市场主体在支付账户功能和应用管理方面存在的主要问题

1. 部分机构对支付账户的功能与定位不清晰

按照《网络支付办法》规定，支付账户不得透支，不得出借、出租或出售，不得利用支付账户从事或者协助他人从事非法活动。支付账户余额作为支付机构收悉客户的预收代付货币资金的电子账户，只可根据客户的支付指令转移对应的货币资金。支付账户的资金来源只能通过绑定银行账户充值、支付账户之间转账转入或支付账户的退款转入等，在没有先行往支付账户充值的情况下，支付机构无权动用任何一个支付账户余额，包括以自身名义开立的支付账户。

然而部分机构却存在以下情况：如支付账户余额变动不与客户备付金账户余额增减——映射，以在途资金、未达账项等名义拉长客户备付金的入账周期，备付金核对校验体系流于形式；将支付账户作为各类营销推广活动的奖励性资金发放承载账户，通过各业务推广方或营销合作方在无对应客户备付金转入之前即往客户支付账户发放营销活动奖励资金；还有部分支付机构对支付账户的功能不做限制，任由支付账户进行大额投资理财、非实名认证的支付账户之间转账，甚至利用支付账户从事授信类业务或出租、出借支付账户进行违法违规活动等。

2. 实名支付账户比例有待提升，存在一定风险隐患

支付机构在我国的发展已经超过十几年，以往支付账户的产生与发展并无严格的监管政策，各市场主体在企业经营行为追求利润最大化的目标下，以简单、快捷追求支付账户的数量、获取客户资源为主，对支付账户的客户身份识别、客户身份及交易记录保存、客户风险等级划分等监管规定普遍执行不到位。

中国支付清算协会《中国支付清算行业运行报告（2016）》相关统计数据显示，截至 2015 年末，非银行支付机构所开立的存量支付账户总数 26.36 亿个，完成实名认证的支付账户共 13.46 亿个，占支付账户总量的 51.07%，且实名认证的标准普遍远低于商业银行的银行结算账户实名制落实的标准，由此而衍生的各类通过支付账户发生的诈骗、被盗、洗钱等违法案件时有发生，客户损失挽回非常困难，风险隐患较大。

3. 由支付账户衍生的信息泄露、各类欺诈、洗钱等违法犯罪事件不断增加

因部分支付机构缺乏客户资金和信息安全机制，安全控制措施、内部控制机制不到位，对消费者的信息和财产安全构成严重威胁，甚至可能将相关风险引导至消费者的银行账户。据相关部门信息披露，近年来因网络支付业务而衍生的各类信息欺诈事件日益增多，往往造成损失无法挽回的后果均与虚假支付账户有关。如据公安部就网络支付风险事件的信息披露，部分支付机构为"黄赌毒"、洗钱、恐怖融资及其他违法犯罪活动提供便利。

（四）就进一步规范支付账户的定位与趋势的策略建议

1. 支付账户的功能与定位需进一步明确，不得逾越法律的底线

《网络支付办法》明确指出，支付账户所反映余额的本质是预付价值，类似于预付费卡中的余额，与客户的银行存款不同。该余额资金虽然所有权归属于客户，却未以客户本人名义存放在银行，而是支付机构以其自身

名义存放在银行，并实际由支付机构支配与控制。同时，该余额仅代表支付机构的企业信用，法律保障机制上远低于《人民银行法》《商业银行法》及《存款保险条例》保障下的央行货币与商业银行货币。一旦支付机构出现经营风险或信用风险，将可能导致支付账户余额无法使用，不能回提为银行存款，使客户遭受财产损失。

以上规定已经明确了支付账户的法律属性即企业信用性质的债权凭证，所以支付机构必须清晰明确支付账户的法律属性，坚守法律底线，不得突破现有的规定以支付账户从事授信类、担保类及其他金融业务。

2. 支付账户应以小额、便民等服务功能为基础

短期内，支付机构的角色仍为非银行类金融机构，不具有吸收储蓄存款的资质，更不能以支付账户为载体变相吸收储蓄存款。支付账户的功能仍应以服务电子商务、服务便民支付等小额、快捷、便民类网络支付服务为主，这是支付机构开展支付账户服务的出发点与落脚点。

3. 支付账户应以信息交互为主要功能

按照支付结算"恪守信用、履约付款，谁的钱进谁的账，银行不垫款"的三原则，基于支付账户之间的往来虽然已经可以明确支付指令的发起确认，但是否可以满足货币资金的转移及债权债务的了结等法定权责，这些法律属性问题尚不明确，故建议现阶段支付账户的功能仍只能以信息交互及信息确认为主，待支付账户的法律属性明确后方可进一步完善。

4. 支付账户的本质是企业信用的债权凭证

支付账户虽然已经具备银行结算账户的基本功能，但其本质仍是企业信用的债权凭证，支付账号余额不等同于对应的银行结算账户余额，具有运营该支付账户的支付机构本身所无法避免的问题，包括支付账户的运营主体法律定位、支付账户法律属性、支付账户余额的兑付风险、支付账户余额沉淀期间有无利息归属等。为此，建议监管部门在立法环节研究考虑明确以上核心关键问题的法律定位，同时加大支付账户实名制、通过支付账户的大额、可疑交易等关键环节的监管，以此保障支付账户的安全稳定发展，保障支付机构更好地服务于互联网金融、普惠金融等。

四、网络支付行业监管自律展望与需求建议

（一）构建机构监管与功能监管相结合的第三方支付监管模式

我国目前对第三方支付机构实行的单一机构性监管模式，虽然较好地对支付机构实现了审慎性监管，但由于机构监管模式在对跨行业的创新支付产品实施有效监管方面存有一定的短板，为达到防范和控制风险的目的，监管机构在特殊情况下可能会运用较为刚性的行政手段来抑制部分金融创新。由于功能性监管强调跨产品、跨机构、跨市场的整体性监管，建议我国逐步对第三方支付加强功能监管，构建机构监管与功能监管相结合的第三方支付监管模式，在有效防范风险的前提下，为我国的支付创新营造一个较为宽松的监管环境。

（二）适时研究建立相对灵活的备付金监管制度

目前我国对备付金的管理处于严控风险阶段，备付金只能以银行活期存款、不超过 12 个月的单位定期存款等形式存放。随着各种配套监管手段的完善和成熟，建议可借鉴欧美经验，适时建立更灵活的备付金监管制度，允许支付机构将部分备付金用于投资低风险、高流动性的资产，以便实现资金安全与有效利用之间更好的平衡。与此同时，建议明确在支付机构出现破产或重整等情况时，客户备付金独立于破产财产，进一步保障客户资金的安全。

（三）研究构建跨部门协同监管机制

建议充分发挥人民银行作为支付体系组织者、推动者、监管者的职能优势，研究建立由人民银行牵头，银监会、工信部、工商、税务等部门为成员单位的跨部门监管协作机制；通过建立联席会议、协作调查和联合检查等制度，不断完善协作监管机制，并根据电子支付业务的新发展和新趋势，建立连续、稳定的长效工作机制。同时，建议中国支付清算协会加强行业自律规范管理，形成机构自省、行业自律、政府监管、社会监督的全方位、立体式监管与自律机制。

（四）对第三方支付机构实施动态监管

建议监管部门研究构建符合第三方支付业务情况的动态监管体系，对

第三方支付的监管也应由目前的以市场准入为主逐步过渡到以对第三方支付企业日常经营的动态监管为主，建议对获得许可的机构每年进行年检登记，对于不再符合动态监管规定的支付机构，予以终止、撤销和退出。

（五）建立对支付机构的风险综合评级机制

可以研究考虑将市场主体的服务质量、网络安全、客户利益维护、反洗钱措施、合规内控、外部审计、金融创新、非现场报表分析等指标纳入评级体系考核范围，并根据考核评级结果决定监管资源的投入。建议监管机构不断完善市场准入、非现场监督和现场检查共同构成的风险监管链条，根据现场检查和非现场综合评级的结果，及时向市场主体发送风险排查整改意见书和风险预警预报信息，促使市场主体不断进行技术、系统、体系、制度的改造，提高客户服务质量。

（六）建立保护产业发展的激励机制

对于新兴的从事移动支付业务的第三方支付企业，建议监管机构通过适度的激励机制确保行业的健康、快速发展。一是创新支持。在符合相关法律法规和监管办法、保障客户权益的前提下，为支付机构发行创新产品、提供创新服务予以便利。二是资金扶持。对于该类企业，监管机构可协调给予一定的资金奖励。尤其是针对在农村地区、边远地区、贫困地区等传统金融业务尚未全面覆盖的区域开展业务的企业，监管机构应出台措施给予一定的资金补助，以促进技术平台的搭建与支付业务的发展。三是技术支持。建议监管机构研究考虑支付机构与商业银行等共享全国支付清算系统，从而降低成本、提高效率。

（七）适度监管与鼓励创新并重

目前，根据人民银行的要求，第三方支付机构接受的客户备付金应当在商业银行开立备付金专用存款账户存放，但没有规定具体的存放形式。借鉴欧盟经验，建议可以允许第三方支付机构在确保备付金安全，不影响正常支付的情况下，将部分备付金用于投资，但投资应限定于经人民银行批准、高流动性、低风险的项目。同时，为确保备付金投资的安全，并不影响正常支付，可设立针对备付金的监管指标体系。具体包括衡量第三方流动性风险的指标，如流通性覆盖比率（优质流动性资产/未来30天内资金净流出量）、月均同步系数（月均现金流入量与月均现金流出量之比）、平均沉淀周期（现金从流入到流出第三方支付机构的平均时间）等；衡量支付机构资本充足性的监测指标，如净资本率（期末净资本/期末净资产，其中净资本指净资产减去可能的资产损失）、净资本备付金率（备付金余额/净资本）等；衡量支付机构财务绩效的风险监测指标，如净资产收益率［净利润额/（期初净资产额＋期末净资产额）/2］等。

（八）行为监管与审慎监管并重

商业银行提供的是面向社会、企业、个人的标准化的支付服务。非银行支付机构提供的是面向个人的个性化、差异化、专业化的支付解决方案。一方面非银行支付机构进入支付市场，增加了服务主体和支付渠道，打破了商业银行机构的垄断局面；另一方面，非银行支付机构在客户备付金管理、系统链接等方面又必须与商业银行合作，二者的竞争、合作延伸了传统的支付服务，丰富了支付方式，提高了资金转移效率，便利了广大用户。

在监管方面，建议对从事不同类型的非银行支付机构不同对待，坚持可持续发展原则，营造合理、有序的市场竞争环境。以保护消费者的合法权益，维护金融市场的安全、效率为监管目的和导向，坚持市场主导、行业自律的基本原则，尊重市场、提倡创新，不断借鉴国际经验，加强监管部门和市场主体之间的沟通，合力形成有序的行业自律约定，培养良好的支付清算纪律，建立良好的支付市场秩序。

第二篇

行业精析

互联网金融背景下商业银行服务平台功能定位及市场应用策略研究

樊　凯　邓　灿　陈　旭　邓　昊
郝　瀚　孙珊珊　容　毅　于　洋①

一、互联网金融背景下商业银行的发展现状

互联网金融是指以依托于支付、云计算、社交网络以及搜索引擎、App 等互联网工具，实现资金融通、支付和信息中介等业务的一种新兴金融。互联网金融不是互联网和金融业的简单结合，而是在实现安全、移动等网络技术水平上，被用户熟悉接受后（尤其是对电子商务的接受），自然而然为适应新的需求而产生的新模式及新业务，是传统金融行业与互联网精神相结合的新兴领域。随着第三方支付、余额宝、P2P、移动银行、直销银行等新兴业务的客户接受度越来越广，互联网金融在国内的迅速发展将大众的金融生活带入数据化、信息化、网络化的时代，甚至对人们的生活方式产生了巨大的影响。互联网金融因其支付快捷、操作方便等优势，与传统金融模式形成了鲜明对比，促使金融业内展开了激烈竞争，同时也对传统的金融模式的发展造成了影响。

遵循互联网"开放、平等、协作、分享"的基本原则，借助大数据、移动通信、云计算等技术，互联网金融具有以下传统金融行业所不具备的特征和优势：

（一）跨界整合

互联网时代正以全新的方式对原有的产业、行业进行跨界整合，新技

---

①　本课题牵头单位为中国民生银行，参与单位为华夏银行。

术的引入以及商业模式的不断创新，使得金融与互联网产业之间、金融各个子行业之间的界限越来越模糊。跨界整合改变了消费者与技术互动的方式，使得互联网金融相较于传统金融业准入门槛低、信息透明度高，更便捷、高效，消费者获得了前所未有的全新体验。

（二）数据挖掘

互联网金融的差异化竞争优势来自于大数据，大数据将帮助提高产品和服务定制化的有效性。通过搜集和分析客户财务数据、行为数据、信息数据、交易数据等，在分析、统计、整合、归纳和推理基础上实现数据挖掘和管理，锁定潜在客户，并借助行为定向、地域定向、内容定向、偏好定向等方法实施精准营销，可以有效提升经营和业务精细化水平。

（三）平台经济

电子商务催生了以小前端、大平台、富生态为特征的新商业格局，而互联网金融正是国内电子商务发展的产物。在互联网时代，供需双方在产业链、供应链与多变市场需求的交互与资源共享中，逐步形成了由点向线、由线向圈、由圈向面的扩展式覆盖。商业机会正来源于需求与供应的连接点上，一个连接多边、多元、多变市场的平台开始形成，这其中共生和竞合成为常态，作为引领者的平台企业既是多边群体利益诉求的连接者、平台价值链的整合者，还是整个生态圈的主导者和业态规则的制定者。在平台上，引领者可以拿到持续不断的数据资源，还可以掌握不断积累的客户资源，而数据资源是克服信息不对称的最有效方式，客户资源是企业生存发展的根本保障。

（四）异质性突变

传统企业通常面对高度同质的竞争者，彼此的盈利模式相似，竞争的形态单一，产品和服务类同。但互联网时代迅速瓦解了这种单纯的生态关系，因为信息的高度共享和竞合关系的改变，使原有的行业壁垒逐渐消失，强大的创新力量可能来自业内，也可能来自业外。

（五）创新无限

以技术创新为标志的互联网提供了前所未有的商业机会，并以难以想象的速度和规模冲击各行各业，传统的业态和商业模式正以几何裂变的方式发生变化。

（六）重塑商业模式

信息技术和数据平台正逐渐消融零售、金融、消费、物流、文化等原本泾渭分明的行业边界，改变着原有隔行如隔山的独立行业盈利模式，使社交网络、电子商务、第三方支付、金融服务等不再单纯是简单的渠道整合和中介服务，更多的是一种连接两个或更多的特定群体，提供互动、共享机制，制定完善的交易规则，满足平台上群体的需求并从中盈利的一种商业模式。那些引领商业模式创新的企业将在竞争中优于持续专注于技术、流程、产品服务创新的企业。

正是因为这些特征，使得互联网金融较于传统金融业务可以提供更为丰富、便捷的金融服务。互联网金融具有更广泛的普适性，并弥补了传统金融行业在服务和功能上的不足。互联网金融的核心业务是支付，目前第三方支付依然保持着较快的增长速度。随着移动通信设备的升级以及受理环境的不断完善，移动支付业务也出现了高速增长，移动近场支付、扫码等方式也日渐普及并被大众所接受，越来越多的人选择通过移动设备完成日常的支付需求。

网络借贷是互联网金融的一种重要业务模式。借入者和借出者均可利用网络借贷平台，实现在线借贷交易，较传统的借贷业务具有快捷、便利的优势。依赖于大数据技术的应用，网络借贷可对风险进行更为全面的管控。网络借贷模式起源于欧美，已形成单纯平台中介模式、复合型中介模式与社交平台相结合模式，以 P2P 为主。网络借贷风暴自 2007 年从上海登陆以来，影响范围已经遍及全国。目前，这种借网而生的借贷平台网站，已由最初的几家发展到上千家。这些平台作为中间方，在一定程度上解决了小额资金拥有者强烈的投资理财欲望和小额投资者无法从银行取得资金的供需矛盾，满足了草根民众的金融需求，短期内发展迅速。网络贷款的最大特点是不采用传统银行贷款以抵押为主要特点的风险控制手段，将网络信用度作为贷款的参考标准之一。在个人信用消费方面，各电商及第三方公司先后推出了多种个人信用消费贷款类，例如京东的"白条"和"白条＋"、蚂蚁金服的"花呗"、财付通的"信用账户"等，这些信用消费贷款类产品借助于互联网的低成本，大大降低了信用消费门槛，其支付流程便利、使用范围广，为公众提供了极其便利的信用消费服务。

众筹从投资角度讲，众筹即众投，是一种消费投资模式，支持者利用消费剩余进行投资，从而创造更多的财富。这种模式的兴起打破了传统的融资模式，每一位普通人都可以通过该种众筹模式获得从事某项创作或活动的资金，使得融资的来源者不再局限于风投等机构，而可以来源于大众。这种新型项目融资网站业务在中国也逐步兴起，如点名时间、众筹网、京东众筹、淘宝众筹等平台。众筹网站所带来的颠覆效应极其明显——项目融资不用再紧盯专业投资银行，众筹已成为许多公司利用创意赢得资金的一种炙手可热的方式，掀起了一场去精英化的大众融资革命。

互联网金融的高速成长对众多行业产生了巨大影响，其中传统银行业的影响最为巨大。借由互联网对日常生活的强力渗透和互联网技术的高速发展，互联网金融迅速崛起，并以成本、时间上的巨大优势，向商业银行发起了猛烈的冲击。尤其在近几年，互联网金融已经开始慢慢侵蚀银行的传统核心业务，给商业银行带来了强烈的生存危机感。

商业银行是商品经济的产物，是经营存款、放款、汇兑、支付等金融业务，承担信用中介的机构。商业银行的主要职能是媒介资金的融通，但目前，这一中介职能已经受到了第三方支付、网络贷款平台等互联网公司的挑战，并出现逐步弱化趋势。第三方支付交易量的迅速增长对传统支付业务带来巨大冲击。

P2P 网络贷款平台的出现为投融资提供了更为便利的工具。自 2011 年才出现的 P2P 贷款平台，目前已有上百家不断发展壮大，其中以人人贷、拍拍贷最为典型。整个借贷过程中，资料填写、合同签订、贷款释放等手续全部通过网络实现，为金融业的发展提供了新的模式。

互联网企业业务扩展已开始侵夺传统银行业务。现今众多互联网企业不只局限于第三方网络支付，而是借助信息、数据的积累和技术的增强创新，不断向融资领域扩张，未来可能冲击传统银行的核心业务、抢夺银行客户资源、替代银行物理渠道，颠覆银行传统经营模式和盈利方式。短短几年，互联网金融的迅猛发展让商业银行面临巨大的压力。互联网金融改变了传统的金融模式，更加开放和透明，同时在信息对称、传递、处理以及资源优化配置等方面都比传统的银行业更具优势。它的出现和发展，无疑给传统银行业的生存带来巨大挑战。

互联网技术降低了信息获取成本和交易成本，分流了商业银行融资的中介服务需求。在融资过程中，一个主要的障碍是资金的供求双方无法及时有效地沟通资金供求信息。作为经济生活中最主要的金融中介，商业银行一直作为资金供求的信息汇集中心而存在，并在长期经营中形成了信息收集和处理的规模经济效应。互联网技术的发展，尤其是脸谱类社交网络的出现，改变了信息的传递方式和传播途径，为金融交易储备了大量的信息基础。

以脸谱（Facebook）与 Lending Club 的成功合作为例，社交网络与 P2P 交易平台的协作破解了融资过程中的信息不对称和成本高的难题，即社交网络平台解决了信息不对称问题，P2P 交易平台极大降低了交易成本。目前，脸谱的活跃用户数达 10 亿人，已经发行了自己的货币，用户之间的数据、商品、股票、贷款、债券的发行和交易均可以通过网络处理，同时保留了完整的信用违约记录。脸谱可依靠其底层的海量数据，通过挖掘分析为资金的供求双方提供充分的参考信息，Lending Club 则为资金的供求双方提供了交易平台，完成资金供求信息的传递，不需要借助中介机构，就可以直接完成资金的融通过程。此种金融模式，可以实现小额借款或贷款，由于跳过了银行这个中间环节，借款利息会比银行存款利息高，或者贷款利息会比直接向银行贷款的利息低，满足了草根阶层的融资需求。

商业银行作为支付服务的中介，主要是依赖于在债权债务的清偿活动中人们在空间上的分离和在时间上的不吻合。互联网技术的发展，打破了时间与空间的限制，在相当程度上冲击着商业银行的支付中介地位。

随着互联网技术的发展和网络购物的兴起，电子商务获得了蓬勃发展。其发展离不开相应的网络支付系统的支持，面对支付场景由原来的实体店转为网络上的虚拟店，支付渠道由银联或银行的 POS 终端转为网络支付，以物理网点和网银为主要渠道的传统商业银行支付显得力不从心。第三方支付和移动支付借助具有互联网特色的灵活经营模式，为用户提供了良好的支付体验，对商业银行的传统支付产生了比较明显的替代作用。一方面，第三方支付和移动支付降低了支付业务对银行分支网络的依赖，更多的时候只是涉及信息的传递，任何一台可以上网的电脑或移动终端均可随时替代银行物理网点完成支付；另一方面，第三方支付和移动支付冲击了银行的电子银行端。2010 年底以来，支付宝、财付通等支付公司都推出了各自的快捷支付产品，通过快捷支付用户无须开通网银，可以直接输入卡面信息快速完成支付，整个支付链条绕开了银行网上银行的交易限额限制。

二、市场定位及应用策略

在互联网金融的大背景下，面对来自互联网的外部压力及内在的变革提升的需求，商业银行需要找准自身的市场定位及价值。应该以一种开放、包容的态度，集中整合各行业资源，搭建一站式的金融服务平台，构建共生共利的互联网金融生态环境，为客户提供全方位、高效率、体验至上的金融服务。

（一）转变思想观念，加强与互联网企业的合作

在目前的形势下，传统商业银行应积极转变思想观念，放下抵触心理，甚至化敌为友，加强与互联网企业的合作共赢。互联网金融的发展，实际上是金融行业互联网化与互联网行业金融需求的融合。传统商业银行拥有丰富的银行经营经验，但缺乏"互联网基因"，如果传统商业银行与互联网企业开展合作，积极学习互联网企业的网络营销方法和策略，学习对客户交易数据的分析能力以获得信用评价体系和信用数据库，再加上商业银行严格的监管、雄厚的资产、良好的信用体系和完善的安全机制，那么传统商业银行将很有可能成为互联网金融时代的赢家。

（二）壮大自身实力，搭建互联网交易平台

传统商业银行应尽快搭建起集支付结算、投资理财、网络融资、消费信贷于一身的互联网交易平台。一方面，要重新确立信用中介的主体地位。支付宝等第三方支付产品的出现源自于互联网企业和个人交易客户对金融支付的需求，而商业银行则是社会信用中介的主体。因此，传统商业

银行应该整合各类支付功能，利用自身庞大的客户群，在金融互联网时代继续发挥信用中介功能，力求成为各类电商的交易支付平台。另一方面，要突出网上银行的功能和地位。虽然各商业银行也建立了自己的网银业务，但基本上是物理渠道的一种补充。在互联网金融时代，传统商业银行应从战略安排上改变当前对网上银行的认识，提升网上银行的地位；从技术上要继续丰富或者细化网银平台功能，将电子银行从"交易主渠道"上升到专业化、全方位、多元化的"金融服务平台"，整合资源，为客户提供全新的信息、资金、产品服务手段。

（三）进行流程再造，不断改进自身金融服务和产品

当前的互联网金融具有尊重客户体验、强调交互式营销、主张平台开放等新特点，因此，传统商业银行要牢固树立"以客户为中心"的理念，及时根据客户需求改进附着互联网的金融产品。一是建立智能化网点。将物理网点作为发展互联网金融的重要阵地，重新规划和设置网上银行、掌上银行体验区，并配备专门的讲解人员，使客户在网点既能享受柜台服务，又能切实感受到电子银行的方便、快捷。二是不断优化网银及掌上银行的操作界面。可以设立客户体验部，定期收集客户对于网银及掌上银行操作界面的意见和建议，并及时进行调整。三是整合业务流程和产品。以存款、贷款、汇款、支付、银行卡、理财等多业务为基础，打破传统的部门局限，充分整合客户多账户、多币种、多投资等信息，通过数据分析客户的消费习惯和投资偏好，为客户提供个性化的优质金融服务。

（四）发挥风控优势，提高客户忠诚度

资金的安全问题始终是客户关注的焦点，而金融风险管理则是传统商业银行的一大优势。因此，商业银行要充分发挥好这一优势，以提升客户忠诚度。一是确保录入信息的真实性。只有确保客户的真实身份，才能使当前的网络信用环境与社会信用体系形成有效的对接，建立起真实有效的信用体系，才能确保买卖双方、借贷双方在一个透明的环境中进行交易，这是互联网金融健康发展的基础。二是加强风险系统建设。线上交易的高虚拟化，要求商业银行不断优化现有的风险防控体系，既要灵活面对互联网金融客户便捷的金融需求，又要对发生的金融交易进行实时的风险监

控，这就要求商业银行不断前移风险防控的关卡，将风险防控做在业务发生前。三是丰富安全支付手段。互联网金融时代支付的最大特点是客户自我交易程度较高，这需要商业银行在支付环节为客户提供更为安全的支付工具，让客户根据自身需求和实际支付金额大小，进行安全手段的选择或风险控制组合。

（五）实施人才战略，培养和引进双管齐下

互联网金融是新生事物，是传统金融业务与信息技术的高度融合，高素质的复合型人才是决定成败的基本因素，仅仅依赖于商业银行体系内的从业人员很难实现业务创新和突破，一方面要在各业务条线有意识选拔培养复合型人才梯队，促进人才跨专业流动；另一方面，面向社会招聘互联网人才，消除对于互联网人才向传统金融业流动水土不服的障碍，同时给予一个更加公平、公正、宽松的环境来吸引更多优秀人才加入传统金融行业、并积极投身到互联网金融这个具有无限魅力的事业中，让复合型人才引领着传统商业银行在这场变革中迸发出更加强大的生命力。

（六）丰富文化内容，保持传统商业银行持久生命力

互联网金融的发展对管理文化提出了新的要求，培育有创新精神的组织文化是传统商业银行持续发展的关键。在员工思想意识的培养上，应该根据互联网的特点，创造良好的信息共享氛围，在企业文化中植入互联网基因，既要有归属感，也要有危机意识，面对外部竞争压力时主动思变，迎难而上，形成有创造力的组织文化才能保持传统商业银行的持久生命力。

三、商业银行互联网金融服务平台

（一）网上银行

国内网上银行的发展与互联网的发展密不可分。20 世纪 90 年代中期伴随互联网在国内的逐步兴起，招商银行率先在国内推出网上银行服务，中国银行、工商银行随后跟进，推出各自的初代网上银行系统，涌现了国内银行业务电子化、服务网络化的萌芽，拉开了网上银行发展的大幕。

21 世纪初期计算机技术快速发展，各大商业银行察觉到网上银行带来的业务便捷性和巨大的市场潜力，纷纷推出各具特色的网上银行系统，网上银行逐步成为商业银行的标配，期间网上银行系统建设技术和业务流程逐渐成熟。

随着电脑设备的普及，越来越多的家庭接触并使用网上银行。网上银行业务种类也日益丰富，从单纯提供线上银行产品转型为提供全方位网络金融服务。目前网上银行已深深融入国民日常生活，成为转账支付、理财缴费等基础金融服务的主要交易渠道之一。

网上银行系统由众多业务产品组成，产品的设计思路直接关系到用户留存率和交易成功率，决定着产品成败，因此设计网上银行产品时应保持开放、易用、跨渠道、可扩展的原则。开放是指以开放的心态设计生态圈开放的产品，即设计产品时应提前进行市场调研，借鉴成功产品设计思路，降低准入条件，减少规则限制，同时开放用户反馈通道，持续优化产品。易用是指设计产品时应以客户为中心，顺从用户操作习惯，将复杂繁琐的业务逻辑交由系统后台实现，将简单易懂的操作界面展示给客户，减少客户使用障碍，提高用户操作体验，让用户一气呵成地完成交易。跨渠道是指设计产品时应综合考虑产品在不同渠道上的使用，在体现渠道特色的同时尽可能保持交互和流程的一致性，降低客户重复学习的成本。可扩展是指设计产品时提前考虑产品未来渠道，提前预留出可拓展的空间，确保产品生命周期的持续发展。

风险防控是商业银行业务发展的基础，也是商业银行坚守的底线。因此网上银行在推广业务、拓展用户的同时，必须加强风险管理，保障客户资金安全和银行信誉。

传统的风险防控主要通过分析交易记录和线下调查来实现，往往资金损失后才发现风险。随着诈骗技术和黑客技术层出不穷，风险管理思路和技术必须与时俱进。各商业银行间应共享风险防控资源，建立开放的风险客户信息库，搭建综合性风险管控平台；同时应加强同支付机构及银行卡清算组织的合作，结合日常消费习惯进行风险等级智能评定，做到事前及时预警、事中实时阻止，减少资金损失。

此外，近几年生物识别技术逐渐成熟并在行业得到应用，监管部门的态度愈加开放，商业银行应利用生物技术特性，加强用户信息采集，提高身份识别的准确性，进而减少冒名开户、篡改交易信息的案件发生。

随着移动互联网时代的到来和移动终端设备的普及，各家银行纷纷推出手机银行、微信银行。因其便携易用的优势，手机银行和微信银行一经推出便得到迅猛发展，客户数和使用频率已逐渐赶超网上银行，成为大众用户更为常用的银行渠道。同时由于互联网金融的兴起，互联网公司旗下的各类创新性金融产品层出不穷，"开户简单、操作便捷、收益高、风险低"的特点成功吸引了大众眼球，获得了一大批忠实用户，网上银行快速扩张的黄金时期已成为过去。但是网上银行由于其交易媒介和安全体系的优势，依旧是大众用户心中更为安全的交易渠道。"穷则思变，变则通，通则久"，面对来自各方的挑战，网上银行必须放低身段转变思路，顺应潮流发挥优势，方可得到持续发展。

1. 降低门槛，打造开放式金融服务平台

由于种种历史原因，商业银行网上银行业务流程复杂、繁琐难用，一直被用户诟病，随着互联网金融的发展和利率市场化进程的推进，商业银行躺着赚钱的时代一去不复返。在业务同质化严重的今天，各商业银行网上银行应从拼产品转型为拼服务，从银行间竞争转变为金融行业内竞争。

因此，各商业银行应充分利用新型技术，结合互联网优势，降低网上银行使用门槛，打破各银行账户体系间壁垒，实现只要有银行账户即可注册使用网银服务。同时紧跟互联网产品用户体验设计趋势，简化业务流程、提升用户体验，使各类用户都能流畅地完成交易，打造一个开放便捷的金融服务平台。

2. 整合资源，提供金融服务综合解决方案

商业银行作为金融行业的基础，丰富的业务品种及专业的业务素养是其核心优势，而网上银行则是其面向客户提供服务的重要渠道。相对手机银行受困于小屏幕而言，网上银行可以提供更为全面的服务。因此网上银行应借助商业银行传统优势，整合各类金融业务，结合客户最新需求，实现大堂经理、客户经理、理财经理、信贷经理所具备的功能，将自身打造成一个综合型金融服务平台，为客户提供金融服务一站式解决方案。

3. 输出服务，将银行业务融入社会生活场景

相较于支付宝和微信支付，商业银行网上银行一直是以产品为导向，即让客户登录网银使用金融产品，而非在客户需要时主动推出服务。要想重新赢回用户，商业银行网上银行必须转变思路，以客户需求为导向，结合日常生活场景，主动输出优势产品，实现金融业务场景化、大众化。

此外，随着硬件技术的创新和发展，手机和电脑的融合将是未来趋势，不同渠道间合并也将是必行之势。网上银行应提前做好准备，积极把握时代潮流，迎接网上银行和手机银行大融合的到来。

（二）手机银行

国内手机银行业务最早出现于 2000 年，但由于受到技术和设备的制约，手机银行未能够获得较大发展。2004 年，各商业银行开始推广手机银行业务，随着移动智能设备的日渐普及和移动互联网的高速发展，目前手机银行已经成为大众获取金融服务的重要渠道之一。由于手机银行的便利性，越来越多的人选择使用手机银行完成日常的账户查询、转账、理财等业务，而网上银行也逐渐出现被手机银行替代的趋势。在各商业银行的大力推动下，手机银行的客户量增长迅速。根据 2014 年年报数据显示，10家上市银行手机银行用户量突破 5.4 亿户，同比增长 33.62%。其中四大行的手机银行用户规模占 87.5%，远高于股份制商业银行。但从用户增长率来看，基数较大的四大行手机银行用户增长乏力，而股份制银行手机银行用户增速迅猛，民生银行、浦发银行、平安银行等股份制银行的手机银行用户量均实现翻番。在股份制商业银行中，招商银行用户规模最大，截至 2014 年末，招商银行手机银行用户约 2368 万户，其次为民生银行和光大银行，两家手机银行用户体量也超过了一千万户，分别为 1302.12 万户、1258 万户。

在手机银行用户规模上，尽管股份制商业银行与四大行尚存差距，但从用户增长情况来看，四大行手机银行用户增长速度在 2014 年明显放缓，年增长率均不超过 35%，其中，中国银行的手机用户增长率最低，为 23.93%。比较而言，股份制商业银行手机银行用户增长率明显高于四大行。除光大银行外，其余五家股份制商业银行手机银行用户量增长率均超

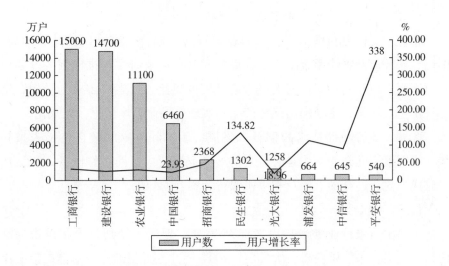

数据来源：中商情报网。

图1 2014年手机银行用户数及增长率

过50%，其中客户基数最小的平安银行增长率最高，达338%；其次是民生银行，增长率为134.82%。

在交易规模方面，2014年我国手机银行交易规模为32.8万亿元，同比增长157.1%。2014年上市银行年报中，有7家银行公布了手机银行交易额。其中，建设银行基于庞大的用户量，其手机银行交易笔数和交易额均是最高的，分别达到了30.42亿笔、7.38万亿元，交易笔数和金额同比增长了155.1%、101.35%。但从笔均交易金额来看，建设银行手机银行笔均交易额仅为2426.04元，远低于其他已披露数据的股份制商业银行。

在已披露相关数据的上市银行中，2014年手机银行笔均交易金额最高的是民生银行，同时该行的手机银行年交易笔数与年交易金额均名列第三，已稳居上市银行第一梯队。民生银行2014年年报显示，年累计交易笔数1.82亿笔，较2013年同期增长203.51%；年累计交易金额3.22万亿元，较2013年同期增长185.81%，该行笔均交易金额达1.77万元，是建设银行的7.29倍。而从户均交易金额来看，民生银行户均交易金额最高，达24.73万元，是建设银行的4.9倍。

目前，国内大多数商业银行已推出了自己的手机银行客户端。这些客

34

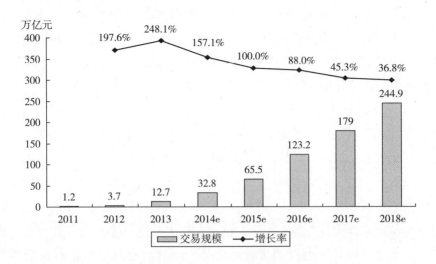

数据来源：综合企业公开财报及银监会统计信息，根据艾瑞统计预测模型估算。

图2　手机银行交易规模及增长率

户端在功能方面基本涵盖了客户的日常金融需求，例如账户查询、转账汇款、投资理财、贷款服务、外汇业务、网点预约排号、信用卡服务等。此外，各家手机银行还基于自身的特点和优势资源，在手机银行中加入了特色功能，以提供差异化的服务。手机银行的市场定位较为明确，相对于网银大而全的服务体系，手机银行更注重移动金融的高效性、快捷性和便利性，在客户体验上也更加突出简洁、明快的设计思路，大大降低了客户使用银行金融服务的成本。

以民生银行手机银行为例，其是专为移动终端客户量身定制的移动金融服务平台，秉承以客户为中心的理念，拓展服务渠道，提供丰富的移动金融服务，注重客户体验，打造多元化的移动增值服务，突出渠道特色，推出多种便民惠民服务及丰富的投资理财产品种类和区域特色服务，大大丰富了客户的移动生活体验。民生银行手机银行针对不同需求的客户人群，分别推出了个人版、小微版和信用卡版等多个版本，分别专注于个人客户、小微商户和信用卡客户，将手机银行打造成多维度的立体式移动金融服务。此外，还与手机厂商合作，在同业中率先推出指纹支付功能，在保证安全性的同时提升了客户的支付体验。

国内手机银行正处于一个高速发展的阶段，在互联网金融的大背景下，手机银行所面临的竞争不仅来自于同业，也来自于新生的互联金融产品，在激烈的竞争之下，手机银行需要立足于准确的市场定位，不断提升产品功能和用户体验，才能获得长足的发展。

（1）立足合理的市场定位

在发展手机银行业务的过程中，各个商业银行需做好市场调研，了解不同层次的客户需求，并将市场进行细致的划分，根据市场需求开发出拥有各种服务产品、金融产品、理财产品功能的手机银行，向不同种类的手机银行用户提供差异化的手机银行服务，以满足不同客户群体的需求。同时可与各商家合作，在各大商场、超市安装大量的与手机银行业务相关的设备，通过手机几乎可以购买各种商品，以努力提高手机银行的服务水平，树立银行的品牌价值。

（2）实现各合作方的和谐共赢

在手机银行整体的产业链具体环节中，银行与各种运营商、各个手机用户、各个设备供应商、各种商家、移动服务提供商等进行具体的合作，形成手机银行整体移动支付产业链，产业链各参与方自身的资源和优势不尽相同，唯有采用合作的方式，才能实现资源共享、优势互补、促进价值链高效运转，从而实现合作各方和谐共赢的局面，同时，为了进一步发展手机银行业务，合作各方可共同推动手机银行功能、支付账户互通等新兴合作业务和建立行业标准等方式，共同推进手机银行行业整体业务的发展。

（3）推动手机支付的研发

手机支付已成为当今手机应用的热点，银行、运营商以及第三方支付平台均想在这一极具发展潜力的领域抢占市场份额，各种技术解决方案纷纷出炉。在手机支付应用方兴未艾的大环境下，银行应该主动出击，探索多种移动支付方式，如现场非接触式支付、远程支付等，努力寻求可行高效的解决方案，并加强与运营商、设备提供商、软件服务提供商、第三方支付平台等移动支付产业链上下游企业的合作，将手机支付整合到手机银行的功能中，使客户真正做到随处支付、无卡消费。

（4）健全手机银行的安全机制

在手机银行业务发展的过程中，营造安全的支付平台、良好的支付技术，是确保手机业务交易安全可靠的重要保证。首先，银行需确保支付系统安全、稳定地运转；用户支付的信息安全且保密；用户支付指令具有不可篡改的特征。其次，客户与手机号码需一对一地进行确认和绑定。最后，手机银行业务相应的移动数据网络应拥有较高的安全级别，能够防止黑客、木马的攻击。在手机银行业务营造安全的过程中，加密认证算法、代码规模的大小以及交易密码长度的选择都是重点。例如整个手机银行系统中采取端对端的加密数据传输方式，在传输交易数据前，手机客户端与手机银行端需改成安全的通道，同时采用账户额度设置、登录时间控制、登录地址检测等多种保护措施。

（三）直销银行

直销银行诞生于20世纪90年代末北美及欧洲等经济发达国家，是互联网时代应运而生的一种新型银行运作模式，该模式下，银行没有营业网点，不发放实体银行卡，客户主要通过电脑、电子邮件、手机、电话等远程渠道获取银行产品和服务，因没有网点经营费用和管理费用，直销银行可以为客户提供更有竞争力的存贷款价格及更低的手续费率，通过降低运营成本，回馈客户是直销银行的核心价值。同时，因其业务拓展不以实体网点和物理柜台为基础，具有机构少、人员精、成本低等显著特点，因此能够为顾客提供比传统银行更便捷、优惠的金融服务。在近20年的发展过程中，直销银行经受起了互联网泡沫、金融危机的历练，已积累了成熟的商业模式，成为金融市场重要的组成部分，在各国银行业的市场份额已达9%~10%，且占比仍在不断扩大。

面对国内互联网金融的飞速发展，客户消费习惯的转变以及银行利率市场化步伐的加快，2013年7月，民生银行成立了直销银行部。2014年2月28日，国内首家直销银行民生银行直销银行正式上线。民生银行直销银行突破了传统实体网点经营模式，主要通过互联网渠道拓展客户，具有客群清晰、产品简单、渠道便捷等特点。客户拓展上，直销银行精准定位"忙、潮、精"客群；产品设计上突出简单、实惠，首期主打两款产品，一是"随心存"储蓄产品，确保客户利息收益最大化；二是"如意宝"余额理财产品，对接货币基金，具有购买门槛低、实时支取、日日复利的特点；渠道建设上，充分尊重互联网用户习惯，提供操作便捷的网站、手机银行和微信银行等多渠道互联网金融服务。2014年3月，兴业银行推出直销银行，其特点在于用户可以持工商银行、建设银行、农业银行、招商银行、中信银行等多家银行卡，通过电脑、手机等移动设备直接在其上选购热销理财产品、基金以及定期存款、通知存款等，免掉了繁复的注册、登录、跨行资金划转步骤，一键购买，省时省力。可以随时随地随身"一站式"查看、管理、调拨上述各家银行卡上的资金，享受在线理财规划服务。截至目前，已有近40家银行上线直销银行，竞争日趋激烈。

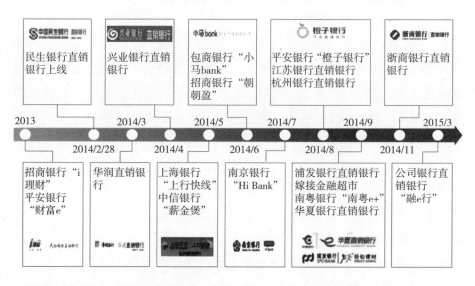

注：自2014年2月28日民生直销银行上线后，截至2015年初共计38家银行上线直销银行，工行也于2015年初正式推出。

图3　国内直销银行发展情况

直销银行的核心在于产品，产品本身即是直销成功最重要的因素，除非产品真正符合消费者的需要，否则很难说服人们购买，因此，唯有好的产品才能确保直销银行是否能够长久生存。就银行营销观点而言，目前普遍的观点是认为银行不应只是一个提供客户存钱、提款抑或代缴水电费的场所，而应是一个全面提供客户理财服务的财务中心，能提供多元化的产品服务，满足客户的不同需求。也就是说，银行在竞争的市场里应尽可能地去满足顾客的需求。但在银行优质客户资源有限的情况下，直销银行必须针对目标客户，提出符合个人需求的产品诉求，同时利用大数据的手段实时获取客户反馈，在此基础上改善产品功能及组合。一般而言有价值客户需要有价值、质量的金融商品特性，不外乎方便、省时、投资获利及理财节税等，也唯有如此通过直销与目标客户产生良性循环。因此，直销银行的产品具有特定和明确的客户群体，需要在设计中遵循一些基本原则：

（1）差异化

国内金融业的发展一直存在一个同质性太高的问题，各商业银行所提供的金融产品大多类似，创新求变、制造差异的能力较低，因此价格竞争非常严重，大部分的新业务重复度高，因此除了价格较低外，显示不出太多特殊价值，一些区域性的中小银行和信用合作社仅能提供基本的存、汇、贷款业务，即使许多全国性的大型商业银行也无法在产品竞争中获得绝对优势。因此差异化的产品设计原则显得尤为重要。以民生直销银行的代发工资产品为例，其是在直销银行账户的基础上所衍生出的产品，可以为集团企业批量建立工资账户，并实现优于传统代发工资业务的体验，在批量获客及规模经济上具有很重要的创新意义。

（2）简单化

由于直销银行特殊的直销属性，在其产品设计思路中不可能像全功能网点一样面对所有的客户，为所有客户服务。这种大而全的产品设计思路有悖于简便、快捷地服务于客户的直销银行服务理念。因此，直销银行在产品设计中需要遵循使客户在自助渠道能够简便快捷地独立完成这个原则，也就是说需要开发简化的自助产品，且产品种类不宜涉及过多，为客户在直销渠道提供有限、直观、便捷的产品才是直销渠道的优势所在，应该将主要精力放在存款、理财和个贷上，复杂化的产品列表有悖于直销银行所适应的客户群体，无法体现直销与传统之间的差异化。此外，直销银行应该更关注移动端的产品设计，因为移动端的产品体验更符合直销银行"随时、随地、随心"地获取金融服务的设计理念。

（3）客户获利

国外海外银行的成功在一定程度上也归功于利率市场化下直销银行的高额存息保障，而选择直销银行的很多客户也具有价格敏感性。目前，我国的利率市场化并没有完全放行，但未来必定是要完全开放的。尤其是在直销银行的建立初期，产品必须要拥有有别于传统银行的定价优势，这样才能对客户产生较强的吸引力，使客户接受并选择直销银行。除了利率之外，产品设计仍然有较多的优惠余地，例如个贷利率、手续费、理财产品年化收益率等。国外直销银行"薄利多销"的经营理念放在国内同样适用。

（4）安全性

直销银行重在直销，即银行后台能够直接与终端客户建立业务关系，提供金融服务。因此，直销银行必须依靠现代媒介工具，依托现有金融网络资源，以最小的成本，满足客户对金融产品和服务的需求，实现规模报酬递增和边际成本递减，从而创造出更多的价值。直销银行对客户提供的服务必须体现出安全、优惠、及时的特点。安全性是"直销银行"的生命线。这直接关系到直销银行在大众中的认可度，因此，需要建立完善的后台系统，持续地改善、升级后台系统的安全性及稳定性，同时，还要结合多种安全技术控制手段来控制产品交易中的安全。

直销银行的发展依赖于互联网技术，需要充分利用大数据和云技术进行产品和客户定位，实现资源的整合和合理利用。相较于传统的网点营销方式，在互联网的交易环境下，银行利用数据主动搜集顾客消费习性、偏好，并通过数据库的运算分析顾客需求的能力与可能性大幅提高，从所有顾客的交易资料中，获得有关顾客的行动信息，进行个人化需求信息的取得、分析，进而针对个人、企业设计私人化金融商品的可行性与重要性便大幅增加。直销银行代表了银行产品、渠道和服务的金融互联网化，更决定了整个银行运行平台，乃至决策执行体系都应该遵循互联网金融的发展逻辑，让商业银行做到小、快、灵，让传统的基础优势激发出互联网金融的新能量，借助新的互联网技术和思维，把以客户为中心的经营理念实实在在地转化为卓越的客户体验。直销银行价值更充分地体现在于其作为银行转型的方向，通过差异化的金融服务和轻资产的经营方式拓展银行的经营边界，为特定目标客户群体提供专门的、简单的金融服务。同时，通过强化直销银行自身的资产负债定价能力，提升金融服务效率，达到良好的经营业绩水平。

（四）智慧网点

在互联网金融的大背景下，传统的银行网点也同样面临着改变。随着越来越多的金融服务能够通过个人电脑、移动智能设备获取，银行网点的业务量也逐渐被压缩，其对于银行业务的重要性也在下降。目前，包括四大行在内的多家商业银行已在有意识地控制或者缩减网点的规模，更多的通过互联网来开展银行业务，例如工商银行在 2015 年初推出的 e – ICBC 概念，其重点就是要在互联网上再建一个工商银行。

传统网点面临转型，而转型的方向就是智慧网点。所谓"智慧网点"就是实体网点与虚拟服务相结合的体验、营销和服务平台。主要以互联网、多媒体和数据挖掘技术为基础，以智慧化手段和新的思维模式来审视客户需求，通过信息集中、整合、共享和挖掘等手段，为客户提供随时、随地、随心的金融服务。与传统网点相比，"智慧网点"着重为客户提供更方便的预约互动服务、更智慧的移动金融服务、更贴心的金融产品定制和推送、更快捷的智能支付、更精准的客户识别和营销能力，更客观的客户评级和更及时的风险预警能力，以及更透明和参与度更高的银行品牌宣传。

智慧网点强调从全渠道整合、客户关怀和智能洞察、大数据、社区化等维度对网点定位和服务进行规划，通过建立金融旗舰店的模式，优化多渠道与全流程服务。将传统银行服务模式和科技创新有机结合，利用智能设备、数字媒体和人机交互技术为客户带来"自助、智能"的全新感受和体验，并着重提升这种客户服务体验的"社交参与度"，将客户服务从单一网点延伸至社交网络。

目前很多银行的"智慧网点"包含了智能叫号预处理、远程银行 VTM、自助服务体验区、智能互动桌面、人脸识别等创新应用。但是，打造智慧网点的目的不是一味地追求实体环境、金融机具、服务的"高大上"，而是要甄别客户类型，分门别类地为各类客户提供智慧服务，将传统网点由一个客户"不得不去的办事机构"变成一个"体验智慧金融服务的休闲场所"。

建设"智慧网点"要从改善客户服务体验着手，充分发挥实体网点的客户关系维护平台作用。着重以客户为中心，改变传统布局模式，优化客户动线设计，科学规划功能分区，通过动线引导适当延长中高端客户在网点的驻留时间，让客户感受和体验银行新的服务。同时优化渠道配置，合理配备网点内的高低柜台、自助设备，为普通客户提供优质、便捷的金融服务。

在全面整合内部资源的基础上，银行可将"智慧网点"打造成营销服务的主要平台，一方面优化业务处理流程、减少客户等候时间，为客户提供高效、便捷的金融服务，全面改善客户体验，培育客户忠诚度。另一方面也可延长中高端客户在网点的驻留时间，通过互动式交流激发客户创新兴趣，通过体验式营销创造产品销售机会，通过宣传银行的先进技术，传递银行的经营理念、塑造银行的品牌形象。

目前，多家商业银行已经在试点智慧网点，如建设银行、工商银行、江苏银行等。而民生银行也是率先在临沂分行进行试点，新网点立足九大功能分区，依托"智能引导""智能服务""交互体验"等服务方式，结合手机银行、微信、直销银行、移动智能柜员机、QTM 快窗系统等，实现银行业务的 O2O 模式，打造线上线下结合的银行金融服务新体验。

图 4　智慧网点

图5　互动体验区

四、总结及建议

面对互联网金融浪潮的到来，商业银行应该积极寻求自身的改变和完善：

（一）调整战略，积极革新

互联网金融模式的出现无疑对传统银行业尤其是大银行提出了挑战，同时也为中小银行的发展提供了机会。传统金融企业尤其是商业银行，应该在激烈的竞争中摆正位置，积极创新，汲取互联网金融在技术、客户、时效、信息等方面的优势，并与自身传统业务相结合，推出更多新兴业务，以互联网平台为基础，在满足客户更多需求的同时形成优势。

（二）拓展互联网业务，实现服务升级

互联网用户规模巨大，是金融业巨大的客户资源。面对互联网金融吸引广大客户的绝佳优势，商业银行不应再局限于传统的目标客户群体，而应该吸引更多追求多样化、人性化服务的中小企业及个人客户参与金融交易活动中，大力发展互联网新业务，通过互联网实现服务升级，以更细致、便利的服务留住更多客户。

（三）以数据、信息为根基，提升资源配置效率

互联网金融模式下，通过数据库和网络信用体系，使得信息快速传递，交易成本大幅减少，资源配置效率极大提高。对此，传统的银行业也

需要加大技术研发力度，建立以信息、技术为支撑的数据库，利用网络平台收集发布信息，借助其优势推动自身业务的发展和效率的提高，向数据驱动型银行方向迈进。

（四）明确市场定位，强化专业化、差异化竞争优势

面对互联网金融企业的快速崛起，商业银行急需重新定义或巩固自身市场定位和业务拓展方向，提供更为专业化的服务，注重业务的扩展和深化，形成差异化竞争优势。同时，应重视数据的力量，充分利用积累的数据优势，加强对客户信息的收集和整合，针对不同风险偏好、信用水平的客户设计不同的金融产品并制定合理价格，让目标客户的需求得到充分满足。

（五）完善综合化服务

传统商业银行具有雄厚的资金、广阔的客户资源和丰富的发展经验，基础设施完善，网点分布广泛，深得客户和社会的认可与信任。经过长期的发展积累，传统银行业逐步探索出一条提供综合性金融服务的发展模式，这比仅靠效率、便捷取胜但业务单一的网络金融公司更具优势。在面对互联网金融的冲击时，商业银行应继续发挥自身的优势，完善综合化的服务体系，加强对客户全方位金融需求的满足。

在互联网金融的大潮下，商业银行面临着前所未有的挑战和机遇，只有立足于明确清晰的市场定位，把握住发展的脉络和趋势，充分发挥自身优势，拥抱互联网，注重极致的产品和功能体验，构建完善的金融生态环境，才能立于不败之地。

移动支付服务"三农"调研报告

李佳树　　沈润涛[①]

随着互联网的深入普及，移动互联网时代已经到来，移动支付作为移动互联网的基础站在时代的风口浪尖上。银行、银联、运营商、支付公司等各方争相在此领域布局，市场竞争日趋激烈；而覆盖了我国约一半人口的农村依然是蓝海市场，农村市场客户基础差、资源投入多、金融服务少等特点使得传统金融服务较难拓展，而移动支付成本低的天然优势为其服务"三农"创造了条件。本报告通过研究市场各方在移动支付领域所做的探索，为进一步促进移动支付服务"三农"提供参考。

一、移动支付服务"三农"的背景

（一）政策背景

近年来，国家密集出台文件，要求相关部门、机构大力发展移动金融业务，改善农村支付服务环境，提高服务"三农"水平。《国务院办公厅关于金融服务"三农"发展的若干意见》（国办发〔2014〕17号）提出，要"深化助农取款、汇款、转账服务和手机支付等多种形式，提供简易便民金融服务"。《中国人民银行关于全面推进深化农村支付服务环境建设的指导意见》（银发〔2014〕235号）明确要求相关机构"积极发展手机支付及其他新兴支付方式"。《中国银监会办公厅关于推进基础金融服务"村村通"的指导意见》（银监办发〔2014〕222号）指出，要"利用固定电话、互联网、移动通讯网等，打通人力、网点无法到达的'最后一公里'制约，使申贷、查询、转账、汇款、消费、缴费等金融业务，通过网络技

① 本课题牵头单位为中国农业银行（电子银行部），参与单位包括中国邮政储蓄银行、上海农商银行、拉卡拉、联通支付、中移电子。谢凯、颜焱、李佳树、沈润涛、姜家琳、汪平、孙剑灵、彭美玲、邓华平参与了本课题的研究工作。

术运用，直接服务到户到人"。

（二）行业背景

1. 农村客户需求逐步释放和转变

根据中国互联网信息中心数据，截至 2014 年底，我国农村网民规模达 1.78 亿，年均复合增长率为 27%。其中，手机网民增长速度更为迅猛，2012～2014 年，农村手机网民总数由 1.17 亿人增长至 1.46 亿人，占农村网民的比例由 75.3% 增加至 81.9%，占全国手机网民的比例稳定在 30% 左右。农民生产和生活方式随着互联网的普及发生了变化，对支付金融服务的需求也在发生深刻的改变。传统农民大多以从事农业活动为主，购买农资、获取农粮补助等农业生产相关的金融服务是他们的主要诉求。但随着新城镇化、新农村建设的演进和发展，农村地区的产业构成变得更加丰富，所需要的金融服务支持也更加广泛，越来越多的农村客户需要通过网上开店的方式销售其自有产品，并由此产生了更加多样化的结算需求。因此，为农村客户提供从事电子商务等新业务所需的支付服务就变得十分必要。此外，随着客户生产经营活动的发展，代收、代付、转账汇款等传统支付服务也比以往有了更高的要求，如汇款的实时性、结算的灵活性等。

从农民生活方式的转变来看，随着城乡一体化进程的加快和农民收入水平的提高，农民的消费方式也正在逐步与城市居民趋近，网上购物（代购）、娱乐消费等新的消费需求增长迅猛。

2. 移动支付成为解决农村金融需求的切入点

农民群众对金融服务需求逐渐由单一转向多元化，但由于营业网点和电子机具的运营维护成本高、业务量小，金融机构资源投入的动力不足，导致农村地区金融机构配置偏少。人民银行的数据统计显示，我国平均每个乡镇只有 2.13 个银行网点，单个网点要服务近 20000 客户。金融设施落后、金融服务不足严重制约了农村经济社会发展。虽然近几年农村金融机构加快向农村地区延伸金融服务，如在农村安装专用 POS 机、ATM，为银行卡持有人提供存取款与缴费服务，但这些服务方式多限于小额存取款业务，而消费支付、转账汇款、投资理财等需求仍难以释放和满足，城市金融的高速发展与农村地区的金融服务水平低下呈现严重不平衡态势。

如何在成本可控的前提下促进农村金融普惠是做好"三农"金融服务的关键。移动支付的发展成为解决这一问题的良好切入点。行业数据显示，移动支付的交易成本只有营业网点的15%左右，同时，由于免于硬件投入，其服务成本也低于电子机具；移动终端、移动互联网的普及也为移动支付普及创造了无限空间，在众多因素的促进作用下，移动支付服务"三农"已成为各方竞逐的新的市场热点。

二、移动支付服务"三农"现状

（一）"三农"地区移动支付市场发展情况

从移动支付的市场环境来看，截至2014年12月，农村网民网络购物用户规模为7714万，比2013年增加了2229万，年增长率高达40.6%；用户规模在各互联网应用中增速最快。农村网民网上支付用户规模为6276万，较2013年增长38.1%，增幅高于城镇网民。其中，手机支付的使用比例为39%，也呈现了快速增长，但农村互联网普及率仍然较低，为28.8%，远低于城镇的62.8%，未来增长空间巨大。

从移动支付市场参与各方来看，主要有银行、运营商、第三方支付公司等。各方的切入点和市场定位略有不同。总结起来主要有以下几种模式：

1. 手机银行模式

截至2015年上半年，全国手机银行使用人数已经达到2.14亿，占全部手机网民的36.2%，以银行系为主的各类App纷纷抢占市场份额，截至2014年底全行业手机银行累计交易金额达到25万亿元。手机银行模式目前主要体现为传统银行业务从柜面和网银向移动端迁移。主要解决"三农"地区转账汇款、存取现、缴费等基础金融服务。

2. 短信银行/手机膜卡模式

短信银行是利用手机上下行短信发起的金融服务。手机膜卡就是借助贴膜卡①扩展SIM卡功能菜单，通过数字短信形式实现账户查询、转账、

---

① 贴膜卡是一种可贴覆于手机SIM卡上的智能IC芯片卡。

缴费和电子商务远程支付等金融服务。这两种产品的特点是不依赖于数据通讯，充分利用了"三农"客户手机普及率高、随身携带方便的特点为客户提供服务。目前主要满足"三农"地区的日常支付结算需求，如通过手机膜卡转账给便利店店主，从便利店取现，解决现金需求；通过贴膜卡缴费功能，缴纳电话费、水电费等。

3. 运营商手机钱包模式

运营商手机钱包业务是基于 NFC – SWP 标准，通过 NFC 手机、NFC –（U）SIM 卡、客户端软件、TSM 平台等要素为用户提供空中发卡、空中充值、线下消费的移动支付服务。将各种便民的民生服务应用（如银行卡、公交卡、校园/企业一卡通、会员卡等）装载在具有 NFC 功能的手机中，随时随地刷手机消费，实现手机变钱包的功能。参与方主要为三大运营商，如联通的沃钱包，移动的"和包"，电信的翼支付等。其服务与应用场景目前主要集中在各移动支付试点城市，待应用成熟后向"三农"地区进行拓展。

4. MPOS 模式

MPOS，又称手机刷卡器，是通过与手机、平板电脑等通用移动智能设备进行连接，通过互联网进行信息传输，外接设备完成卡片读取，从而实现支付功能的应用。与传统的 POS 机相比，MPOS 具有成本低、可移动、操作便捷等特点，符合"三农"地区网点少，交易流动性大，实时结算需求高等特点。2014 年，拉卡拉开展的"千县万乡"的"三农"金融服务计划比较有代表性；该项目以现有拉卡拉硬件终端为依托，以收单业务为基础，叠加拉卡拉便民、拉卡拉电商以及拉卡拉金融服务，以 MPOS、多媒体终端和拉卡拉小额借贷为切入点服务"三农"地区。

5. 第三方支付模式

第三方支付源于电子商务的兴起，用于解决买卖双方缺乏信用保障或法律支持的情况下的资金支付中间平台，其运作实质是在收付款人之间设立中间过渡账户，并承担中介保管和监督职能，为解决网络交易的信用风险应运而生。代表企业主要有支付宝、财付通等。

目前，阿里巴巴集团定位于农村地区迅速增长的消费需求，开展了

"千县万村计划（即村淘计划）"，通过建立县级运营中心，并在当地政府部门的支持下，统一拓展和维护村级服务站。村级服务站由当地的村民负责，主要承担当地其他村民的代购、代销服务，利用淘宝电商服务平台和农产品网上直销平台，连接城市和农村的消费与生产，满足农民迅速增长的消费需求以及在线农产品销售，并通过代购代销等服务推广其支付产品。

（二）移动支付服务"三农"案例

1. 以电商为切入点服务"三农"——阿里巴巴千县万村计划

阿里巴巴集团开展了"千县万村计划"，主要通过在各地建立淘宝县级运营中心，县级运营中心在当地政府部门的支持下，统一拓展和维护当地的村级服务站。村级服务站由当地的村民负责，主要承担当地其他村民的代购、代销服务。

县运营中心负责向村级服务点提供必要的基础设施（包括网络、电脑、电视等），并对村级服务点的代购员进行网购业务及风险培训。此后，当地的其他村民便可通过该村级服务点在淘宝等电商服务平台上选购自己需要的商品，由村级服务点的代购员以自身名义购买下单，并通过代购员自身支付宝账户完成支付。待商品送达服务点后，代购员再将商品转交给村民。

同时，村淘计划积极利用村级服务站打通农产品销售环节，为了提高农民收入水平，农村淘宝正在规划为农民提供网上直销的平台，后续村民可通过村级服务点，将农产品信息发布到农产品网上直销平台，并根据实际需求信息进行农产品销售。在这一过程中，节省了多次经销的过程，减少了加价环节，促进了农民收入的增长，同时满足了城市消费者对新鲜优质农产品的需求。

2. 连通城市农村，服务农业生产——微商+微众银行模式

腾讯集团通过其微商和微众银行连接城乡需求，通过社交+电子商务平台的模式，打开农产品销路，服务农业产供销。例如2014年，周至县村民种植的油桃出现滞销情况，果农利益受损，微商通过上架陕西滞销油桃，在4小时内迅速销售近2000单，有效缓解了滞销，同时通过微信的社

交商务平台，打通了城乡农产品贸易渠道，并基于此建立完整的农民信用记录，为后续开展金融服务提供了基础。目前，农民可以通过微众银行的互联网信贷产品进行贷款，以获取生产所需的资金或进行农资产品购买等金融服务。同时，微信公众号保险业务有望向农业险拓展，省去索赔等繁琐流程。

（三）移动支付服务三农问题

随着我国城乡一体化进程的不断加快，农民收入水平的持续提高，交通、通信网络等基础设施的逐步完善，农村地区支付服务环境建设面临良好机遇。从当前农村支付环境建设的情况来看，主要面临以下几个方面的问题：

一是网点建设成本较高，传统金融服务覆盖能力有限。传统的金融支付服务体系大多以设立实体网点为前提。而对于一些经济不发达的地区，设立实体网点所能带来的投资收益微乎其微，甚至常常面临亏损的风险。长期以来，人民银行等相关机构一直致力于改善农村地区的金融服务环境，并取得了一定成效，但目前仍然存在农村地区网点数量较少，金融服务水平不足等问题。相关统计数据显示，全国仍有1000多个乡未设置银行营业机构。

在当前"市场在资源配置中起决定性作用"的背景下，缺少必要的经济利益刺激，不利于提高金融机构在农村地区建设服务网点的投资热情。因此，从可持续发展的角度来说，深入挖掘农村地区的金融市场需求对中长期解决支付服务环境的建设问题显得更为关键。

二是农村用户现金消费习惯难以改变，移动支付客户基础差。受教育程度、年龄和生活习惯等因素的影响，农村地区用户对现金交易的依赖程度依然较高。虽然近年来受农民工进城打工和新型城镇化建设的影响，中青年农村居民对 ATM、POS 机和手机支付等非现金支付方式的使用有所提高，但对于很多以留守老人和儿童为主的劳动力输出型农村地区，现金交易习惯短期内仍较难改变。尤其是对于"空心化"倾向突出的西部地区，支付生态基础仍然薄弱，留守农村的老人和儿童，对新型支付业务的接受能力和意愿低，习惯于既有的现金结算方式。最典型的现象是一些涉农补贴资金多通过银行卡发放，但一部分农村客户由于"看不见"卡上的钱很不放心，立即取现再存入自己办的存折中，平时的消费或是零星开支也主要通过存折支取现金，大量金融服务创新产品难以普及。同时，农村客户风险意识淡薄，容易引发信息泄露等风险。通过实地走访发现，在助农金融服务点，不少村民与服务点工作人员均为同村且彼此熟识，部分村民为图方便平日直接将银行卡与密码存放于服务点工作人员处，由其代为保管，导致服务点工作人员随意将取款人账户信息告知他人等情况时有发生。由于缺乏现代通信工具，村民往往无法及时得知存款余额变动信息，存款被盗取或其他金融消费权益被侵害的风险极大。

三是各地区差异化需求大，产品与服务应用场景少。由于各地区经济发展不均衡，"三农"用户的金融需求差别较大。对于东部及沿海的富裕乡镇，人均收入水平和金融服务需求都已接近甚至超过一些二、三线城市水平，他们多从事大规模种、养殖业，对生产类贷款有阶段性需求，随着收入的提高，传统的存取现、助农贷款等单一的金融产品逐渐无法满足其多元化的需求。而中西部地区消费、理财观念相对更传统，市场教育成本高，家庭中主要大额消费就是家里盖房、子女教育、结婚，且日常消费基本都在线下，消费场景以现金为主，熟练使用网上购物的人群较少，对第三方支付的使用基本是空白。金融需求大多停留在存取款、转账等较为基础的服务上。

虽然地区差异化需求大，但广大农村的硬件条件已有较大改善。中部地区有完善的网络基础设置，光纤均已入户农村，且农户手机基本是智能机且配备3G/4G网络。然而，由于农村应用场景少，农村用户普遍对于金融服务的实体网点有依赖性，金融服务需求未得到有效释放。

三、移动支付服务三农对策

（一）整合各方资源，节约农村支付体系建设成本

目前，我国移动支付参与方包括银行、电信运营商、第三方支付机构等，由于网点建设成本高，每一参与方都无力单独建设农村支付体系。为此，需要借助现有的村级供销社、小卖部、助农服务站等，结合政府财政

补贴与专项资金，组织各参与方，充分整合资源，在人口较多的行政村，通过升级当地服务站点，实现集资金结算、惠农信贷，缴费支付，农产品供销，网络购物，物流集散等为一体的农村服务中心，从而降低运营成本，促进农村支付服务体系建设，推动农村移动支付商业化的可持续发展。

（二）发挥助农金融服务点工作人员的作用，改善农村支付服务软环境

对于农村居民文化程度不高，金融知识欠缺等现状，要发挥助农金融服务点的作用。一是加强服务点工作人员的业务培训。通过培训，让服务点工作人员熟练掌握助农自助终端以及网上银行、手机银行等电子支付的使用技能，结合开展货币反假、征信知识宣传和信贷服务咨询，培育金融意识，逐步培养农民的非现金支付习惯。二是强化对服务点工作人员的管理。申明对于持卡人身份、财产、账户、信用、交易等金融信息的保密责任，提高风险防范意识，强化安全管理。三是突出服务点工作人员的正向激励。挖掘服务意愿强、管理能力高、安全意识好的优秀典型，并进行示范宣传，促进服务点工作人员的服务能力和风险管控水平双提升。通过服务点的工作人员，加强农村金融知识宣传，培养农民的互联网习惯、移动支付意愿以及支付安全防范意识，改善农村支付软环境。

（三）强化制度要素的合力，优化农村支付服务硬环境

移动宽带和智能互联网手机的迅速发展与普及，为移动支付所需的软硬件环境打下了坚实的基础。政府有关部门应加强政策引导激励，形成制度要素的合力，为移动支付业务提供较为宽松的发展环境。一是优化支付结算体系建设机制，鼓励移动支付领域市场竞争，拓展支付清算网络在农村地区的辐射范围。根据业务发展和风险防范相结合原则，因地制宜，畅通农村地区支付清算渠道。二是加大农村金融政策支持力度，采取"城乡有别、适当调低、改善结构"的原则，降低农村支付结算服务成本和服务价格，促进形成农村支付建设的长效机制和宣传机制。重点满足基础性、必要性的支付服务需求，包括农民小额转账、汇款、取现、缴费、农民各项补贴发放等。三是抓住农村移动支付业务实质和主要风险点，进行差别化监管，引导业务创新、提高支付效率、优化用户体验、确保资金安全。

（四）大力推广移动支付应用，打造农村地区普惠金融服务的新平台

移动支付天然契合普惠金融的要求，具有广覆盖、高便利、可持续、低成本的特点，在金融基础设施相对匮乏的农村地区作用尤为突出。一是积极发展移动支付业务。组织各相关机构加大研发投入，推出成本低、易操作的移动支付产品和服务模式，创新农资供销手机结算、农村电子商务支付，将惠农政策、农产品产销信息增值服务以及征信、理财、保险等方面的服务进行有效整合。二是提升移动支付的安全性体验。完善支付安全技术，推广应用金融 IC 卡，提高移动支付应用的安全性，保障移动支付的安全规范发展。三是细分客户，有针对性地加大宣传推广力度。以农村产业集群、家庭农场和农村 20～50 岁人群为重点推广对象，引导其通过移动支付办理资金结算等金融业务，逐步扩大移动支付的覆盖面。

移动支付业务发展与安全策略研究

胡　麟　LIHONG　张潇云　樊　凯　曾昭智①

一、移动支付创新发展现状及特点

（一）移动支付的创新趋势

近年来，国内手机用户数量增长迅猛，随着华为、中兴、小米等国内手机厂商在中低端智能手机产品上的研发生产，智能手机用户数量得到飞速增长，为移动支付发展奠定了良好的基础，促进了移动支付业务的发展。以第三方移动支付市场交易规模为例，中国支付清算协会统计数据显示，2014 年，支付机构共处理移动支付业务 153.31 亿笔，8.24 万亿元，同比分别增长 305.9% 和 592.44%。

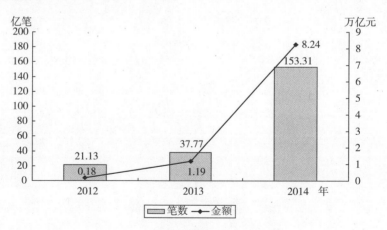

图1　国内支付机构移动支付业务量

① 本课题牵头单位为财付通，参与单位包括招商银行、中国民生银行、中国银联。LIHONG、胡麟、廖雨帆、张潇云、汤焱琼、樊凯、徐晋耀、曾昭智参与了本课题的研究工作。

目前，移动支付在国内主要有两大类应用：一类是线上交易，如在手机淘宝或者京东购物，或者是微信转账充话费，都是在线上完成了交易，本质上是支付业务实现从 PC 端到手机端的迁移。另一类是线上转线下交易，就是现在非常热门的 O2O（Online to Offline）。如在超市买东西或者当面支付这一类场景，由于手机上并没有用户在线下选择的商品或服务信息，用户手机必须与商家的设备进行某种交互，来传递交易和支付信息。创新的移动支付方式包括：

（1）二维码和扫码支付。二维码是网络链接的另外一种体现形式，在支付宝、财付通等非金融支付机构的推动下，扫码支付在国内逐渐流行起来。2014 年 7 月，顺丰开始使用微信扫码支付快递费，在快递员上门收件时，用户可选择微信支付的方式结算，"扫一扫"快递员手持终端上的二维码，即可完成支付。在已有的微信、电话、App 支付上进一步引入了更便捷的移动支付手段。速递业也与第三方支付合作，允许扫码支付以完成货到付款，另外也可以用扫码方式支付逾期取件的储存费，极大地方便了网购一族。

目前扫码支付主要有两种模式，即用户扫描商家提供的二维码和商家扫描用户提供的二维码，也就是常说的主扫和被扫。前者在逻辑上更为普通大众所接受，也是支付宝和腾讯所采用的方式，但在安全性上却一直备受质疑。原因在于用户扫描商家的二维码，是一个信息录入的过程，二维码一旦被恶意利用，将给广告推广以及病毒植入等以可乘之机。而全新的扫码支付则选择了被扫模式，将线下支付过程改为信息输出，用户在支付中设备不会有任何的数据引入，安全漏洞的路径被堵死，安全保障也得到了提升。现在是用户向商家展示二维码或条形码，然后商家使用扫码枪或者摄像头扫描用户的二维码或条形码完成交易，二维码或条形码具有时效性且仅一次有效。

（2）NFC 移动支付。NFC 技术是非接触智能卡支付技术针对移动支付场景演化而来。传统的 NFC 技术需要在手机或配套设备上配备相应的天线和芯片，使用和非接触智能卡完全兼容的 13.56MHz 的通信频段。在日本和欧美的移动支付产业，NFC 作为主要技术路线已经发展了一段时间。最

新的安卓和 ios 系统版本都支持 NFC 技术。NFC 技术相较于扫描支付最直观的优点是只需轻触就可以完成手机与收费系统的交互。在高流量应用比如交通卡中，相较二维码扫描具有不可替代的优势。NFC 系统安全性高、操作简便，但是过长的产业链，硬件升级成本以及各个利益相关方（包括手机厂商、移动运营商、卡组织、第三方支付机构、银行）的协调问题，都制约了 NFC 应用的发展速度。

智能卡的发展和 NFC 标准的推出极大地促进了非接触智能卡在移动支付领域的应用。同"短信＋语音（IVR）"和"WAP＋手机客户端软件支付"为主的移动支付相比，由于采用了智能卡技术和近距离通信技术，用户不但可以利用 NFC 手机上网进行远程数字商品和实物商品的购买，还可以进行现场脱机小额支付。NFC 手机支付符合手机向个人信息终端演进的趋势，手机不但是一个支付渠道，同时也是营销渠道和数据渠道。未来的移动终端，可以集成公交、电子票券、电子商务、门禁、会员管理、身份管理、智能媒体、数据传输等多种应用服务，移动支付应用同其他服务应用的互相支撑和互相促进将成为移动应用发展的鲜明特色。

移动运营商、银行、卡组织是 NFC 手机支付的核心参与者。由移动运营商单一主导的 NFC 手机移动支付已在日本、韩国大规模商用，主要原因是移动运营商在移动通信产业拥有较强的控制地位，同时通过注资金融机

构的方式实现了金融业的经营权，快速促进了基于银行账户的移动支付业务发展。在我国，产业链参与各方经过多年合作，也形成了以 NFC – SIM 和 eSE（NFC 全手机）为主要技术手段、多方通过 TSM 平台互联合作的移动支付业务模式。

在产品建设方面，移动运营商、商业银行、卡组织（中国银联）均完成了各自的 TSM 平台建设。中国银联 TSM 平台已全面支持 eSE 全手机、NFC – SIM、NFC – SD 模式，同主要商业银行及三大移动运营商均达成合作和系统对接。通过银联 TSM 产品，为持卡人提供了申请银行卡和加载银行卡的功能，同时提供在线充值、余额查询等服务。另外，扩宽了申请银行卡的方式，现已支持 OTA 申请模式、银行网点申请模式和预置模式三种方式，可帮助发卡银行拓宽发卡渠道，减少发卡成本，提高发卡效率。

产业各方通过开展 NFC 手机支付的产品建设，推动远程、近场支付业务结合，提升了不限时间地点的便民金融服务品质，减少了金融服务对网点的依赖，降低了受理环境建设等综合社会成本。目前 NFC 手机支付呈现出以下发展方向：一是拓宽应用领域，同公交、地铁、出租等行业开展应用合作；在智慧社区、车联网、跨境电商等领域提供支付服务；同移动与可穿戴设备、智能家居产品构成安全互联体系。二是利用标记化（Tokenization）和 HCE（Host Card Emulation，主机卡模拟）技术，提供云端支付能力，简化业务流程，提升用户体验。

（3）指纹支付：在支付宝、微信支付、民生银行手机客户端等 App 应用中可以设定指纹支付。只要手机有预留指纹，验证一次支付密码就可以在一定额度下使用指纹支付，而不需要在支付中每次都进行短信验密或者验证支付密码。这种支付方式既具有一定的安全保障，又非常方便，可以预见对于小额高频支付，在用户没有开通免短信、无密码支付时，使用指纹支付会是一个比较好的安全措施。

除了上述移动支付方式，还有如光子支付、声波支付、刷脸支付、硬件支付等支付方式。

（二）移动支付业务量和资金量的增长已逐渐受到黑色产业链的关注，并运用新的技术手段非法获利

随着移动支付市场规模的不断扩大，用户使用频率和交易金额的不断提升，越来越多的不法分子开始关注、并尝试运用新的技术手段非法获利。由于目前手机相对于个人电脑终端的防护能力较弱，犯罪分子只需要获得若干关键信息即可完成诈骗交易，不需要盗取实体银行卡。随着犯罪手段的不断进化，各个环节的专业性越来越强，通过网络的联系，素未谋面的犯罪分子逐渐形成了黑色产业链。产业链的最开头是由有较强技术能力的黑客来编写盗取客户关键信息的木马，木马售卖给下一层的木马使用者，由其专门负责传播，盗取客户信息，并通过技术手段对这些信息进行清洗，筛选出有价值的信息，高价售卖到下一层销赃人员。销赃活动本身就是一个巨大的链条，存在专人办理销赃用的账号和银行卡，专人开通电子商务的商户进行洗钱，专人长期盗号养号。黑色产业链的发展，一方面使诈骗活动更难防范，另一方面加大了公安机关的打击难度，针对单一案件的侦破往往要牵扯到全国各地的多个犯罪团伙，技术上取证难度加大。打掉黑色产业链条的某一环节，往往又被其他的犯罪团伙顶替。所以，移动支付安全防范必然是一项长期、复杂的工作。

根据《2015 中国移动支付安全绿皮书》显示，从支付安全的角度看，恶意程序、钓鱼网站、网络诈骗和利用支付平台洗钱已经成为威胁移动支付安全、产生非法获利最主要的 4 个渠道。

（1）恶意程序

移动互联网恶意程序数量连年大幅增长，国家互联网应急中心通过自主监测和交换捕获的移动互联网恶意程序样本达 70.3 万个（2013 年数据）。在监测的恶意程序中，按照行为属性统计，恶意扣费类数量居第一位，高达 71.5%；其次是资费消耗类（占 15.1%）、系统破坏类（占 3.2%）和隐私窃取类（占 3.2%）。移动互联网恶意程序的制作、发布、预装、传播等初步形成一条完整的利益链条。监测发现，与用户经济利益密切相关的扣费类和资费消耗类恶意程序占总数的 85% 以上，这表明黑客制作恶意程序时带有明显的逐利倾向。

腾讯手机管家安全云统计数据显示，每天新收集到支付类病毒样本 1000~2000 个；云查检测到支付类病毒的用户数有 13 万户；云查检测到支付类病毒的样本数有 2 万个；新增病毒制作者的手机号码和邮箱地址各 100 个左右。

部分移动应用商店的审核机制不完善、安全检测能力差等，是恶意程序发布和扩散的重要原因。据分析，国内越来越多的软件被制毒者二次打包，然后重新上传至第三方应用商店，用户难以辨别，从而使得第三方应用商店成为手机病毒传播的重要途径。一旦用户下载软件产生非法推广利益以后，病毒制造者与非法广告渠道商进行收入分成。据悉，一般双方的分成比例大约是三七开，病毒制造者拿三成，非法广告渠道商拿七成。此外，手机恶意程序传播渠道呈现多样化的趋势，移动应用商店、论坛、下载站点、经销商等移动互联网生态系统的上游环节被污染，导致下游用户感染恶意程序的速度加剧。

（2）钓鱼网站

钓鱼网站攻击，主要是指攻击者伪装成相关的银行与机构从而欺骗用户，让用户提供卡号、密码、账户等；跨平台钓鱼攻击出现使物联网、移动支付等面临安全新挑战。黑客除利用钓鱼网站外，还结合移动互联网，利用仿冒移动应用、伪基站等多种手段，实施跨平台的钓鱼欺诈攻击。互联网公司通过所运营的在线交易信息系统，掌握大量用户资金、真实身份、经济状况、消费习惯等信息，一旦互联网交易平台和手机支付客户端等存在漏洞并被黑客利用，风险也随之传导至关联的行业，产生连锁反应。同时，社交网络因其包含的信息与用户生活密切相关，真实性强，可能成为黑客实施定向攻击、钓鱼欺诈的"温床"。此外，云平台的应用普及也可能在一定程度上增加信息泄露风险隐患和事件处置难度。

（3）网络诈骗

普华永道发布的《2015 年全零售：零售商与变革的时代》研究报告称，63% 的中国消费者更倾向于在手机应用程序中保存个人的付款及收货信息，而这一数据相当于全球比率（33%）的近两倍。而这也为不法分子实施网络诈骗提供了有利的温床。

中国银联发布的《2014年移动互联网支付安全调查报告》显示，中国消费者移动支付使用率遥遥领先于全球平均水平。2014年，约10%的被调查者遭遇过网上诈骗，而以退款等借口骗取手机动态验证码的诈骗比2013年增加了11个百分点。"虚假金融网站利用了人们安全意识薄弱以及金融知识缺乏等现状，以代办信用卡和介绍理财产品为切入口，以零风险、高收益为诱饵实施欺诈。

（4）洗钱风险

移动支付具有无界性、虚拟性、隐蔽性、非面对面等特点，再加上系统可能存在的漏洞，可能被利用从事洗钱、信用卡套现、网络赌博、非法集资等活动。目前的移动支付业务主要分为四类：移动信息服务、移动银行和证券转账服务、移动银行账户付款服务、移动手机付费服务。作为当今世界最具权威性的反洗钱国际组织，金融行动特别工作组FATF研究显示移动支付业务洗钱风险主要聚焦于后三类服务。目前，由于许多地区对使用移动通信的客户没有进行客户身份的识别和登记，使得该类移动支付属于匿名交易，同时许多地区未将通信运营商纳入反洗钱监管范围，使得移动支付为洗钱提供了便利的环境。

二、面临的主要风险和典型案例

（一）支付类病毒呈爆发增长趋势，成为移动支付的主要风险点

支付类病毒呈爆发趋势，这些病毒可以读取手机上的短信验证码并通过网络转移该验证码，再结合用户的身份证、银行卡号等信息后，在各移动支付App，手机银行、移动支付网页上盗刷，窃取用户资金。图2是腾讯云安全引擎监控到的数据，可以看到2014年以来支付类病毒有显著的增长。

通过对支付类病毒的密切跟踪，发现其表现出如下趋势：

一是传播方式和渠道更多样化。一开始是通过向陌生号码发送短信传播病毒；后来发展成通过伪基站，仿冒10086发送短信传播病毒；现在技

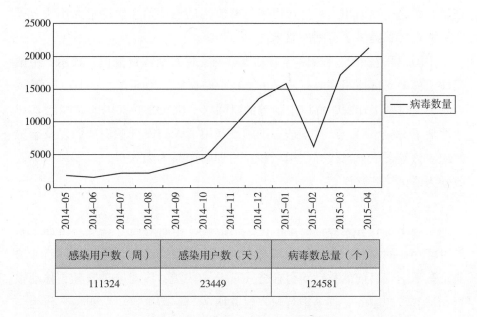

感染用户数（周）	感染用户数（天）	病毒数总量（个）
111324	23449	124581

图 2　支付类病毒增长趋势

术更进一步，可以通过中毒用户的手机，发送病毒短信给通讯录中的家人和好友，而用户完全无法察觉。

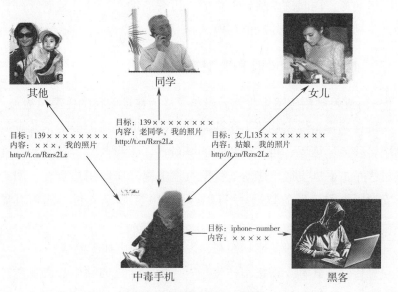

图 3　支付类病毒传播路径

62

二是窃取用户隐私信息的方式越来越隐蔽。

三是部分网站被拖库，导致大量用户数据泄露。例如：2011 年 12 月 CSDN 网站被拖库，2014 年 12 月 12306 客户端数据泄露；不法分子收集大量的中毒用户的个人信息数据；从海量的用户短信数据中，能够获取到更多用户账号和身份信息。无需依赖用户填写的个人信息，直接可以盗刷用户的银行卡。

从以下这个典型的支付病毒窃取资金案例可以看出上述趋势：

工单：15042316322881075236 投诉时间：2015 – 04 – 23 16：32：28

买家姓名：张××

买家账号：2245286×××

损失银行：2044（建行借记卡）

损失金额：3965.35 元（共 23 笔）

损失备注：手机中毒短信转移

审核备注：用户无感知情况下被盗，核实用户收到朋友短信，短信内容包含：×××你的照片被人偷拍发到网上。用户点击后未查看到照片，但是手机中毒，短信验证码被转移。骗子短时间注册 QQ 钱包账户绑定该用户的银行卡，虽然已经命中策略，但是依然有部分在止损额度范围内的损失。用户共损失 26000 元，在 QQ 钱包损失 3965.35 元，其余的损失发生在其他平台。

通过对一些案件的追踪及技术分析，梳理出围绕支付病毒作案的犯罪团伙的组织架构与运作流程如图 4 所示，可以看到该黑色产业链已经很庞大、很完整，团伙分工明确，各环节都发展得很专业。

整个行业的人员情况估算如下：手机木马传播者约 1.62 万人，主要分布在上海、山西等地；洗钱套现约 2.1 万人，主要分布在广西、广东、河南、山东等地。

产业链作案成本摸底如下：手机木马：100 元/天，500 元/周，1000 元/月，包更新；支付账户：1~15 元一个；洗钱手续费：30%~40%。

（二）不法分子多利用钓鱼网站，并基于社会工程学方法实施欺诈活动

钓鱼网站大多是仿照银行、电信或者第三方支付机构的网页做出来

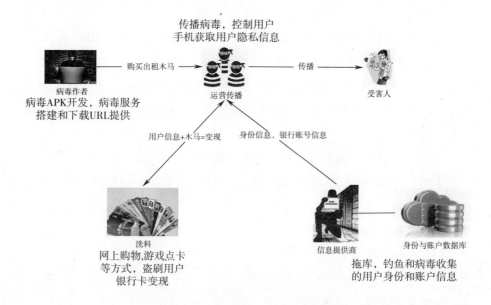

图4　围绕支付病毒作案的犯罪团伙的组织架构与运作流程

的。由于网页的源代码都是可以看到的，所以黑客做一个非常逼真的钓鱼网站并不困难。钓鱼网站的传播大多数也是通过短信内的链接，以移动积分兑换、银行账号解冻或者缴纳交通罚款等使用户上当，去一个看似和官方网站非常类似的网站上填写自己的一些重要信息，黑客常常可以通过这些信息盗取用户的钱财。

社会工程学方法就是诈骗分子利用各种途径和受害者直接联系，有时是电话，有时是通过微信或者 QQ 之类的即时通讯软件，引诱受害人一步一步地落入陷阱，甚至亲自给骗子转账。这类诈骗虽然成本很高，但是收益往往很大。有的诈骗金额都达到了百万元甚至千万元的级别。

（三）通过将病毒、木马等链接或嵌入至二维码来盗取用户信息和账户资金

二维码扫码支付在方便商家和用户的同时，也可能为不法分子所利用来盗取他人信息和资金。主要的欺诈方法有两种：

一是把二维码链接到支付类病毒，二维码是网络链接的另外一种体现形式，当打开了这个网址就是打开了一个支付类病毒的下载地址。这种木马被下载后，可以自行安装，且不会在桌面上显示任何图标，而是潜伏在手机后台中运行，悄无声息地窃取用户的信息（如支付账号、密码，银行卡信息），同时该木马还能转移短信验证码，通过获得的上述信息，不法分子就能完成对用户资金的盗取。

二是链接到钓鱼链接，用户扫码之后进入钓鱼网站，被诱导输入支付信息，导致资金被骗。

典型的二维码钓鱼案例：李先生在某电商网站购物时，看中一家网店的液晶电视，价格要比市面上的便宜近千元。店主"天马桃园"声称可以拿到低价"私货"，李先生便接受了店主让他通过扫描二维码进行支付的要求。李先生通过手机扫描了店主发来的二维码后，进入一个支付界面，输入银行账号和密码后点击支付，但发现支付失败。店主告诉他可能是系统出现故障，让他重新扫描。李先生先后扫描了七次，全都以失败告终，无奈只能取消交易。但随即发现自己银行卡被扣 17000 余元。

（四）存在 NFC 恶意收款终端对用户手机进行盗刷的风险隐患

NFC 由于无需客户特殊操作即可完成小额付款，理论上有如下漏洞：诈骗者使用一个 NFC 的恶意收款终端，其可以是被特殊改造过的，扩大了读取的范围。在人群拥挤的地方该恶意收款终端可以偷偷扫描多人的 NFC 手机完成付款。此类攻击的难度在于这类收款终端必须同步到支付机构才可以领回骗取的钱财，这个过程有可能被收单机构发现。

对于 NFC 恶意收款终端对用户手机的攻击，首先可以在 NFC 手机上通过开关来防范；其次 POS 和非接读卡器本身遵守了卡组织的相关安全规范，具有开机自毁等功能，不容易被攻破；最后对可移动的非接终端，在相关业务和风险规则中明确收单机构对终端的管理要求，严格限制使用范围。另外，目前银行卡的 POS 收款最终会结算到商户在银行开立的收款结算账户，恶意收款如要达到获得收益的目的，必须能控制商户的银行收款结算账户，因此事前审核商户的合法性（三证一表），事中管理好商户经营的持续性，也是杜绝该类犯罪的有效手段。

（五）免费 WiFi 也成为黑客窃取用户信息的手段

此类风险主要是由于手机用户在使用免费 WiFi 过程中发生的信息泄露

而造成的。随着无线网络和智能手机的普及，手机用户在公共场所使用WiFi 的需求也日益增多，黑客通过搭建与公共 WiFi 相近名字的伪冒 WiFi局域网，入侵用户手机，获取包括网银和支付账户、密码在内的信息。由于伪冒 WiFi 的名称具有欺骗性，且不用登录密码，诱使智能手机用户连接该 WiFi 局域网。用户在使用网络过程中的传输数据可能被黑客监视，黑客可以从数据包里盗取各类用户登录信息，例如网银和支付账号、密码，从而盗取用户资金。

三、风险防范的措施及经验做法

（一）生物识别技术应用于客户身份识别

对身份的识别，传统的方法会依靠两类知识：一类是你知道什么（PIN，密码，密保答案等），以及你有什么（钥匙，密码卡，网页 U 盾等）。还有一类是更为直接的验证，即你有什么特征（指纹、虹膜、面部、声纹），这类称为生物识别技术，一般都验证本人独有的特征，是非常难伪造的。国际生物识别集团（IBG）最新权威报告《生物识别市场与产业报告（2009～2014)》显示，在各种生物特征识别技术中，指纹识别占到28.4%，人脸识别占11.4%，虹膜识别、语音识别、静脉识别和掌形识别各占8.0%、3.0%、2.4%和1.8%。

指纹识别是目前应用最为广泛的生物识别技术，其技术成熟、设备小巧、成本低廉。但缺点是接触式的，具有侵犯性，存在卫生方面的问题；指纹易磨损，手指太干和太湿都不利于指纹图像的提取。随着近几年中、高端手机纷纷安装指纹识别技术，且有向低端手机覆盖的趋势，可以在手机上验证指纹的用户越来越多，指纹识别大多都依赖与手机厂商在手机内部安装的一个安全储存区域，该区域保证指纹的数据进去后无法被读出（不仅是软件层面无法读出，在硬件层面的暴力拆解也无法读出数据）。由Apple Pay 遭遇的问题我们可以知道，在没有权威第三方提供用户真实指纹的信息情况下，我们无法比对声称者是否为本人，苹果手机的指纹识别系统没有安全上的漏洞，但是一开始输入的即是诈骗者的指纹，导致指纹支付完全无法应对此类身份欺诈。考虑到我国尚未建立覆盖大多数居民的指纹库，所以短期内指纹验证是无法解决盗用身份的问题。但指纹识别可以在一定程度上用来解决手机丢失带来的盗刷问题，以及提升支付便利性。

人脸识别是一种近年来非常活跃的研究领域，通过对面部不易改变的部位，计算出它们在五官轮廓中的距离、角度和大小，形成数据进行比对具有直观性好、方便、友好、更容易被人接受的特点。人脸识别包括人脸检测和人脸识别两个研究领域。人脸检测算法主要有四类：基于知识、基于特征、基于模板和基于表象的方法。人脸识别需要利用面部稳定特征进行识别，此类算法有基于 LDA、PCA、ICA、Gabor 和特征脸等方法。目前人脸识别的研究方向已进入三维人脸的识别阶段。在移动支付场景下，人脸识别技术的优点是采集比较直观，成本较低，便利性较高且用户较易接受。但它的缺点也在于信息的可靠性及稳定性较弱，同时在网络环境不好时传输数据比较慢。

人脸识别技术近几年有突飞猛进的发展，虽然识别精度和准确性还达不到其他几类生物识别技术的标准，但考虑到输入的面部图像只需要和预留的用户图像进行对比，不存在多张面孔之间的区分和识别的问题，识别难度大大降低。公安部的第二代身份证系统有几乎所有居民的清晰面部照片，如果可以使用用户的面部输入和公安部的预留照片对比，无疑将能够减少身份诈骗的可能性。另外还可以将声纹技术和面部识别结合使用，让用户在首次开设账户的时候朗读一串随机数字，这样既防止了诈骗者用照片或者塑像进行诈骗，又通过记录用户的声纹信息，为下一次验证用户身份带来了便利。

图 5 是财付通正在试验的在移动支付业务中人脸识别开户的流程：

图 5　人脸识别开户的流程

目前在移动支付场景的实际研究和应用中还存在一些挑战，如对比公安部预留照片的面部识别机制，错误通过的概率（即把 A 错为 B）是比较低的，但是错误拒绝的概率较高，一是身份证的照片可能是数年前拍摄的，用户的面部有了一些不利于识别通过的变化；二是面部识别算法本身的一些问题，可能用户经过数次拍摄角度的调整才能识别或者干脆识别不通过。但是我们可以综合采用三种模式，根据不同风险等级灵活选择使用：

1. 拍照，上传静态照片，跟公安部照片进行比对

优点：图片小，占用流量少，上传速度快，校验速度快，用户体验好。

缺点：被伪造的可能性相对较大。

2. 拍视频，上传，采用 easy 模式做活体校验，跟公安部照片做比对

优点：比完整模式识别通过率更高，识别速度更快。

缺点：视频比较大占用流量大，上传速度较慢。活体判断准确性略差。

3. 拍视频，上传，采用完整模式做活体校验，跟公安部照片做比对

优点：门槛高，不容易被伪造。

缺点：识别通过率低，识别速度慢，用户体验略差。

招商银行人脸识别应用于 2015 年 8 月 14 日在全行正式上线，各家分行的一线柜员无一例外地可以运用人脸识别技术来辅助核身，VTM 全渠道率先应用人脸识别技术。人脸识别技术在柜面上线前，柜员仅能通过人眼比对的方式核身，核身结果受到了较多主观因素的影响，而上线了人脸识别技术后，可以通过系统进行客观分析，给柜员以辅助性的指导。人脸识别给人工识别再加了一道锁，使得防范伪冒开户更有效。对于远程控制的 VTM 渠道，为了判断客户信息的真实性，在整个过程中，招商银行还会用到"活体检测技术"，即通过系统给客户发出一些动作指令，如点头、眨眼等，慎防远程端用的是照片而非真人。因此，人脸识别技术在提升柜面核身准确率及效率的同时也大大提升了柜员及客户的体验感受。在此前招商银行 1500 家网点的测试运营期间，人脸识别开户识别出了 18 起冒用他

人身份证开户的问题。

目前招商银行将人脸识别技术应用在联网核查的功能模块中。在包括开户、激活、领卡、挂失、签约电子银行在内的所有高风险业务中，都可以在联网核查界面中选择"人脸识别"功能菜单。进入后，由柜员人工拍摄客户的现场照片，系统自动与人民银行联网核查返回的照片进行人脸比对，最终将"是本人"或"非本人"的比对结果展示在界面上，供柜员参考。同时，如果是首次进行人脸比对的客户，系统会提示是否将该张现场照片作为比对模板保存，柜员需要在作出人工核身判断后，确保是客户本人的情况下点击"确定"。人脸识别通过后，回到联网核查界面，柜员仅需按照原有操作流程选择"通过"或"不通过"。这样便完成了人脸识别的全部流程操作。目前应用的识别技术已经可以完全识别双胞胎，相关人士介绍，该技术是靠骨骼形状的微弱差别及关键点之间的距离来进行识别的，因此双胞胎的识别对该技术不构成阻碍。后续在网点的经验和技术希望能推广到移动端手机银行等业务。

声纹识别是对基于生物学和行为特征的说话人嗓音和语言学模式的运用，分析语音的唯一特性，如通过发音的频率来识别说话的人。声音识别的优点是使用方便、距离范围大、安装简单，只需要一个话筒接收信号即可；但在感冒、咽炎及声带受创时，声音会与平时差别很大，误差也会较大；还存在人为对自己声音伪装和控制的可能，美国合众银行已经在应用声纹识别技术，消费者只需要对手机说话，就可以登录手机银行账户。

（二）大数据风险识别策略（设备信息、社交网络）

随着黑色产业链的发展，欺诈分子在移动支付、手机银行上的欺诈和盗刷手法越来越隐蔽，越来越像"真实用户"，简单的方法和风控模型已经难以从海量交易中识别出欺诈交易，因此需要综合一切有效的数据，特别是结合用户常用支付设备这类信息，全面研究欺诈行为并研发相应的模型和策略，以及时、精准地识别欺诈账户和交易。

图6和图7是财付通在识别和处理欺诈账户、欺诈交易，以及控制金融业务风险方面用到的系统和大数据方法，主要特点是充分利用了账户的社交信息和设备信息：

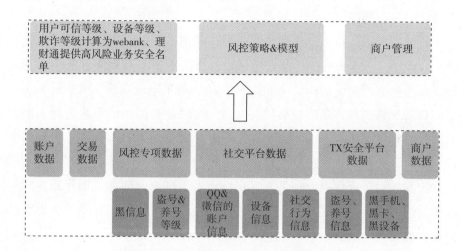

图 6 大数据方法应用于风险控制

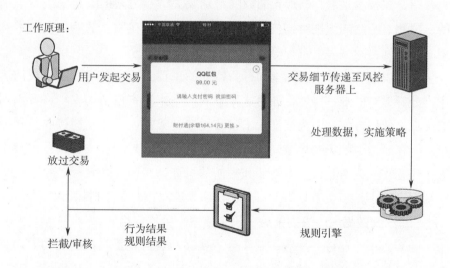

图 7 数据分析应用风险防控的工作原理

对于移动互联网金融的信用风险方面，我们可以按贷前、贷中、贷后分别用大数据进行风险防范：

一是贷前采取白名单准入机制，依托支付/社交平台的大数据信息，筛选有一定支付历史且账户相对可信的借贷客户群，减少伪冒身份等风险；

二是贷中利用互联网金融和社交大数据，检测用户支付习惯、操作习惯变化情况，排除盗号转移风险；

三是贷后否认本人贷款时，通过数据分析回溯用户借款的设备、操作地情况，与用户常用设备、操作地比较，同时综合用户借款前后的消费行为、社交行为变化情况，进一步判断是否是本人借款。以微粒贷业务为例，多数否认借款用户，最终核实为亲友小孩借款，并承诺还款。对于确实非本人借款的情况，根据用户特征制定针对性的借款规则拦截同类借款申请。

（三）Token + HCE 有望成为安全便捷的 NFC 支付方式

一直以来，移动支付应用的发行依赖于手机安全载体，由于安全载体以 SIM 卡、手机内置 SE（安全单元）、SD 卡等形式存在，移动支付面临产业链过长、不同产业主体互相制约的问题。Google 从 Android4.4 版本开始支持 HCE（Host Card Emulation，主机卡模拟）技术，允许非接终端直接访问内置在 NFC 手机的手机银行、数字钱包等客户端中的支付应用，使支付应用的发行摆脱安全载体的制约。有两种方式在具有 NFC 功能的手机上模拟支付卡：一种是基于硬件的，称为虚拟卡模式；另外一种是基于软件的，称为主机卡模式。在虚拟卡模式下，需要基于安全模块 SE（Secure Element），由 SE 提供对敏感信息的安全存储和对交易事务提供一个安全的执行环境，NFC 芯片将从外部读写器接收到的命令转发到 SE，然后由 SE 处理。而主机卡模式下则不需要 SE，而是由在手机中运行的一个应用结合云端的服务器完成 SE 的功能。这就绕过了手机内置 SE 的限制，不需要整个行业为了控制安全元件而争斗。可以预见，HCE 将成为主导性的模式。

作为 EMVCo 成员，中国银联参加了支付标记化（Payment Tokenization）相关规范的制定工作。该技术框架在充分考虑互操作性、兼容性的基础上，解决了卡号信息泄露、支付场景认证等方面的问题。银联建设的 TSP（Token Service Provider）平台有以下特点：一是多重安全保障，除用 Token 代替银行卡号参与交易外，银联 TSP 平台还提供 Token 使用场景控制、担保级别评估、动态交易风险评估等安全保障；通过为同一银行卡号不同使用场景、不同商户分配不同的 Token 来消除卡号信息泄露后可在移动互联网各种渠道上被使用的风险；根据 Token 存放的物理介质、持卡人身份认证强度等因素对 Token 进行"信用等级"评估，建立担保级别，并根据担保级别设定不同交易限额、Token 有效期等条件；与风险监控模型相结合，对 Token 交易进行多维度分析，提高识别欺诈交易的效率和准确性。二是与银行卡相比较，Token 的发行、挂失、解挂、注销等流程大幅度简化，在便捷性上具备明显的优势，适用的移动支付场景更广泛。银联 TSP 平台不仅支持用于线上无卡支付、留存卡号支付（Card on File）、HCE 线下支付等采用静态 Token 的场景，而且可支持线上线下的二维码支付、音频支付等场景下要求的动态 Token。即使对于 NFC 全手机等金融 IC 卡安全级别的移动支付模式，采用 Token 也能大幅度简化发卡、手机丢失后换卡等业务操作的流程，提升用户体验。

中国银联结合 HCE、标记化（Tokenization）等最新技术，设计了 HCE 云端支付产品，帮助产业各方推出可快速实施、安全可信的移动支付服务。银联正与商业银行一起快速推进 HCE 云端支付，为持卡人带来安全、便捷的移动支付新体验。在受理环境方面，现有的 400 多万台银行卡非接受理终端均可受理 HCE 云端支付应用，受理环境无需改造。在安全方面，云端支付平台通过以下机制提供完备的风险控制：第一，仅支持联机交易，每次交易必须输入联机密码。第二，交易额度限制。发卡行可设置单笔交易限额和单日累计交易限额。第三，临时交易凭证限制。交易凭证仅在短期内有效，且使用次数受限。第四，交易合法性检查。云端支付平台具备实时交易监控和交易后监控能力，可直接拒绝异常交易，并可对问题云端支付卡进行删除或暂停处理。第五，Token 代替卡号机制。银联云端支付平台要求必须使用 Token 在交易网络中进行数据传输。

四、小结

总的来说，移动支付是科技发展的新趋势，越来越深度渗透到人们的生活，新趋势必然带来新的安全风险，黑色产业链也在不断变化和成长；对于这些风险，监管部门、第三方支付机构、银行及相关金融机构都非常重视，从多方面应对和研究响应的风控方案，已经取得不错的进展，一些新安全技术的尝试也让我们更有信心，相信只要我们保持对风险的敏感性，在各方的共同努力下不断加强风险防范的技术水平，移动支付的安全风险必定能得到较好控制，为移动支付的发展保驾护航。

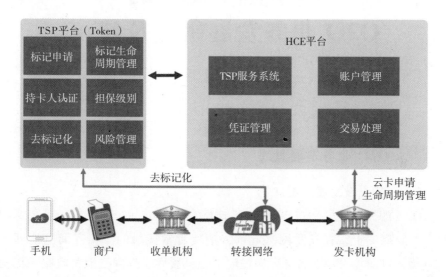

图8　HCE 云端支付产品

基于电子支付的
O2O 业务发展研究及建议

易 洁 曾昭智[①]

一、O2O 业务发展概述

（一）定义及发展历程

O2O 的概念最早是在 2010 年科技博客 Techcrunch 刊登的一篇文章中提出的。事实上，在互联网兴起前，消费者常接触的 114 咨询电话即是O2O 模式的雏形，消费者可以通过电话预订餐厅、查询当地家政服务机构等。互联网技术提升了信息传递效率，将线下大量零散信息按照区域、价格、商户类别等维度重新聚合在互联网上供消费者参考决策，随之出现了诸如以机票与酒店预订为主的携程网、以招聘为主的前程无忧、以餐厅点评为主的大众点评网，以及以房屋购买租赁为主的搜房网等市场服务主体。移动互联网时代，智能手机逐渐成为消费者的生活助手，手机客户端按照消费者所在位置、行为轨迹、兴趣爱好等"再组织"线下信息，这个时期出现了如基于地理位置服务的 Foursquare。[②]

随后，随着商业模式的不断改变，O2O 逐渐衍生出两种模式，第一种为 Online to Offline，其定义是：将线下商务的机会与互联网结合在一起，将线上的消费者带到现实的商店中去——通过信息、服务等方式，将线下商户的信息通过互联网的方式推送给用户，从而完成引流工作。该种模式

---

① 本课题牵头单位为中国建设银行，参与单位包括浦发银行、中国银联、支付宝、快钱、拉卡拉、联通支付。王晖、易洁、朱俭秋、张文嶷、曾昭智、张雷、吴斌、杨笑时、周雨婷、眭程乐、袁翔、徐涛、彭美玲参与了本课题的研究工作。

② 贾鹏，余海春. O2O 市场发展现状及趋势研究［J］. 银行卡研究资讯，2012（8）.

通常分为两类，一类仅提供信息服务，不参与交易，如搜房网、焦点网等，盈利模式是向商户收取广告费；另一类在提供信息服务的同时嵌入支付工具，如美团、大众点评网等，盈利模式为基于商户销售额收取佣金。后者可以实现商家营销效果精准化，已逐渐成为 O2O 领域受欢迎的模式。

O2O 的另一种模式为 Offline to Online，即将线下的交易搬至线上，利用互联网的技术优势解决信息不对称问题、突破地域限制、节省成本等。目前，这种模式在传统企业中出现较多，如银泰商业建立的银泰网、各大教育机构的在线教育等。支付宝目前做的未来医院、微信的智慧药店等，也属于这一范畴——将传统行业中能够利用互联网技术解决的问题搬至线上，为线下交易创造便利及节省成本。但这种模式暂无明确的商业模式，处在试用探索阶段。

（二）市场潜力

1. 整体网络支付市场潜力巨大

近年来，中国网络经济市场规模发展迅速，为电子支付行业的发展提供了良好的交易环境。2014 年，网络经济整体营收规模达到 8706.2 亿元，同比增长 47%，预计未来将保持较高增速。

数据来源：艾瑞咨询。

图1 2011～2018 年中国网络经济市场规模及增长率

2009 年到 2014 年中国网民和网络支付用户规模均以较高速度不断增

长。其中，2014 年中国网民整体规模达到 6.5 亿人，网络支付用户达到 3.0 亿人，网络支付用户规模占整体网民的比例也不断提高。

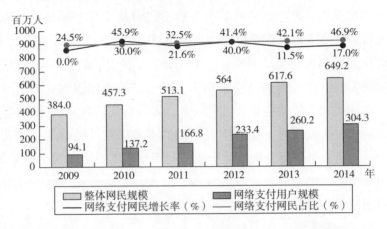

数据来源：艾瑞咨询。

图 2　2009～2014 年中国整体网民和网络支付用户规模及增长率

2014 年第三方互联网支付交易额达 8 万亿元，其中移动交易额达 5.9 万亿元，较 2013 年增长 391.3%。2015 年之后，随着支付宝、微博、微信、QQ 等主流互联网公司与社交平台的持续参与，将极大扩大用户范围，从而促进整体交易规模的持续上升。

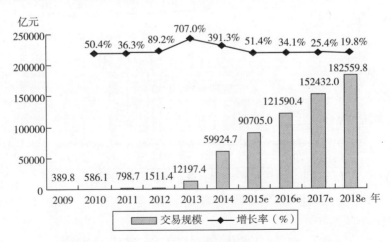

数据来源：艾瑞咨询。

图 3　2009～2018 年中国第三方移动支付市场交易规模

2. O2O 市场规模增长潜力巨大

虽然中国网络购物市场交易规模以两位数速度增长，但目前消费者的大部分交易仍然发生在线下。相关研究[①]预计，2013～2018 年，O2O 市场每年将保持50%的速度增长；占比最大的仍然为团购，最主要的仍然为餐饮消费行业，以及购物、旅游、休闲娱乐、运动健身、培训等生活服务类。此外，根据 Talking Data 2014 年的报告，移动 O2O 行业用户规模突破 6.1 亿户，占移动互联网整体用户规模的 57.5%；接近六成的用户使用过移动 O2O 的服务，随着移动 O2O 行业的扩张，这一比例在未来将不断扩大。

（三）O2O 与支付

支付作为连接线上与线下商务行为的中间桥梁，对构建 O2O 交易行为及数据闭环具有重要意义。一方面，支付可以为构建交易行为闭环，为商务交易环节提供支付支持，并提供支付安全保障。任何商务交易都无法脱离支付行为而存在，无论是以团购为代表的消费前线上预支付，还是以大众点评优惠券模式为代表的消费后线下现场支付，抑或以支付宝为代表的智慧医院，支付行为都是其商业闭环的重要组成部分。另一方面，支付可以完善数据闭环，为商业模式的创新提供数据基础。支付作为完成消费的最终标志，可用于确认用户消费行为的完成，基于用户的历史支付数据，可以为商户提供用户电子会员档案、消费积分等营销体系的数据基础，帮助商户实现用户的二次营销和 CRM 管理。[②]

二、O2O 业务典型支付产品与场景应用

（一）国外典型应用模式

在国外，支付行业主要是利用 O2O 平台庞大的用户流，将其以广告的形式吸引至合作商户，从而完成整个交易闭环。由于交易中通常以银行卡的形式结算，支付企业通常将 O2O 平台的账户体系与银行卡绑定，从而精准定位用户，完成 O2O 交易闭环。这种模式与我国银联钱包的模式类似。

---

① 贾鹏，余海春. O2O 市场发展现状及趋势研究［J］. 银行卡研究资讯，2012（8）.
② 张琦，余海春. O2O 市场发展现状及支付在 O2O 中的作用［J］. 银行卡研究资讯，2014（6）.

例如，美国运通与 Foursquare 合作，持卡人在双方的合作网页上将 Foursquare 的账户与持卡人美国运通卡号进行绑定。若持卡人在 Foursquare 的合作商户进行"Check – in"，来自合作商户的优惠券将会自动下载至持卡人绑定的运通卡上。持卡人在此商户购买产品并使用美国运通卡结账时，POS 终端将读取卡号及卡中的优惠券，按照优惠券的奖励规则自动给予此笔消费折扣。对应的交易明细将会通过 Email 发送给消费者。[①]

（二）目前市场主流的线上至线下产品与服务

1. 支付宝

目前，支付宝的 online to offline 主要产品为支付宝手机 App 商家服务窗＋附近商户，支付方式为二维码或条码支付。

在引流环节，一般为支付宝 App 主动推送或用户主动打开支付宝 App，收到附近的优惠推送或看到商家的店铺信息，线上下载优惠券或预订，随后至商户处消费。

在支付环节，通常为用户扫描条码（二维码）支付或商户扫描条码（二维码）支付。在第一种支付模式中，用户选择需要购买的商品后，即可在支持条码（二维码）支付的收银台要求扫描条码（二维码）支付。收银台工作人员将商品信息输入收银系统并传递给支付宝系统，支付宝系统将交易信息通过技术及安全手段生成条码（二维码），展示在收银机供用户扫描。用户打开并登录支付宝钱包后，选择扫一扫功能，即可扫描完成付款。在第二种支付模式中，用户打开并登录支付宝钱包后，选择"付款"，支付宝即生成含有用户账户信息的条码（二维码），商家对条码（二维码）进行扫描后，即可完成支付。此外，在线上预订直接付款等模式中，支付宝 App 内直接支付也是一种常见的方式，其流程与纯线上交易付款流程相同。目前主要的应用场景为商场、超市等日常交易场景。

2. 微信

目前，微信的 online to offline 产品与支付宝较为类似，但其在商户端引流的模式更加丰富。

---

① 贾鹏，余海春．O2O 市场发展现状及趋势研究［J］．银行卡研究资讯，2012（8）．

最为典型的为其微信中的企业公众号、摇一摇和企业红包功能。其中公众号每月可以推送 4 条消息，内容可实现分类、自定义推送。公众号内的菜单还可以通过客服接口消息、H5 页面实现微信商城、门店指引、促销活动、会员服务等功能。摇一摇功能则可以根据用户位置信息，摇出周边商户的优惠券，引导用户至门店消费。该功能由于 2015 年在央视春节联欢晚会中进行了大力推广而广为人知。微信企业红包则可以由商户自助配置，实现直接抵扣、满额立减等优惠券功能，同时具备微信分享的社交化优势，可以直接放入微信卡包，通过微信支付核销，实现电子化的营销闭环。

图 4 微信红包

在支付环节，微信的支付模式与支付宝大同小异，分为用户主扫模式与被扫模式，若为预订付款，则也可直接使用微信客户端进行线上付款。目前主要的应用场景为商场、超市等日常交易场景。

3. 银联

目前，中国银联主要尝试基于银联钱包提供 O2O 支付服务。

银联钱包集成了优惠券、积分、生活服务、权益及账户服务及支付功能，银联钱包同时也是一个 O2O 综合服务平台。最典型的银联钱包 O2O 应用是电子票券（有价的代金券、电子票等）应用和优惠券（无需购买）应用，前者通过线上购买、线下承兑的方式完成整个 O2O 应用过程；后者简化了当前主流 O2O 承兑模式，无需收银员抄号、验证等过程。以优惠券交易流程为例，说明如下：

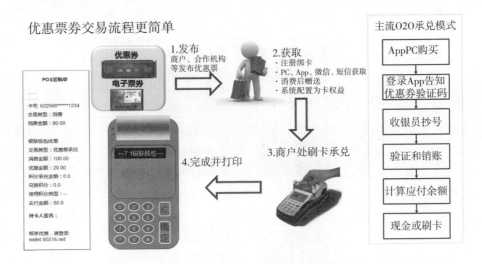

图5　银联钱包优惠票券交易流程

4. 联通沃钱包

联通支付公司的沃支付手机钱包是一个基于移动终端的线上线下整合型移动支付解决方案，用户开通沃钱包业务，即可以使用方便快捷的线上支付（互联网购物、理财、生活缴费等），同时可以在消费或预订后至线下商户处完成交易闭环。此外，持 NFC 手机和 NFC – SIM 卡的用户，可以使用近场刷卡功能，即把银行卡、公交卡、会员卡装进手机里，实现特约商家（便利店、商场、公交、地铁等）线下消费。

（三）未来 O2O 业务场景拓展——以医院为例

目前来看，我国医疗资源区域分布的差异性在一定程度上无法全面满

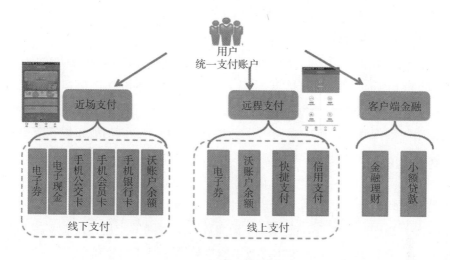

图 6　沃钱包支付功能

足广大人民群众日益增长的就诊问诊要求，患者"三长一短"（挂号时间长、候诊时间长、缴费时间长，看病时间短）问题突出，医务人员工作负荷日益加大。如何有效调整医疗服务体系、优化医疗资源配置已迫在眉睫，市场主体正通过医院 O2O 模式尝试探索新的解决方案。

患者的痛点	医院的痛点
挂号难，排队长	号贩子猖獗导致的舆论压力
一号难求	小病看专家，加班出诊却依旧无法缓解需求关系
指引不清楚	设备、科室搬家成本高
必须去医院查取报告	与患者的互动大部分通过面对面
检查/缴费反复排队	人工成本急剧上升，患者满意度不高
候诊时间长	医生收入增长缓慢，人才流失

　　以支付宝为例，在挂号阶段，以往用户需要至医院排队进行挂号，现在可以通过支付宝服务窗预约挂号，在线绑卡及申请，支付宝钱包用户实名挂号。在候诊阶段，目前部分医院已可以实现远程候诊——通过支付宝服务窗进行叫号提醒、候诊查询，合理安排候诊期间的时间。在检查缴费阶段，所有诊间缴费均可通过支付宝钱包移动支付，免除排队时间。检查单据信息可通过服务窗实时查看。在取报告阶段，可主动推送检查结果至

患者手机的支付宝服务窗。最后，医患能够实时在线沟通，患者可在线对医院进行评价及建议。

在后端对接上，支付宝通常采取的做法是与医院的 HIS（Hospital Information System，医院信息管理系统）对接，给出医院标准接口的解决方案并根据医院的需求进行修改（如能否在线缴费、能否传送诊疗单等），帮助医院的 HIS 系统供应商完成开发并上线。目前，该功能布置在支付宝 App 的城市服务模块内，上线最成熟、最完整的医院为广州妇女儿童医院。

但医院 O2O 的发展也面临诸多问题。其中最主要的是无论谁作为服务提供商，均需要与专门的 HIS 系统对接，而各地系统并不相同，改造实施难度大，周期长。而且目前的医保系统暂不支付网上支付，仅能支持非医保支付，因此，大部分医保用户暂不能享受移动医疗的便利。

医院 O2O 的未来发展可以分为三个阶段。第一阶段帮助医院建立移动医疗的服务体系；第二阶段是通过互联网在线完成电子处方、就近药物配送、转诊、医保实时报销、商业保险实时申赔等环节；第三阶段是开放大数据平台，结合云计算能力，与可穿戴设备厂商、医疗机构、政府卫生部门等合作，搭建基于大数据的健康管理平台。

三、网络支付 O2O 业务的发展趋势及监管政策建议

（一）未来趋势

1. O2O 业务的应用深度和广度不断拓展

网络支付 O2O 业务最初的切入场景为小额、高频、面对面的应用领域，例如便利店、面包店、餐馆等，借助各类营销活动，在这些 O2O 应用领域已经培养了较好的用户使用习惯。目前 O2O 应用正在向超市百货、交通、医疗、教育等具有较大社会影响力的领域扩展。

O2O 业务在深度和广度方面的拓展，主要受以下两个因素驱动：首先，随着智能手机用户的爆发式增长和线上线下业务不断融合，线上支付＋线下消费的 O2O 业务在使用习惯上为广大用户日益接受，带来了使用黏性的提高和应用场景的拓展。其次，移动互联网企业为扩大服务领域、策应整体发展战略的需要，积极抢占线下市场，采取了大力营销和高额补

贴的推广策略，大大扩展了 O2O 应用的使用深度和广度。例如，2014 年支付宝钱包在全国开展了声势浩大的"双十二"营销活动，涵盖了线下近100 个合作品牌，包括了餐馆、面包店、超市、便利店、出租车等消费场景。中国银联每年的"62 儿童消费节"营销活动也将银联钱包作为主要营销活动载体，通过线上下载优惠券和线下使用的 O2O 模式，利用线上、线下和移动支付渠道，围绕文娱、餐饮、购物、旅游等亲子热门消费领域同境内境外多个品牌商户共同开展合作营销。

2. 支付方式的演进将继续推动 O2O 模式创新

作为线上、线下商务行为的关键环节，支付是各类 O2O 创新模式的基础，也是推动商业模式创新的重要因素。以团购为例，其发展初期所售产品类别多为实物、餐饮、电影票等，用户通过互联网选择所需要的产品或服务。伴随着移动互联网的快速发展及移动支付门槛的持续降低，LBS（Location Based Service，地理位置服务）信息被大量用于团购行业，用户可以实时查看附近的团购商家并采用移动互联网远程支付进行预付款，改变了传统互联网时代电脑下单事后消费的团购运作模式。

在智能手机 App、智能化金融 IC 卡、NFC 通讯技术、生物识别技术等因素的驱动下，随着互联网公司对线下的快速渗透，以及传统商户对电子商务认知的提升，新兴支付工具也越来越多地在线下快速落地。预计未来支付方式的发展将继续促进各类 O2O 商业模式的创新。

（二）存在的主要问题

O2O 网络支付已成为市场主体深入金融、数据等跨界服务领域的重要入口，依据支付入口积累的用户消费数据和商户经营数据进行分析，可以开展一系列精准营销、征信服务、金融产品开发等后继服务。O2O 网络支付具有多样性和灵活性的特点，并且随着移动互联网应用的普及深化和创新发展，部分 O2O 应用在一定程度上突破了相关监管制度的约束范围，存在部分监管空白区域。

以基于银行卡的 O2O 网络支付为例，当前主要存在以下问题：

一是关于 O2O 支付业务的认定问题。第三方支付机构的 O2O 业务已经超越了线上预付卡业务范畴，从使用场景和交易方式看，同线下银行卡收单业务较为类似，需要明确其业务性质。

二是商户资质审核及交易路由问题。包括收单机构应对商户的资质进行评估、建立商户检查制度、确保交易信息的完整真实和可追溯性以及遵守交易路由的相关约定①等，使发卡机构能掌握真实交易情况，并避免快速推广局面下代理拓展机构和商户端潜在的卷款、违约等风险。

三是支付价格问题。目前，为了抢占线下市场，相关支付机构对代理拓展机构给予较高交易回佣，通过对商户免费或收取低费率开展市场竞争，对传统线下收单的价格体系带来一定程度的冲击和影响。

四是技术标准问题。O2O支付通常基于二维码、生物特征等新技术实现，建议行业对受理终端的技术及安全标准进行研究和制定，避免无统一标准带来的潜在安全风险，提高市场效率。

五是消费者权益保护问题。O2O业务普遍使用智能手机作为支付载体，一些安全意识较差的用户，在个人账户信息保护意识方面较为薄弱，因手机木马、钓鱼等移动互联网欺诈造成了账户资金损失。此外，O2O支付同样也面临移动互联网环境下的用户信息泄露问题。

（三）相关监管建议

在监管政策上，对银行卡为基础的O2O交易，建议对商户准入、交易路由、支付价格、技术标准等问题进行研究。一是明确交易性质，是否应遵照《银行卡收单业务管理办法》的相关规定。二是在O2O领域出台相关的监管法规，从商户管理、技术标准、安全防控体系、消费者权益保护、平台责任等方面有较为明确的规范。尤其是生物识别技术，急需列入相关法律法规中予以明确规定。

---

① 《银行卡收单业务管理办法》第二十六条规定：收单机构将交易信息直接发送发卡银行的，应当在发卡银行遵守与相关银行卡清算机构的协议约定下，与其签订合作协议，明确交易信息和资金安全、持卡人和商户权益保护等方面的权利、义务和违约责任。

跨境电子商务发展中的
支付创新与服务支持

封　俏　衣晓雷　李　闯　李丹平[①]

　　随着跨境电子商务的高速发展和海淘群体的不断增长，我国跨境电子支付进入了新的发展阶段。监管机构顺应市场发展，推出鼓励跨境电子商务及电子支付发展的政策，跨境电子支付业务产生的外汇支付中间业务收入也成为银行中间业务收入的新的增长点。

　　2012 年我国跨境电子商务交易额超过 1.2 万亿元，2013 年规模突破 3.1 万亿元，到 2016 年增至约 6.5 万亿元，年均增速接近 30%。目前，中国境内通过各类平台开展跨境电商业务的外贸企业已超过 20 万家、平台企业超过 5000 家[②]。

　　国家近年来推出多项政策支持跨境电子商务及电子支付的发展：

　　（1）2012 年 11 月，海关总署批复上海、重庆、杭州、宁波、郑州五城市开展跨境电子商务服务试点，2013 年之后又有广州、杭州、郑州、深圳、哈尔滨、长春等地先后获批 "国家跨境电子商务试点城市"；

　　（2）2013 年 2 月，国家外汇管理局制定了《支付机构跨境电子商务外汇支付业务试点指导意见》，在上海、北京、重庆、浙江、深圳等地区开展试点，允许参加试点的支付机构集中为电子商务客户办理跨境收付汇和结售汇业务；

　　（3）2013 年 9 月，国务院办公厅转发商务部等部门《关于实施支持跨

　　①　本课题牵头单位为支付宝，参与单位包括中国银行、中国建设银行、中国民生银行、中国银联、易宝支付、快钱、东方电子支付、平安付、联动优势、天翼电子。封俏、杨涛、衣晓雷、樊凯、李闯、郭华美、李丹平、徐鸣、杜华、边琪、王毅博、邓艳丽参与了本课题的研究工作。
　　②　资料来源：根据商务部公布的数据整理。

境电子商务零售出口有关政策意见的通知》（国办发［2013］89号），鼓励银行机构和支付机构为跨境电子商务提供支付服务；

（4）2013年9月，支付宝、财付通、快钱、汇付天下等17家支付机构获得跨境支付业务试点资格；

（5）2014年3月，人民银行及国家外汇管理局再次批复易智付等5家支付机构获得跨境支付业务试点资格；

（6）2014年6月，人民银行下发《关于贯彻落实〈国务院办公厅关于支持外贸稳定增长的若干意见〉的指导意见》，明确支持银行金融机构与支付机构合作开展跨境人民币结算业务；

（7）2015年3月，国家外汇管理局发布了《关于开展支付机构跨境外汇支付业务试点的通知》（汇发［2015］7号，简称2015年7号文），在全国范围内开展部分支付机构跨境外汇支付业务试点，允许支付机构集中为跨境电子商务交易双方提供外汇资金收付和结售汇服务；

（8）2015年3月12日，为进一步推动跨境电子商务业务发展，国务院特别批准设立了"中国（杭州）跨境电子商务综合实验区"，着力在跨境电子商务交易、支付、物流、通关、退税、结汇等环节技术标准、业务流程、监管模式和信息化建设等方面先行先试。通过制度创新、管理创新、服务创新和协同发展，破解跨境电子商务发展中的深层次矛盾和体制性难题，打造跨境电子商务完整的产业链和生态链。

监管机构在前期试点工作的基础上，扩大支付机构跨境电子商务外汇支付业务试点地区和业务的范围。2015年，国家外汇管理局发布《关于开展支付机构跨境外汇支付业务试点的通知》及《支付机构跨境外汇支付业务试点指导意见》（以下简称《指导意见》），在全国范围内开展支付机构跨境外汇支付业务试点工作；允许支付机构为跨境电子商务交易双方提供外汇资金收付及结售汇服务；将跨境电商单笔交易限额由等值1万美元提升至5万美元；放宽支付机构开立外汇备付金账户户数限制；此外，对试点业务登记注册流程、业务数据信息采集和报送等事宜进行规范。

一、跨境支付业务模式

（一）进口业务跨境外汇支付

1. B2C 场景业务流程

业务流程图：

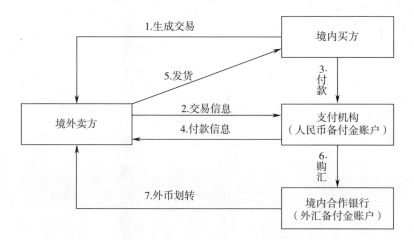

流程说明：

（1）境内买家到境外卖家网站购买商品或服务；

（2）卖家将交易订单传递给支付机构；

（3）支付机构将折合人民币的交易金额及当天取自合作银行的汇率显示给买家，买家通过其支付账户余额或银行账户付款给支付机构；

（4）支付机构通知境外卖家付款成功；

（5）卖家发货；

（6）支付机构通过境内售汇银行购汇，资金由支付机构人民币备付金账户购汇后转入同行外汇备付金账户；

（7）境内售汇银行接受支付机构指令，完成从支付机构外汇备付金账户向境外卖家银行账户的汇款。

2. 业务场景实例

阿里巴巴旗下天猫国际平台，网址为 www. tmall. hk。

（二）出口业务跨境外汇支付

1. B2C 场景业务流程

特别说明，以下流程根据跨境外汇试点政策推演而来，但在实践层面实际并未有支付机构开展，而是由国际银行卡收单业务独占市场，详见下文"（五）国际银行卡支付业务"。

业务流程图：

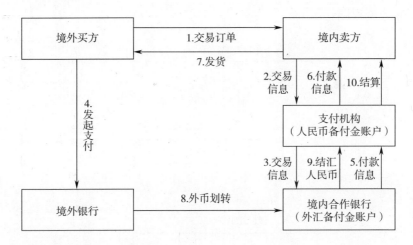

流程说明：

（1）买卖双方达成交易；

（2）买方选择支付方式，卖方将交易订单信息传递给支付机构；

（3）支付机构将交易明细信息传递给境内结汇银行；

（4）买方通过境外银行发起支付；

（5）境内结汇银行将付款信息返回给支付机构；

（6）支付机构通知卖家买家已经付款；

（7）卖家收到买家付款通知后发货；

（8）境外银行将外汇汇款至支付机构在境内结汇银行所开立的外汇备付金账户内；

（9）境内结汇银行结汇后将人民币划转至支付机构开在该行的人民币备付金账户内；

（10）支付机构结算人民币给卖家。

2. 业务场景实例

在该业务场景，因为现有的国际信用卡业务已经非常成熟，境外用户普遍使用国际信用卡进行支付。所以跨境外汇支付政策在该场景难以推广，详见下文"（五）国际银行卡支付业务内容"。

（三）进口业务跨境人民币支付

B2C 场景业务流程

进口业务流程图：

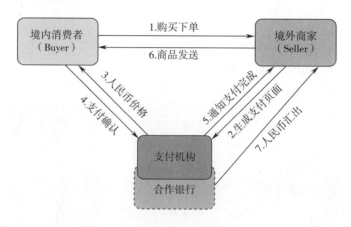

流程说明：

（1）境内消费者在境外商家网站选购商品；

（2）境内消费者选择使用支付机构进行付款，网站则直接跳转支付机构收银台；

（3）境内消费者在支付机构收银台输入支付账户户名、支付密码等信息，通过验证后，直接以人民币价格进行付款；

（4）境内消费者确认支付后，支付将相应的人民币款项按存入跨境人民币专用银行账户；

（5）境内消费者付款成功后，支付机构将付款成功的信息通知给境外商家；

（6）境外商家发货；

（7）支付机构通过合作银行将人民币汇出给境外商家，由合作银行为支付机构完成跨境人民币收支申报手续。

（四）出口业务跨境人民币支付

1. B2C 场景业务流程

出口业务流程图：

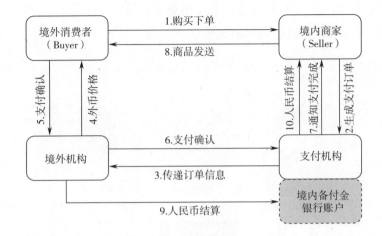

业务流程说明：

（1）境外消费者在境内商家网站选购商品；

（2）境外消费者选择使用境外本地支付方式进行付款；

（3）支付机构将订单信息传递给境外合作机构；

（4）境外机构显示本地币种给境外消费者；

（5）境外消费者向境外合作机构完成付款；

（6）境外合作机构传递付款成功的信息给支付机构；

（7）支付机构传递付款成功的信息给境内商家；

（8）境内商家收到付款成功的信息后发货；

（9）境外合作机构将人民币汇至支付机构在合作商业银行的跨境人民币专用银行账户；

（10）支付机构通过合作商业银行对该笔收款进行跨境人民币收支申报；根据约定的结算周期，支付机构将资金结算给境内商家。

2. 业务场景实例

阿里巴巴旗下淘宝平台，网址为 www.taobao.com。

（五）国际银行卡支付业务

国际银行卡支付是跨境电子商务的一种主流支付方式，即在支付环节，通过输入银行卡号、验证码等信息直接完成支付，交易一般分为认证支付（如 VISA 的 VBV，银联的 UPOP）和非认证支付（如 VISA、银联的信用卡 CNP 交易）两类。

1. 出口业务模式

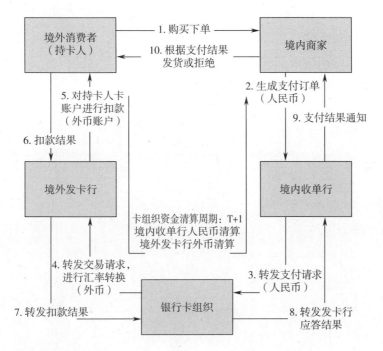

A. 交易流程说明：

（1）境外消费者在境内商家网站选购商品，境内商户一般以人民币标价；

（2）境外消费者选择使用银行卡支付方式进行付款；

（3）境内收单机构将支付请求信息传递给国际卡组织网络发起授权请求；

（4）卡组织进行交易货币转换，向境外发卡行转发交易请求；

（5）境外发卡行向其持卡人确认扣款，一般为外币账户；

（6）境外发卡行获取扣款结果；

（7）境外发卡行向卡组织转发扣款结果；

（8）卡组织向境内收单银行转发扣款结果；

（9）境内收单行向商户转发支付结果；

（10）境内商户根据支付结果决定是否向境外消费者提供商品或服务。

B. 清算流程说明：

（1）根据卡组织、收单机构和发卡机构的对账，清算资金由境外发卡机构清算至国际卡组织，一般为外币，再由国际卡组织清算至境内收单机构，一般为人民币。

（2）卡组织的资金清算周期一般为 T + 1。

2. 进口业务模式

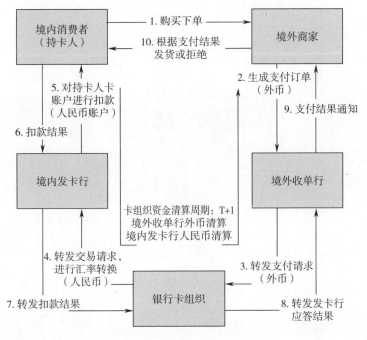

A. 交易流程说明：

（1）境内消费者在境外商家网站选购商品，境外商户一般以外币标价；

（2）境内消费者选择使用银行卡支付方式进行付款；

（3）境外收单机构将支付请求信息传递给国际卡组织网络发起授权请求；

（4）卡组织进行交易货币转换，向境内发卡行转发交易请求；

（5）境内发卡行向其持卡人确认扣款，银联卡为人民币卡账户，VISA

等国际卡一般为美元等外币卡账户；

（6）境内发卡行获取扣款结果；

（7）境内发卡行向卡组织转发扣款结果；

（8）卡组织向境外收单银行转发扣款结果；

（9）境外收单行向商户转发支付结果；

（10）境外商户根据支付结果决定是否向境内消费者提供商品或服务。

B. 清算流程说明：

（1）根据卡组织、收单机构和发卡机构的对账，清算资金由境内发卡机构清算至国际卡组织，一般为人民币，再由国际卡组织清算至境外收单机构，一般为外币。

（2）卡组织的资金清算周期一般为 T + 1。

3. 业务场景实例

（1）出口业务实例

新加坡银联卡持卡人使用银联卡，在京东商城（www. jd. com）购物，或在携程（www. ctrip. com）预订酒店。

（2）进口业务实例

使用中国大陆发行的银联卡，在美国亚马逊（www. amazon. com）上购物，或在平台网站缴纳境外大学学费（www. peertransfer. com）。

二、跨境业务创新与探索

（一）天猫国际——交易、支付、物流一站式海淘平台

在传统海淘模式下，国内消费者"海淘"操作流程相当复杂，需要懂英语、持有外币信用卡，购买商品后必须通过转运公司寄回国内，且往往要等上 30 ~ 45 天。2014 年 2 月 19 日，阿里巴巴宣布天猫国际正式上线，为国内消费者直供海外原装进口商品，入驻天猫国际的商家均为中国大陆以外的公司实体，具有海外零售资质；销售的商品均原产于或销售于海外，通过国际物流经中国海关正规入关。所有天猫国际入驻商家将为其店铺配备旺旺中文咨询，并提供国内的售后服务，消费者可以像在淘宝购物时一样使用支付宝买到海外进口商品。支付宝通过跨境外汇支付业务为天

猫国际提供支持。

（二）退税业务

支付机构与境外第三方退税公司合作，为境内消费者在境外实体商店消费购物后提供线上退税服务。

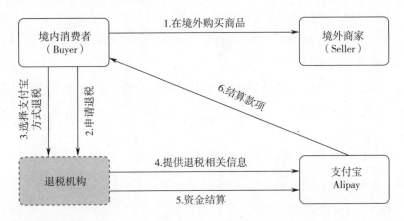

具体业务流程为：

（1）境内消费者在境外实体商店购买商品；

（2）境内消费者凭购物单据和出境证件到退税机构柜台申请退税；

（3）境内消费者选择以支付机构账户方式接收退税款项；

（4）退税机构将境内消费者提供的支付机构账户绑定手机号、退税金额等信息传递给支付机构；

（5）退税机构将退税资金汇款至支付机构备付金账户；

（6）支付机构按照退税机构指令将退税款结算给境内消费者。

如支付宝服务已覆盖30多个国家和地区的上千家网站的购物付款，支持15种货币结算。2014年7月14日，支付宝宣布和全球最大的购物退税服务体系"环球蓝联"达成合作，在韩国、英国、法国、德国、意大利等地推出支付宝钱包退税业务，后续将覆盖瑞士、荷兰、西班牙等国的商户，税金最快10个工作日到账支付宝。

附表　　　　　　　　　各自贸区（综试区）政策汇总

地区	国务院	省/市人民政府	海关	工商	人民银行
上海	1.《国务院关于印发中国（上海）自由贸易试验区总体方案的通知》 2.《国务院关于印发进一步深化中国（上海）自由贸易试验区改革开放方案的通知》	1.《中国（上海）自由贸易试验区管理办法》解读 2.《上海市人民政府印发关于本市进一步促进资本市场健康发展实施意见的通知》 3.《中国（上海）自由贸易试验区条例》 4.《中国（上海）自由贸易试验区外商投资准入特别管理措施（负面清单）（2014年修订）》 5.《中国（上海）自由贸易试验区外商投资项目备案管理办法》	1.《海关总署关于安全有效监管支持和促进中国（上海）自由贸易试验区建设的若干措施》 2.《海关总署关于印发〈中国（上海）自由贸易试验区海关监管服务模式改革方案〉的通知》	1.《国家工商行政管理总局关于支持中国（上海）自由贸易试验区建设的若干意见》 2.《工商总局关于授予上海市工商行政管理局自由贸易试验区分局外商投资企业登记管理权的通知》 3.《上海市工商行政管理局关于印发〈关于中国（上海）自由贸易试验区内企业登记管理的规定〉的通知》 4.《工商总局关于同意中国（上海）自由贸易试验区试行新的营业执照方案的批复》	1.《中国人民银行关于金融支持中国（上海）自由贸易试验区建设的意见》 2.《关于上海市支付机构开展跨境人民币支付业务的实施意见》 3.《中国人民银行上海总部关于支持中国（上海）自由贸易试验区扩大人民币跨境使用的通知》 4.《中国人民银行上海总部关于切实做好中国（上海）自由贸易试验区反洗钱和反恐怖融资工作的通知》 5.《中国人民银行上海总部关于印发〈中国（上海）自由贸易试验区分账核算业务实施细则（试行）〉和〈中国（上海）自由贸易试验区分账核算业务风险审慎管理细则（试行）〉的通知》 6.《中国人民银行上海总部关于印发〈中国（上海）自由贸易试验区分账核算业务境外融资与跨境资金流动宏观审慎管理实施细则（试行）〉的通知》 7.《中国人民银行上海总部关于启动自由贸易账户外币服务功能的通知》银总部发〔2015〕26号
广东	《国务院关于印发中国（广东）自由贸易试验区总体方案的通知》		《海关总署关于支持和促进中国（广东）自由贸易试验区建设发展的若干措施》	《工商总局关于支持中国（广东）自由贸易试验区建设的若干意见》	《广东省支付机构跨境人民币网络支付业务操作指引》

续表

地区	国务院	省/市人民政府	海关	工商	人民银行
福建	1.《中国（福建）自由贸易试验区总体方案》2.《中国（福建）自由贸易试验区总体方案政策措施解读》	1.《福建自贸试验区实施"一照一码"登记制度工作方案》2.《中国（福建）自由贸易试验区管理办法》	《关于厦门海关实行"多点报关，申报地放行"通关模式的公告》	《关于福建自贸试验区厦门片区内企业注册登记改革的公告》	
天津	《中国（天津）自由贸易试验区总体方案》	1.《中国（天津）自由贸易试验区管理办法》2.《天津市人民政府办公厅关于印发中国（天津）自由贸易试验区外商投资和境外投资项目备案管理两个办法的通知》	《海关总署关于支持和促进中国（天津）自由贸易试验区建设发展的若干措施》		
浙江	《国务院关于同意设立中国（杭州）跨境电子商务综合试验区的批复》	1.《浙江省人民政府关于印发中国（杭州）跨境电子商务综合试验区实施方案的通知》2.《杭州市人民政府关于推进跨境电子商务发展的通知（试行）》3.《浙江省人民政府办公厅关于印发浙江省跨境电子商务实施方案的通知》	海关总署公告[2014] 56号规定（全国性政策）		《浙江省个人跨境贸易人民币结算试点管理暂行办法》

第三篇
用户行为调查

2015 年移动支付用户调研报告

胡晓敏　穆佳帅[①]

为全面、深入了解移动支付业务应用现状，准确把握个人用户的年龄、收入、学历等基本属性，以及使用习惯的变化，持续为成员单位提供有价值的调研信息服务，根据中国支付清算协会移动支付工作委员会（以下简称工作委员会）2015 年工作计划，工作委员会在总结 2013 ~ 2014 年问卷调查工作经验的基础上，组织相关成员单位成立课题组重点针对用户基本属性、用户使用偏好、用户满意度等内容开展延续性调查工作。

课题组于 2015 年 6 月根据农业银行、民生银行、支付宝、财付通等成员单位的反馈意见，对上期问卷进行优化和补充，确定研究方向及调查问卷内容；7 月上旬制作调查问卷页面，与相关成员单位沟通确定投放渠道和方式；7 月中旬至 8 月，在协会及支付宝、财付通和联动优势的官方网站投放调查问卷，进行数据信息采集，共收回有效问卷 40300 份；9 月撰写形成调研报告初稿，并于 10 月修改定稿。

本调研报告包括四部分内容，第一部分为移动支付用户特征分析；第二部分为移动支付用户使用行为分析；第三部分为移动支付用户属性与行为偏好交叉分析；第四部分为移动支付用户生物识别技术认识分析。

一、中国移动支付用户特征分析

（一）移动支付男性用户数高于女性用户数

2015 年男性移动支付用户占全部移动支付用户的 78.4%，女性移动支付用户占全部移动支付用户的比例为 21.6%；而 2014 年，男性与女性移

---

① 本课题牵头单位为中国支付清算协会移动支付工作委员会，参与单位包括联动优势、支付宝、财付通。

动支付用户的占比分别为 45.1% 和 54.9%。2015 年，男性移动支付用户显著增加。

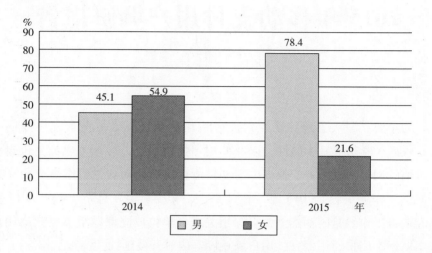

移动支付用户性别构成

（二）移动支付用户主要为中青年群体

2015 年，移动支付用户中 21～30 岁群体占比最多，为 54.5%；31～40 岁用户排名第二，占比为 26.2%；41～50 岁用户排名第三，占比为 8.8%；20 岁以下用户占比为 7.7%。这归因于中青年群体对新兴事物的接受程度较高，对支付便捷性的需求较大，且具备一定的购买能力。

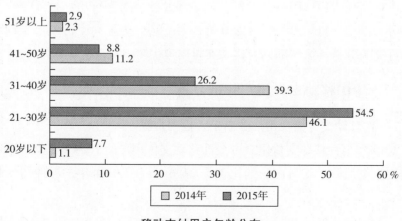

移动支付用户年龄分布

（三）专科及以下学历用户在移动支付用户中占比增加

2015 年，大专及以下学历的移动支付用户排名第一，占比为 56.7%；大学本科学历用户排名第二，占比为 38.1%；硕士研究生学历用户排名第三，占比为 4.3%；博士及以上高学历用户占比为 0.9%。整体来看，2015 年专科及以下学历用户占比有明显增加，比 2014 年的 24.1% 增加 32.6 个百分点。

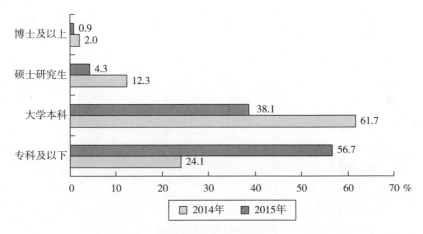

移动支付用户学历分布

（四）2015 年移动支付用户中，低收入用户占比增加

2015 年，移动支付用户个人月收入在 3000~5000 元水平的人数最多，占比为 36.6%；5000~10000 元水平的用户排名第二，占比为 23.8%；1500~3000 元用户排名第三，占比为 19.6%；排名第四的是 1500 元以下的用户，占比为 10.5%；10000 元以上用户占比为 9.5%。与 2014 年相比，2015 年 3000 元以下的用户占比显著增加，上升 14.6 个百分点。

（五）沿海省区及南方移动支付用户较多，与 2014 年相比南北方差异缩小

2015 年，华东地区移动支付用户最多，占比为 26.2%；华南地区列第二位，占比为 23.9%；华北地区列第三位，占比为 15.3%；华中地区列第四位，占比为 11.6%；接下来是西南、其他、东北和西北。

（六）2015 年一线、二线城市移动支付用户较多

2015 年，地级市移动支付用户最多，占所有移动用户的 30%；省会城市列第二位，占比为 23.6%；县区地区列第三位，占比为 19%；直辖市列

第四位，占比为 15.5%；乡镇和农村地区分列其后。

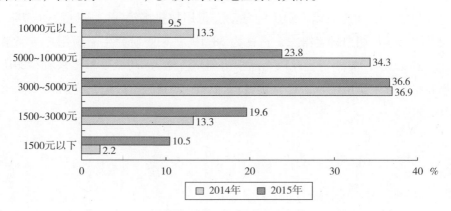

移动支付用户收入情况

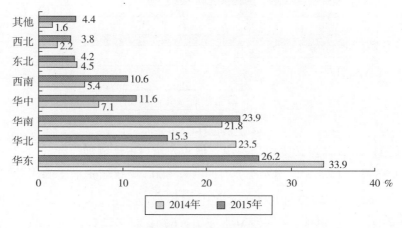

移动支付用户区域分布

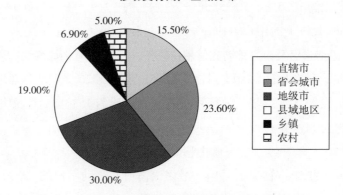

2015 年移动支付用户按行政区划占比

二、中国移动支付用户使用行为分析

（一）移动支付用户使用频率显著高于 2014 年

2015 年，有 33.6% 的用户每天使用移动支付，有 36.5% 的用户一周使用 2～3 次移动支付，有 10.3% 的用户每周使用 1 次移动支付，三者合计为 80.4%，高于 2014 年的 71.3%。

原因分析：2015 年每周至少使用一次以上的用户使用频率高于 2014 年，说明移动支付这种新兴支付方式的用户接受度和使用率持续得到提升。而每天使用移动支付的客户占比增加，说明移动支付业务的商业环境逐步成熟，个人用户越来越依赖于用移动支付。

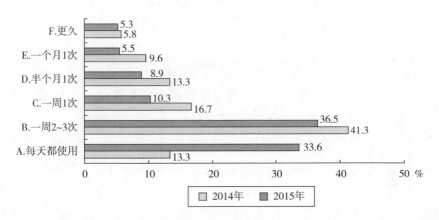

移动支付用户使用频率

（二）移动支付仍以小额便民用途为主

2015 年，有 48.7% 的用户每次支付金额在 100～500 元，32.8% 的用户每次支付金额在 100 元以下，比 2014 年高出 12.6 个百分点，有 10% 的用户每次支付金额在 500～1000 元，8.5% 的用户每次支付金额在 1000 元以上。

原因分析：与 2014 年相比，移动支付每次支付资金还是集中在 0～500 元，500 元以下的用户占全部用户的 81.5%，这符合移动支付业务方便用户、偏向日常小额支付的特点，有助于我国货币电子化进程；另外，随着互联网金融、股票、基金等领域的蓬勃发展，移动支付范围更加广泛并运用其中，所以，运用移动支付方式每次支付 1000 元以上的用户比 2014 年有较大提升。

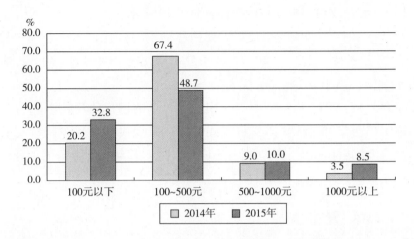

移动支付用户支付金额比较

（三）客户端软件支付、手机网页支付是用户最常使用的移动支付方式，其中客户端支付占比高于 2014 年

2015 年，用户最常使用的移动支付方式排名如下：第一名，手机下载客户端支付，占比为 65.9％；第二名，手机网页支付（通过手机访问购物网站，选择适合的支付方式完成交易）的用户占 32.9％；位列第三的是通过短信回复进行支付的方式，占 27.8％；通过扫描二维码进行支付的占比为 24.8％，排名第四；在终端设备上（例如 POS 机、手机刷卡器等）刷手机（即 NFC 近场支付）的用户占比约为 16％；通过拨打电话（即拨打指定的支付热线，按语音提示输入信息，完成交易）进行支付的用户占比为 2.3％。

原因分析：首先，智能终端和支付客户端软件的普及和使用，使得手机下载客户端支付方便、快捷，因此使用者众多。其次，手机支付客户端是移动支付公司重要的发展方式，除支付功能外，还可附加很多增值服务，用户体验效果显著，未来移动终端功能更加全面，移动支付客户端将会有更广阔的发展空间。再次，手机网页支付比起 PC 端网页支付，操作更加简便，辨识度高，用户正逐渐将在网上购买商品的习惯转化为手机网页支付，操作更方便。

104

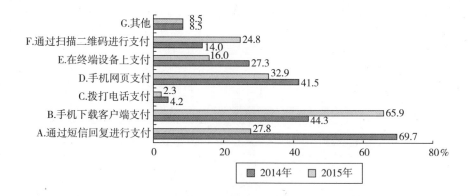

移动支付用户支付方式

（四）借记卡、第三方账户和信用卡是移动支付用户最常使用账户，借记卡和第三方账户用户占比高于 2014 年

2015 年有 69.4％的用户使用借记卡进行移动支付，排名榜首，使用第三方账户进行移动支付的用户占 54.8％，排名第二；使用信用卡进行移动支付的用户占 43.9％，排名第三；使用手机话费余额进行移动支付的用户占 12.7％，使用其他账户进行移动支付的用户占比 9.5％。相比 2014 年，2015 年借记卡和第三方账户用户明显升高。

原因分析：首先，互联网金融的出现和 2015 年资本市场的火热，使用户养成了使用借记卡和第三方账户支付的习惯（股票、基金、网贷平台的投资只能用借记卡进行交易）；其次，第三方支付企业用户基数大，用户使用第三方账户内资金进行移动支付能够带来最大限度的便利，而且支付账户余额有限，用户会因为安全因素而使用支付账户，避免储蓄卡和信用卡出现安全问题；再次，支持信用卡支付的第三方支付通道丰富，带给用户更多方便，促使用户使用信用卡进行移动支付；最后，用户通过手机话费完成支付具备很强的便利性，因此使用手机话费支付的用户也占有一定比例。

（五）用户通过与支付账户绑定，登录支付账户直接选择银行卡完成支付占比显著升高

2015 年从用户移动支付使用习惯进一步调研发现，有 64.6％的用户愿意通过与支付账户绑定，登录支付账户直接选择银行卡完成支付；有 14.3％的用户愿意每次输入银行卡卡号、密码等要素进行支付，有 35.3％

105

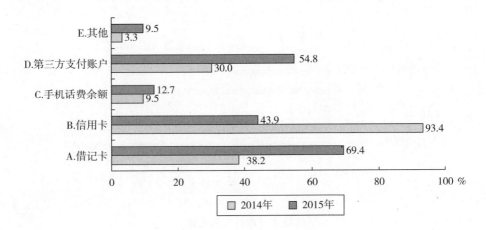

移动支付用户使用账户类型

的用户表示以上这两种都可以。

原因分析：与支付账户绑定后虽然第一次操作繁琐，但一旦养成用户习惯支付起来更方便，再加上用户对移动支付的使用频率升高，支付账户绑定支付提高了用户的体验度；而每次输入支付要素进行支付，安全性上更占优势，适合移动支付使用频率不太高的用户。

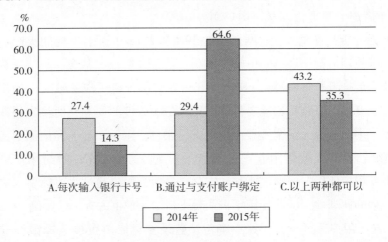

移动支付用户支付习惯

（六）操作简单、方便和无需带现金、银行卡是用户愿意用移动支付的主要原因

在调查中，有86.8%的用户是因为操作简单、方便选择移动支付，排

名第一，较 2014 年增加 28.8 个百分点；选择无需带现金或银行卡的用户占比为 63.7%，排名第二；排名第三位的是优惠促销活动多，占比为 33.6%；排名第四位的是商户支持该方式，占比为 30.2%；安全性和其他因素，占比分别为 23.6% 和 7.7%。

原因分析：支付服务商为了布局 O2O，抢占线下市场，增加了服务商与商户之间合作，使得采取多种促销活动，让用户体验更加便捷的移动支付方式。

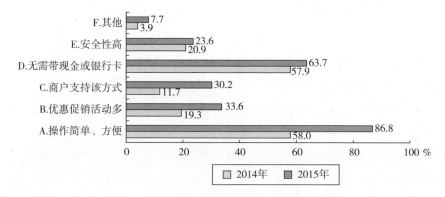

用户愿意使用移动支付的原因

（七）安全隐患和支付环节操作复杂是用户最担心的问题

在调查中，安全隐患和支付环节操作复杂是移动支付用户最担心的问题，占比分别为 70.6% 和 42.8%，排名第三位的是限额低，占比为 27.7%；排名第四位的是手机网速慢，占比为 23.8%；商户不支持与手机网速慢占比接近，占比为 23.2%；付费失败占比为 21.5%；用户比较不担心的问题是开通繁琐，占比为 12.6%。

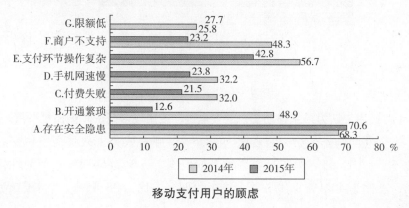

移动支付用户的顾虑

原因分析：首先，存在安全隐患问题一直是用户最关心和需要迫切解决的问题，所占比例较大；其次，2015 年更多商户加入到移动支付链条中、支付界面、支付体验进一步优化；再次，随着 4G 网络的普及，手机上网速度慢的问题得到改善；最后，移动支付开通便捷，支付成功率提高也消除了用户对移动支付的担心。

（八）安全、知名度和个性化在移动支付用户中占比提升明显

安全性是移动支付用户最看重的因素，占全部移动支付用户的 73.4%，便捷性排名第二，占比 72.1%，优惠活动排名第三，占比 36.7%；知名度占比为 22.9%，个性化占比 14.7%，分别比 2014 年的 13.5% 和 5.5% 增长 9.4 个和 9.2 个百分点。

原因分析：首先，安全性依旧是金融类产品的重要因素，也是用户考虑使用支付产品的根源所在，没有确保安全之前，用户不会贸然使用。其次，随着市场金融产品的多样化，知名度对于用户安全等有较强保证，所以很多用户愿意使用知名度较大的产品。最后，移动支付用户多为年轻用户，他们更愿意体验新鲜事物，对移动互联网和高科技产品的便捷性要求比较高，强调用户体验，对产品的个性化功能有较强需求。

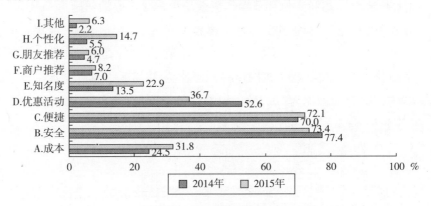

移动支付用户考虑的因素

（九）用户认为未来移动支付的安全性、应用场景范围和便捷性最需改善

安全性问题排名第一，占比为 68.5%，用户认为未来移动支付交易安全性还需加强；排名第二是应用场景的范围，占比为 54.3%；便捷性排名第三，占比为 40.1%；服务质量排名第四，占比为 38.9%；支付限额和使用成本及其他问题分别占 34.5%、25.1% 和 7.5%。

原因分析：首先，在支付过程中，用户对安全性的要求没有上限标准，任何时候安全性都是用户考虑资金流程的首要问题；其次，近年来支付系统漏洞和不法分子进行攻击，使得用户对资金流转的安全感降低；再次，随着移动支付市场的扩大，用户对移动支付的运用范围要求更加广泛；最后，支付市场的发展，用户更看重支付成功率、产品体验感、页面设计等因素，为提高支付环节的服务质量和便捷性提供基础保证。

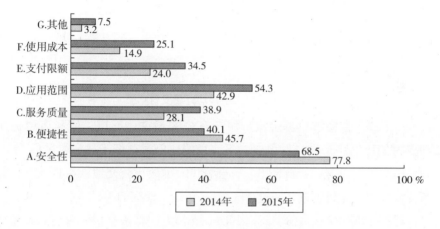

用户认为未来移动支付需要改进之处

三、移动支付用户属性与行为偏好交叉分析

（一）用户最经常使用的场景为超市或便利店，其次为电影院

用户最经常在超市或便利店使用移动支付，占比为 36.2%，其次是电影院，占比为 24.4%。在其他场合使用的用户占比为 57.8%，不使用的用户占比为 10.4%。

原因分析：首先，随着支付服务商抢占线下市场，通过二维码扫码支付可享受优惠的活动在超市、便利店大规模展开。其次，用户逐渐习惯使用团购方式购买电影票，因此线上购票、线上选座、线下看电影渐成风尚。再次，有超过 50% 的人群在其他场景使用移动支付，反映出移动支付场景越来越丰富，肥长尾效应明显，市场机会众多，为移动支付各参与方提供了机会。最后约有 10% 的用户不使用移动支付，尚有用户拓展空间。

109

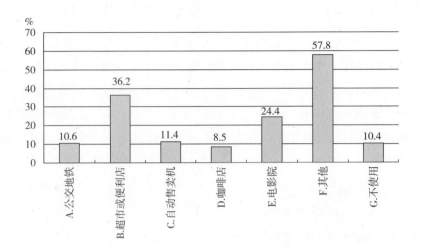

移动支付用户常用移动近场支付场景

（二）直辖市、省会城市用户在公交地铁、超市、便利店中使用移动支付的比例高于县乡村用户，不使用的比例显著低于县乡村用户

原因分析：首先，在直辖市、省会城市、地级市公交地铁与移动支付提供商合作打通了支付链条，通过 NFC 方式实现了便捷的手机支付，而在县乡村要打通整个支付链条尚需时日。其次，支付宝、微信支付大多与品牌超市与连锁便利店达成合作，但暂未延伸至县级地方超市，故县乡村用户没能在超市、便利店享受到移动支付的便捷。最后，不使用移动支付的用户在农村中占比最高，其次是乡镇、县域地区，这与移动支付用户地域分布相吻合。

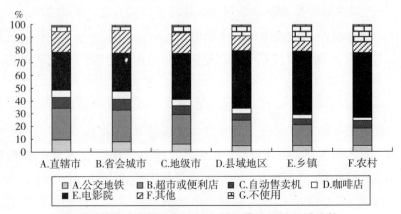

移动支付用户常用移动近场支付场景按行政区域比较

（三）用户最常使用的移动近场支付产品为支付宝钱包，其次是微信支付和银联钱包

用户最常使用的是支付宝钱包，占比为 93.5%；其次是微信支付，占比为 38.1%；银联钱包位于第三，占比为 11.6%；翼支付、和包占比分别为 3.4% 和 2.7%。

原因分析：支付宝和微信支付为了抢占市场，通过投资打车软件、移动购物、团购软件等等抢滩移动互联网入口，进而培养用户移动支付使用习惯。支付宝通过淘宝、天猫客户端渗透移动购物电子商务市场，为其捕获了大量移动支付用户；微信通过微信红包、京东购物、滴滴打车等软件渗透移动出行、购物等市场，在移动支付领域的市场份额逐步提高。银联钱包通过银联品牌，与商户一起进行频繁的合作营销及地铁营销等推广，也提高了银联钱包的使用率。最后，翼支付、和包分别是中国电信和中国移动推出的移动支付客户端品牌，翼支付通过和互联网理财领域结合，和包和公交出行相结合，均获得了部分用户市场。

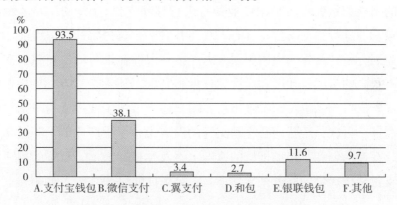

移动支付用户常用移动近场支付产品

（四）21 ~ 40 岁人群使用微信支付的占比高于其他年龄段用户

不同年龄段对移动近场支付产品的偏好也不一样，20 ~ 40 岁人群对微信支付的偏好高于其他年龄段用户。

原因分析：首先，微信成为人们社交沟通必不可少的一部分，既用于生活沟通，又用于工作沟通。目前，很多职场白领都习惯使用微信进行日常交流，从而很习惯地从微信社交延伸到微信支付，因此，21 ~ 40 岁人群

微信支付的占比较高。再者，银联钱包在41～50岁人群中占比相比其他年龄段略高，这与银联品牌在中年用户中的品牌背书效应不无关联。

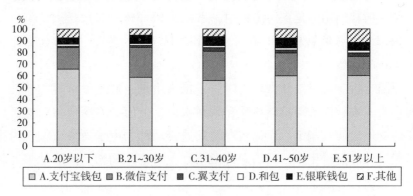

各种常用移动近场支付产品用户的年龄分布

（五）用户更倾向于中国银联与支付机构进行移动支付

超过40%的用户表示更倾向于用中国银联与支付机构进行移动支付，20%的用户表示更倾向于用商业银行进行移动支付，6%的用户表示倾向于用运营商进行移动支付，还有31%的用户表示选择哪种机构均可。

原因分析：首先，中国银联作为连接各大商业银行的支付机构在用户中享有很高的市场认知度和品牌信任度；其次，随着第三方支付机构的快速发展，支付产品也不断推陈出新，用户逐步习惯了使用支付机构提供的便捷服务；再次，运营商在移动支付的发展中，由于产业链上利益相关者较多，在产品创新、市场推广的速度上不及预期；最后，31%的用户觉得移动支付机构提供的服务差异性不高，对支付机构提供方没有偏好。

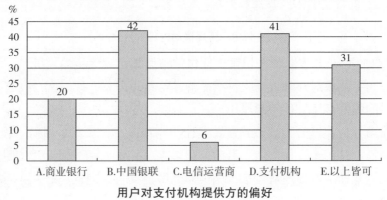

用户对支付机构提供方的偏好

四、中国移动支付用户对生物识别技术认知程度及关注点

（一）用户对生物识别技术中的指纹支付较为熟悉

69.5% 的用户了解指纹支付，22.6% 和 19.3% 的用户了解声波支付和虹膜支付，仅有 3.4% 的用户了解静脉支付，对所有生物识别技术均不了解的有 26.9%。

原因分析：随着移动支付服务提供商、手机厂商创新推出指纹支付，使得移动支付生物识别技术进入用户视野，由于指纹支付的便捷性及唯一识别性，提高了安全系数，使得指纹支付逐渐被大家所熟悉。比起指纹支付，声波支付和虹膜支付更精准可靠，且从技术上已经可以实现，随着声波技术、虹膜技术的普及和推广，技术成本有所下降，越来越多的技术厂商与手机生产商合作，越来越多的用户会了解新型支付方式。支持静脉支付的移动支付提供商较少，在国内还仅仅是试水阶段，因此了解的人较少。

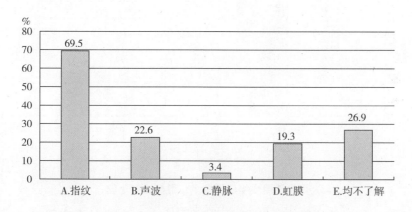

移动支付用户对生物识别技术认知程度

（二）大多数用户愿意使用生物识别技术进行移动支付身份识别和交易验证，其中男性的接受程度高于女性

2015 年，77.7% 的用户表示愿意使用生物识别技术进行移动支付身份识别和交易验证，仅有 22.3% 的用户表示不敢尝试。

男性用户中 79% 的用户愿意使用生物识别，相比 73% 的女性用户，高

出 6 个百分点，男性对新事物的接受程度高于女性。

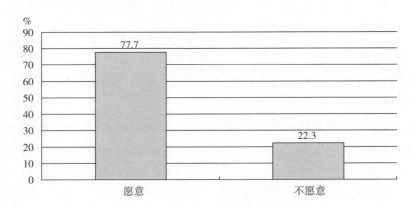

用户使用生物识别技术意愿

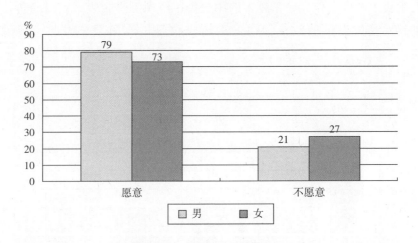

用户使用生物识别技术意愿分性别比较

（三）用户在使用生物识别技术时最担心个人隐私泄露及安全隐患问题

73% 的用户表示担心个人隐私泄露，62.8% 的用户顾虑安全问题，33% 的用户担心商户不支持及支付环节操作复杂，还有超过 25% 的用户担心开通繁琐和支付失败。

原因分析：首先，个人隐私泄露问题是用户最担心的问题，所占比例最大；其次，是安全隐患问题。虽然生物识别技术在安全系数上高于现有的密码支付，但用户仍然有很高的安全顾虑，一方面说明欺诈、盗刷事件不断，对用户带来较大的心理冲击，另一方面，需要进一步普及生物识别技术安全性能方面的知识。最后，生物识别技术的发展离不开应用场景，离不开商户的支持和用户的参与，移动支付服务商需要在支付流程、用户体验上进一步优化，消除用户的使用顾虑。

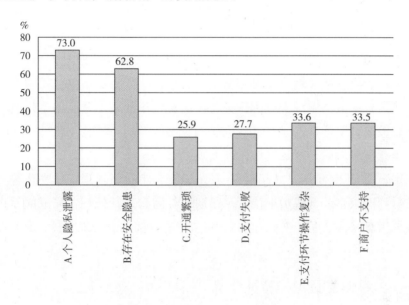

用户使用生物识别技术的顾虑

2016 年移动支付用户调研报告

翟 嘉 安 云[①]

为全面、深入了解移动支付业务应用现状，准确把握个人用户年龄、收入、学历等基本属性以及使用习惯的变化，持续为成员单位提供有价值的调研信息服务，中国支付清算协会移动支付和网络支付应用工作委员会组织相关成员单位成立课题组，重点针对用户基本属性、用户使用偏好、用户满意度等内容开展延续性调查工作。

课题组自 2016 年 8 月起至 11 月组织支付宝、财付通、联动优势、易宝支付和网银在线等成员单位，对往期调查问卷进行优化，完成问卷投放和数据信息采集，基于对收回的 8100 余份有效问卷的处理分析，撰写形成调查报告。

一、移动支付用户特征分析

（一）移动支付男性用户多于女性用户

2016 年男性用户占全部移动支付用户的 76.7%，而女性用户占全部移动支付用户的比例为 23.3%；2015 年男性用户占全部移动支付用户的 78.4%，而女性用户占全部移动支付用户的比例为 21.6%。两年调查结果相似，男性用户多于女性用户。

（二）移动支付用户主要为中青年群体

2016 年，移动支付用户中 30 岁以下群体占比最多，为 76.4%；其次是 31 ~ 40 岁用户，占比为 16.8%；41 ~ 50 岁及 51 岁以上用户共占比为 6.8%。

---

① 本课题牵头单位为中国支付清算协会移动支付工作委员会，参与单位包括支付宝、财付通、联动优势、易宝支付、网银在线。

116

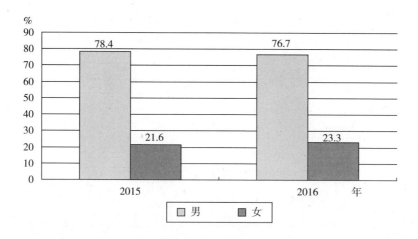

图 1　2016 年移动支付用户性别比例

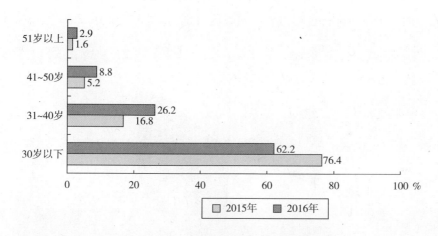

图 2　2016 年移动支付用户年龄比例

（三）本科及以下学历用户在移动支付用户中占比最多

2016 年，移动支付用户中拥有本科及以下学历的占比排名第一，为 95.8%；拥有硕士研究生学历的用户排名第二，为 2.6%；博士及以上高学历用户排名第三，为 1.6%。

（四）城乡移动支付用户比例差异较小

2016 年，县城的移动支付用户最多，占比为 19.6%；省会城市列第二位，占比为 19.0%；农村地区列第三位，占比为 17.0%；地级市列第四

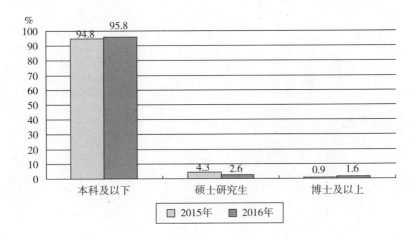

图3　2016年移动支付用户学历比例

位，占比为15.8%；直辖市和乡镇地区分别为14.5%和14.2%。

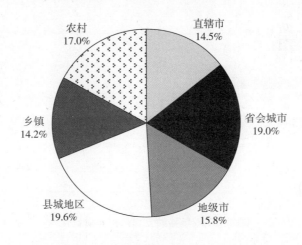

图4　2016年移动支付用户城乡比例

二、移动支付用户使用行为分析

（一）移动支付用户具有较高的使用频率

2016年，有22.3%的用户每天使用移动支付，一周使用2～3次移动支付的用户，占比为26.7%，有10.3%的用户每周使用1次移动支付，三者合计为59.8%。半个月使用一次移动支付的用户占比为13.0%，一个月使用一次移动支付的用户占比 14.2%，有 12.9% 的用户不常使用移动支付。

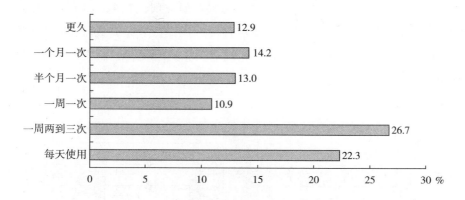

图5　2016 年移动支付用户使用频次比例

（二）移动支付用户每次以 100 元以下为主要支付金额

2016 年，有 77.3% 的用户每次支付金额在 100 元以下，18.8% 的用户每次支付金额在 100～500 元，有 2.2% 的用户每次支付金额在 500～1000 元，1.7% 的用户每次支付金额在 1000 元以上，充分体现了移动支付服务于用户小额便民支付需求的特点。

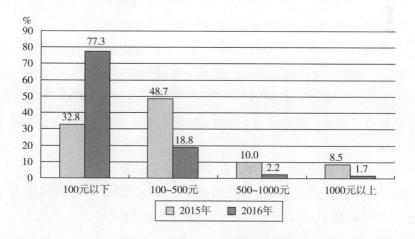

图6　2016 年移动支付用户消费金额比例

（三）用户在使用支付账户时，可以接受银行卡输入密码支付，也可以接受绑定支付账户支付

2016 年，对移动支付用户的使用习惯调研发现，有 42.8% 的用户愿意通过与支付账户绑定，登录支付账户直接选择银行卡完成支付；有 13.0% 的用户愿意每次输入银行卡卡号、密码等要素进行支付，有 44.2% 的用户表示以上两种方式都可以。

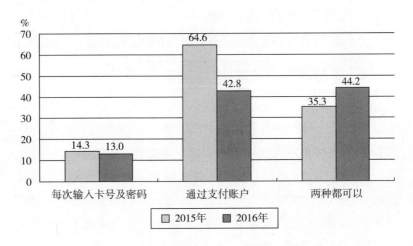

图 7 2016 年移动支付用户支付账户习惯比例

（四）操作简单方便是用户愿意使用移动支付的主要原因

在调查中，有 79.6% 的用户是因为操作简单、方便而选择移动支付，排名第一；选择无需带现金或银行卡这一原因的用户占比为 47.5%，排名第二；排名第三位的是优惠促销活动多，占比为 30.8%；随后是安全性高和商户支持该方式，这两项分别占比为 24.1% 和 24.0%；其他因素占比为 15.1%。

（五）安全隐患和付款失败是用户最担心的问题

在调查中，安全隐患和付费失败是移动支付用户最担心的问题，分别占比为 46.5% 和 42.6%，排名第三位的是手机网速慢，占比为 39.1%；排名第四位的是商户不支持，占比为 34.1%；上网流量费用高和支付环节操作复杂的占比分别为 27.2% 和 22.2%；担心限额低的用户占比为 21.7%；担心开通繁琐的用户占比 17.0%。

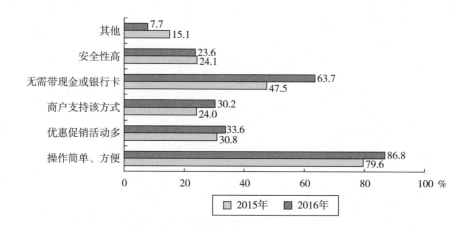

图 8　2016 年移动支付用户使用原因比例

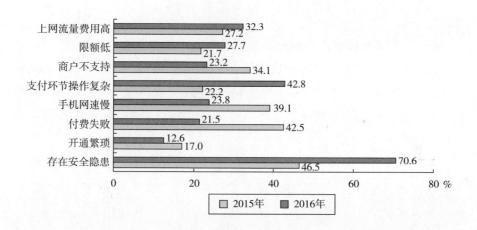

图 9　2016 年移动支付用户关心问题的比例

（六）用户认为未来移动支付的安全性、应用场景范围最需要改善

　　安全性问题排名第一，占比为 52.4%，用户认为未来移动支付交易安全性还需加强；排名第二位的是应用范围，占比为 46.0%；支付限额排名第三，占比为 41.2%；排名第四位的是便捷性，占比为 38.2%；服务质量、使用成本及其他问题分别占 32%、20.1% 和 15.1%。

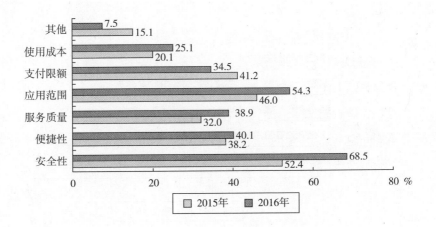

图 10 2016 年移动支付用户关心问题的比例

三、移动支付用户属性与行为偏好分析

（一）超市或便利店为用户最常使用的条码支付场景

用户最常用的条码支付场景为超市或便利店，占比为 47.7%；其次是餐饮店，占比为 23.0%；自动售卖机及电影院的占比分别为 17.1% 和 16.9%。在其他场合使用条码支付的用户占比为 33.0%，不使用条码支付的用户占比为 28.0%。

条码支付凭借其操作简单便捷、搭建成本低廉等特点，近年来在零售业、餐饮业迅速普及。目前各大超市、便利店已全面支持各支付服务提供商的条码支付应用，因而超市或便利店成为用户最常使用条码支付的场景；部分连锁快餐店与支付服务提供商进行合作，也已实施扫码支付等应用。

（二）过半用户使用或接受条码支付，城市用户的使用或接受程度高于农村用户

超过一半的用户表示他们使用或接受条码支付。其中，位于直辖市的用户对条码支付的接受程度最高，为 76.2%；其次为省会城市，有 70.7% 的用户选择使用或接受条码支付；位于农村的用户对条码支付的使用或接受程度最低，为 56.1%。

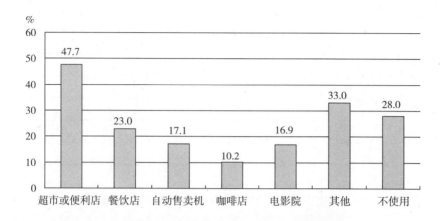

图 11　2016 年移动支付用户使用条码支付场景的比例

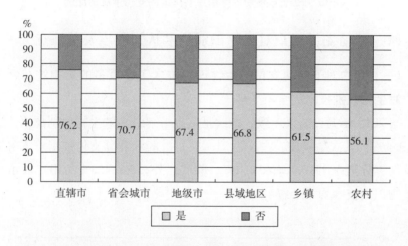

图 12　2016 年不同地区用户对条码支付使用或接受程度对比

（三）用户最常在娱乐类业务下载和购买生活所需品时使用移动支付

60.3％的用户表示他们最常在娱乐类业务下载时使用移动支付，如购买会员服务、游戏下载等；其次为生活类，如购买生活所需品等使用移动支付，占比为42.4％；排名第三的是水费、煤气费等公共事业费缴纳，占比为23％；票务类排名第四，占比为14.5％；通过移动支付进行商旅类及投资理财的用户较少，分别占比为10.9％和9.1％；另外还有29.3％的用户选择了"其他"。

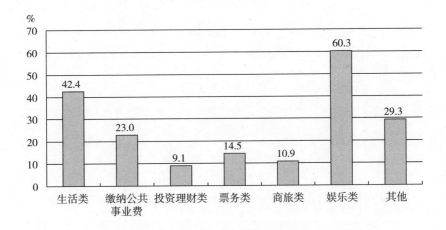

图13　2016年移动支付用户使用条码支付情况的比例

四、移动支付用户对生物识别技术认知程度及关注点

（一）用户对于移动支付的生物识别技术了解最多的是指纹，近三成用户对生物识别技术完全不了解

与2015年调查结果一致，指纹是用户了解最多的生物识别技术，占比为69.4%；其次是声波，占比为21.2%；虹膜和静脉支付被用户了解的程度较低，分别占比13.8%和6.8%。除此之外，有27.5%的用户表示对各项生物识别技术均不了解。

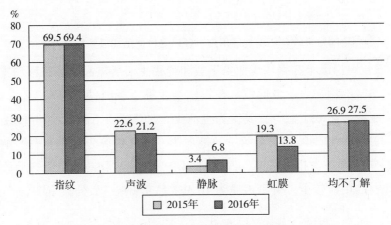

图14　2016年用户对各项生物识别技术的认知比例

（二）大部分用户愿意使用生物识别技术来进行移动支付身份识别和交易验证

超过 70% 的用户能够接受使用生物识别技术来进行移动支付身份识别和交易验证，有不到 30% 的用户选择了不接受。

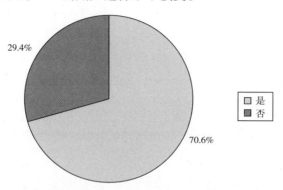

29.4%

70.6%

是
否

图 15　用户使用生物识别技术进行移动支付身份识别和交易验证的意愿

（三）个人隐私泄露及安全隐患问题仍是用户在使用生物识别技术进行移动支付时最担心的问题

用户在使用生物识别技术进行移动支付身份识别和交易验证时，最担心的问题仍为个人隐私泄露及安全隐患，占比分别为 69.5% 和 49.3%，但较 2015 年稍有下降；除此之外，商户不支持、支付环节操作复杂、开通繁琐等问题的比例与 2015 年相比，也均有所下降。

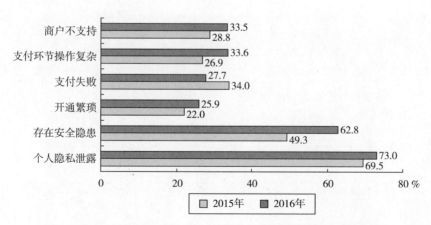

图 16　2016 年使用生物识别技术进行移动支付时用户担心的问题

125

第四篇
案 例 研 究

案例 1：农业银行"农银快 e 付"

一、背景

在智能终端和移动互联网的普及下，移动支付应用正在快速兴起、并且深刻改变着人们的生活习惯。在快捷支付、条码支付、近场支付等线上支付工具不断升级，商超、餐饮、公共交通等移动支付场景不断丰富的背景下，一部手机行走天下的生活场景即将到来。

二、银行面临的竞争

商业银行发展线上支付业务，尤其是发展移动支付业务初期，走了较大的弯路，基本还是参照 PC 端支付业务的思路，在充分关注业务风险防控的前提下，常常采用实体证书作为认证工具，造成的结果是便捷性不够，体验不佳。在第三方支付机构认证便捷、注重体验的支付产品的冲击下，小额支付市场逐渐被蚕食，在此背景下，各大银行同业陆续推出了类第三方支付的快捷支付产品与第三方支付机构抢夺客户资源，农业银行自主研发了创新支付产品"农银快 e 付"，力争在安全与便捷之间找到一个较好的平衡点。

三、农银快 e 付产品介绍

"农银快 e 付"是农业银行于业内率先在移动端依托软 Token（手机令牌）技术，以较为安全的方式实现 PC 端、移动端发起的个人支付。一方面以移动端小额支付为主要发力点，符合当下移动支付的消费习惯；另一方面，也能通过认证工具的智能切换来保持银行大额支付的传统优势。

129

（一）"农银快 e 付"的定义

"农银快 e 付"是轻量级支付业务产品，是依托于软 Token（手机令牌）技术，在可信手机上以较为安全的方式实现个人支付。

（二）农银快 e 付亮点

1. 提高交易安全性能。一是农银快 e 付业务依托的软 Token 能够为每次交易生成动态口令，该动态口令与交易要素相关，且一次一密，防止交易被重发、交易要素被篡改；二是软 Token 内嵌在农业银行客户端产品中，其软件安全性可由 App 客户端来保证；三是农业银行的 App 实施安全加固（防止客户端被反编译、挂木马等），保证软 Token 认证的安全性；四是软 Token 业务规则遵从银行的风控策略，具有较高的安全性。

2. 提升客户支付体验。一是快 e 付支持指纹验证、密码验证等，通过一键验证即可完成支付服务，提高了客户使用的便捷性；二是通过扫描支付订单的二维码信息，可以实现快速将 PC 端支付转移至移动端支付，实现渠道间的协同；三是可以和条码支付无缝对接，增加条码支付的安全性。

3. 降低银行交易成本。基于软 Token 技术的"农银快 e 付"产品，客户无需使用实体安全介质，也无需承担短信发送成本，大幅节省成本，提高业务效益。

四、"农银快 e 付"支付流程

（一）移动端支付

客户通过商户（以 12306 为例）的手机客户端提交 B2C 支付订单后，选择农业银行"农银快 e 付"进行支付，跳转至农业银行掌上银行客户端完成后续支付。流程如下图所示：

1. 客户在中国铁道总公司 App 购票下订单，选择农业银行支付。

2. 跳转至银行支付页面，选择"农银快 e 付"，选择账户，输入密码或录入指纹，完成支付。

（二）PC 端扫码支付

客户在 PC 端提交 B2C 支付订单后，进入银行 B2C 支付页面。B2C 支付页面包含此订单的二维码信息，提示客户使用掌上银行 App 扫码，完成

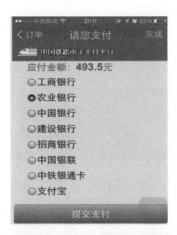

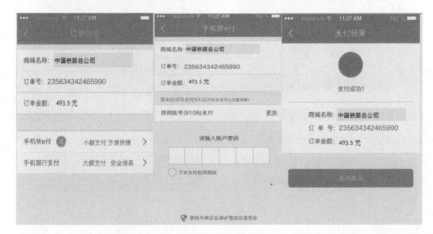

支付。客户扫码后，进入支付页面。以话费充值为例，流程如下图所示：

1. 完成订单后，进入农业银行 B2C 支付页面。

2. 点击扫描二维码，客户登录农业银行掌上银行 App，点击进行扫码支付。扫码过程完成实现 PC 端支付向手机端支付转移，掌上银行支付页面显示订单信息：商户名、商品名、订单号、订单金额。

3. 确认订单信息后选择"农银快 e 付"，选择账户，输入密码或录入指纹，完成支付。

五、发展"农银快 e 付"的意义

一是巩固 C 端市场、推动营销转型的必然选择。无论线上还是线下，城市还是农村，线上支付工具越来越成为生活中不可或缺的一部分，提供灵活、安全、便捷的线上支付服务越来越成为金融获客的重要途径。

二是拓展 B 端市场、协助企业转型的重要措施。随着 C 端客户生态和生活习惯的改变，倒逼企业不断地转型，企业的电商化、互联网化的大趋势一直在延续，互联网化的一个核心抓手就是线上支付的安全，"得支付者得天下"成为企业互联网化无法回避的矛盾。

三是促进移动支付安全升级的全新之路。互联网支付的移动化是大势所趋，无论是在线反欺诈、还是小额快速赔付，基本都是发生问题后的解决办法，而软 Token 技术在移动端的应用在加强移动端支付安全的方向迈出了重要的一步。

农业银行互联网发展也一直秉承"大行德广、伴您成长"的理念，在顺应移动互联网蓬勃发展的趋势下不断创新产品、提升服务，同时，也不断提升风险防控能力，给广大客户创造一个健康、安全的互联网支付环境。

案例 2：中国银行移动支付案例

自 2015 年 12 月中国银联发布云闪付以来，国内移动支付市场在 2016 年内取得了突破性的进展，Apple Pay、Samsung Pay、Huawei Pay、Mi Pay 等一系列 SE 模式的产品陆续上线，同时，作为云闪付的差异化有效补充，银联及各大银行同步推出二维码支付产品。从客户层面来看，移动支付产品的受众群体稳步扩大，市场影响逐渐增强。2016 年，中国银行积极把握市场节奏，勇于创新，积极落实央行相关工作要求，移动支付发展始终保持在行业领先地位，远程支付方面不断优化提升产品体验，扩展使用场景，近场支付方面在所有的主要移动支付类产品上均参与了首批发布，同时支持借记卡、信用卡全部持卡客户，为持卡人提供了丰富的移动支付产品。通过把握智能终端入口，中国银行移动支付业务帮助现有的银行卡体系融入高频、小额的日常生活消费场景，促进了客户规模和交易规模的增长，自产品发布以来，发卡量及交易量快速增长，在同业中处于领先地位，取得了较好的客户口碑及市场份额。

一、中国银行移动支付业务整体规划

中国银行移动支付业务发展以满足客户及市场为导向，坚持近场支付与远程支付统筹发展，不断丰富产品布局，优化受理渠道，以满足用户线上、线下不同的支付需求，融入用户面对面、非面对面的不同支付场景，通过布局 SE 类移动支付产品、二维码支付产品，逐步完善移动支付业务的产品布局。在 2016 年期间，通过充分营销目标客户群体，拓展线上线下商户，中国银行移动支付业务取得了迅速发展，发卡量和交易规模均保持在行业领先地位，取得了良好的市场反响和品牌效应，为商业银行适应时代潮流、满足客户多样化需求作出了贡献。

二、近场支付产品

1. 产品概述

近场支付产品主要为 SE 类移动支付产品，指银行通过与卡组织以及设备厂商合作，利用设备内的 SE（Security Element，安全模块）芯片与 NFC（Near Field Communication，近场通信）模块模拟芯片卡，综合运用了空中发卡、支付标记化等技术推出的近场支付产品。用户凭已有实体卡片，通过移动设备发出申请，银行校验客户身份后通过空中发卡等手段实现在客户移动设备上加载设备卡，客户可以凭该设备进行有卡消费支付，使用场景包括在支持闪付功能的 POS 机上进行"刷"手机支付，在支持在线有卡支付的商户进行线上支付等。

早在 2013 年至 2014 年，中国银行积极探索，勇于创新，先后推出了 SIM–PASS 模式的电子钱包，自行研发的声波支付产品、与中国移动及中国电信合作的 SWP–SIM 模式的电子现金产品，与人民银行金融电子化公司合作的"金电钱包"借记及电子现金产品，与华为合作的"荣耀钱包"电子现金产品，积累了丰富的技术经验及业务经验。

2015 年，中国银行在央行"508 工程"的指引下，积极研发 HCE 相关移动支付产品，并于 2015 年 6 月成为全国第一家率先推出万事达品牌 HCE 产品的银行，2015 年 10 月推出 Visa 品牌的 HCE 产品，2015 年 12 月与银联共同发布了银联 HCE 云闪付产品。2016 年起，中国银行作为首批参与银行全面支持了各类 SE 模式的移动支付产品，并且完全采用自有技术研发，同时支持借贷记全部持卡客户：2016 年 2 月 18 日，中国银行作为首批合作银行全面支持 Apple Pay；2016 年 3 月 8 日，中国银行作为首家合作银行，与华为公司共同举行了 Huawei Pay 合作签约仪式；2016 年 3 月 29 日，中国银行作为首批合作银行参加了 Samsung Pay 发布会；2016 年 8 月 30 日，Huawei Pay 正式上线，中国银行作为首批合作银行全面支持；2016 年 9 月 1 日，Mi Pay 正式上线，中国银行作为首批合作银行全面支持。

对于 SE 类移动支付产品的积极探索和实践体现了中国银行优秀的技

术实力以及对于移动支付业务的高度重视。产品上市以来，全辖积极开展业务的营销推广，发卡量及交易量快速增长，取得了良好的市场效果。

2. 产品案例①：Huawei Pay 产品

（1）合作背景

一直以来，中国银行与华为公司在移动支付方面积极探索合作机会，不断尝试新的业务合作方式。2014 年，中国银行即与华为公司合作推出了华为荣耀钱包产品，基于华为荣耀 6plus 手机开展移动支付业务，实现了用户在华为荣耀 6plus 手机上通过荣耀钱包自助申请、开通中国银行电子现金账户，实现账户余额查询、交易明细查询、自助圈存、NFC 近场支付等功能，客户可以使用华为荣耀 6plus 手机在华为园区内超市、食堂、班车，以及华为园区外带有银联闪付标识的 POS 终端进行小额支付。

2016 年 3 月 8 日，中国银行作为首家合作银行与华为公司共同举行了 Huawei Pay 合作签约仪式，4 月即完成了 Huawei Pay 产品的技术投产，经过双方充分的生产验证及试运营，8 月 31 日对外发布，中国银行借记卡和信用卡全面支持该产品，成为首批上线银行。产品上线后，中国银行开展了相应营销推广活动，取得了良好的市场反响。

---

① 因各 SE 类产品在系统架构及产品流程上基本一致，这里仅选择 Huawei Pay 作为具体实例展开介绍。

（2）产品简介

Huawei Pay 是中国银行与华为公司及中国银联合作开发的移动支付产品，客户在华为指定型号手机的客户端发起设备卡申请，通过身份验证后，后台将设备卡下发至设备中的安全芯片，客户可使用该手机实现借贷记的消费支付，并在手机上管理和使用自己的设备卡。

系统层面，卡片生命周期管理功能上，银行主要通过银联 TSM 平台实现与华为 TSM 的系统交互，交易功能上与现有芯片卡交易保持一致，用户可以在所有支持银联闪付交易的 POS 机上进行交易。

华为支付产品架构：

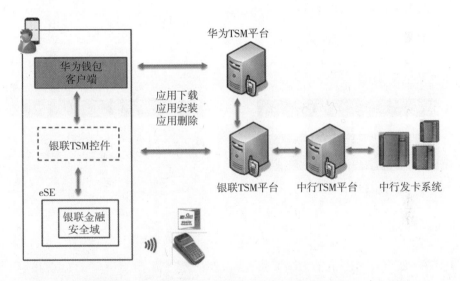

（3）使用流程

①申请下载卡片

a. 点击华为钱包后应用界面，选择"NFC"，点击"添加银行卡"按钮，客户可通过将实体卡的 IC 芯片贴在 NFC 区域或手输卡号或拍照识别完成银行卡卡号的录入。

b. 应用根据卡号自动识别卡归属行，同意业务协议后进入身份验证界面，对于借记卡和贷记卡，所需输入的验证信息不同：借记卡需要输入预留手机号、ATM 取款密码；贷记卡需要输入有效期、CVN 码和预留手机号。

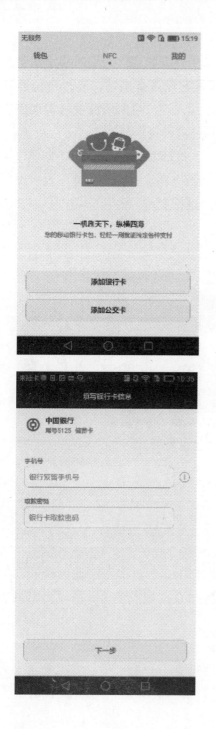

c. 在点击下一步后，短信验证码将发送至用户预留手机号，填写完成后进入激活步骤，手机完成 SE 芯片写卡后，客户完成申请加载过程。

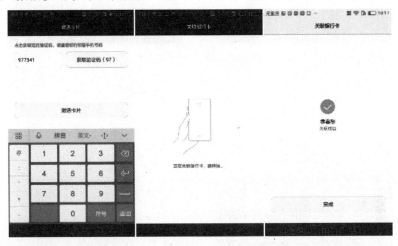

②安全设定

a. 用户首次申请 Huawei Pay 之后，应用会自动提示用户进行支付安全设置，若客户未登录华为账户，将会提示客户进行登录。

　　b. 安全设置过程中需要设置安全手机、安保问题、支付密码与指纹验证。客户再次添加银行卡时不会再出现此流程。

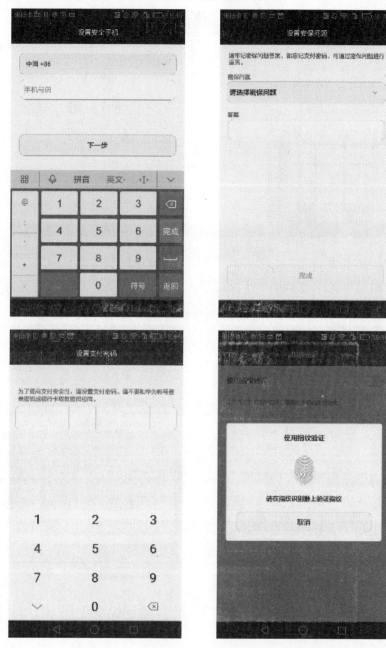

③支付流程

a. Huawei Pay 支付不需要进入应用，在黑屏状态下接近 POS 机即可唤醒相关程序，允许进行选卡交易。

b. 选择卡片后，需要用户首先验证指纹。验证通过后，将手机靠近 POS 机即可支付。

c. 首张激活的 Huawei Pay 卡将自动设置为默认支付卡。在后续使用中，用户最后一次使用的 Huawei Pay 卡即为下一次支付时的默认卡。在 NFC 页面长按拟更换为默认卡的卡面，拖动到卡列表最前端，即可更换其为默认付款卡。

三、远程支付产品

1. 产品概述

远程支付产品主要是为满足客户移动端的线上支付需求，前期中国银行即推出了手机银行支付与中银快付等产品，前者针对手机银行客户，后者面向所有中国银行持卡客户，无需注册手机银行，支持范围更广、使用门槛更低、支付流程更便捷，满足不同层次客户、不同场景下的支付需求；并在此基础上与中国银联合作推出满足跨行需求远程支付产品，为客户提供更多的选择。在使用体验上，中国银行不断优化，由传统 wap 及插件模式全面转化为 html5 的自适配页面，由单一支付功能扩展支持个人分期及商户分期等，将消费金融产品与支付产品有机融合，为客户提供支付＋融资的一体化服务；在使用场景上，全行上下积极拓展，由传统单一的电商购物，逐渐扩展融入民生缴费、商旅出行、社区生活、校园教育、跨境消费等各种场景，满足不同客户人群不同场景下的支付需求。

此外，中国银行根据中国支付清算协会要求，积极参与二维码支付相关规范的制定工作，参照银联相关规范，扎实推进跨行通用的二维码支付产品研发，推出二维码支付产品。

2. 产品案例：二维码支付产品

（1）业务背景

二维码支付凭借操作简便、适应性好、推广成本低等特点近年来逐渐成为市场主流的支付方式之一。自 2014 年至今，中国支付清算协会邀请主要商业银行、银联支付机构经过多次调研讨论，初步研究起草了二维码支付的技术规范及业务规范，银联在此基础上制定了具体的产品规范，拟实现二维码的跨行通用。为满足客户及商户的差异化服务需求，提供多样化的支付产品，中国银行根据市场节奏，参照行业规范，推出了二维码支付产品。

（2）产品简介

目前中国银行二维码支付产品参照了银联的相关技术规范和产品规范，应用了标记化技术（Tokenization），保证二维码本身不含敏感信息，确保了客户信息和交易信息的安全。功能上支持 C2C 支付及 C2B 消费，模式支持主（正）扫和被（反）扫，范围覆盖借记卡、信用卡全部持卡客服，渠道支持中国银行手机银行、中银易商、缤纷生活三个主要客户端App，且在产品流程及使用体验上保持一致。场景上，C2C 支付主要用于个人间的扫码转账以及个人与小微商户间的转账支付，被扫模式，C2B 消费支付主要用于个人与商户间的线下扫码消费（主扫和被扫模式两类）。后续还将进一步完善如优惠券整合、ATM 取现、跨境支付等二维码支付的产品功能和使用场景，为客户提供多样化的支付形式。

（3）使用流程

①功能入口

客户可以在中国银行手机银行、中银易商和缤纷生活三个客户端使用二维码支付服务。服务入口主要分为"扫一扫""付款"和"收款"三个功能。

客户首次使用二维码功能需要设置支付免密。

客户点击"付款"功能，生成客户付款的二维码和条码，并可以更换付款的银行卡。每个二维码使用一次或一分钟后即失效，可手动刷新或每分钟自动更新。

商户在 POS 机或收银系统发起交易订单后，通过扫描枪或扫描 POS 机读取二维码信息。后台将付款信息发送客户端。客户确认收款的商户和金额后，点击"确认支付"。

客户输入支付密码进行验证，并完成交易。后续还将为客户提供小额支付免密服务，使支付流程更加顺畅。

点击"扫一扫"功能，进入扫描界面。客户可以通过扫描商户的二维码或者收款个人手机应用中的二维码，识别商户或收款个人的信息。

145

手机客户端显示商户或收款个人信息。客户可使用默认卡支付或者更换银行卡进行支付，同时输入金额后点击"确认支付"。

在完成支付密码验证后完成交易。

点击"收款"将生成本人用于收款的二维码，金额可由收款方或付款方输入。付款人扫描此二维码即可完成收款交易。

客户可以在交易记录中查看二维码交易历史，并根据时间、卡号、交易类型进行筛选。

（4）项目意义

二维码支付产品对于个人客户手机终端的限制门槛极低，且国内市场已经熟悉并接纳这一支付模式。对于商户侧，既可在 POS 上升级（改造码枪或者 POS 增加扫码模块）直接支持现有收单商户，也可覆盖满足小微和个体工商户的小额收款需求，大大拓展了商业银行的收单市场。

中国银行推出二维码支付产品一方面是根据市场趋势，紧跟监管节奏的必然需求，另一方面也是满足自身业务发展，作为"云闪付"的有益补充，利用其适应性广、推广成本低的特点，为分层客户及商户提供差异化的支付服务。此外，还可以与支付机构形成良性竞争，进一步拓宽金融服务的边界，降低金融服务的门槛，提高中小微商户的服务质量和服务效率，服务小微大众。

四、小结

在产品创新和业务推广的同时，中国银行还将移动支付业务与中国银行跨境优势相结合，加强与海外分支机构的联动，于 2016 年 7 月率先在中国香港推出 Apple Pay，并积极探讨二维码支付产品的跨境通用的可行性，力争不断在移动支付方面做出特色和亮点。

后续中国银行还将一如既往地加强产品及业务创新，紧跟市场节奏，勇于探索，不断为客户提供更好的支付产品及服务，推动市场健康有序发展，持续践行普惠金融。

案例3：中国银联云闪付
云端移动支付产品

一、背景

随着智能手机的普及和手机4G网络的普及，移动支付用户数及交易量迅速攀升。根据中国支付清算协会发布的《中国支付清算行业运行报告（2016）》报告显示，新兴电子支付渠道发展迅猛，特别是通过移动支付实现交易的金额突破一百万亿元，同比增长超300%。

在移动支付业务的迅猛发展中，用户对便捷性的要求逐渐提升，对银行及支付机构的风险防控能力的要求也越来越高。银联云闪付云端移动支付产品通过银联云闪付或银行手机银行客户端，将用户已有的银行卡以Token的形式发至智能手机终端中，在银行卡已经充分普及的今天，将银行卡与手机设备进行了结合，为用户提供了充分的便利性。同时通过Token支付标记以及云端存储卡片密钥的技术，在充分考虑便捷性的同时也兼顾了交易的安全，为广大用户提供了同时具备交易便捷与账户安全的手机支付产品。

二、产品优势

移动支付业务主要分为无卡支付和有卡支付。现有的有卡支付以银行卡为基础，主要有通信运营商主导的NFC－SIM方案（如中国移动"和包"）和手机厂商主导的eSE方案（如Apple Pay、Huawei Pay等）。在SIM卡或手机终端中存放实体安全模块SE用于存放银行卡应用，具备硬件载体特有的安全性高的特点，且在支付形态上同时支持线上和线下支付。但业务开展过程中运营商或手机厂商的硬件支持、需嵌入SE模块，成本较高、产业链长。

150

银联云闪付云端移动支付产品采用银联移动支付技术标准，通过 HCE（Host Card Emulation，主机模拟卡）技术，实现了 POS 终端与手机应用间的交互。将传统 NFC 模式中的实体安全模块 SE 由远程托管的云端 SE（Cloud Secure Element）所取代，即使没有 SE 模块的 NFC 终端也可使用安全的支付应用，极大地扩大了终端的范围，降低了用户及生产厂商的成本。云闪付云端支付平台的建设对移动支付产业将是一个潜在的巨大变化，通过该技术，未来支持该服务的所有 NFC 智能手机的任何应用程序将都能够充当手机钱包，且具备安全性高，成本较低的特点。

同时，云闪付云端支付产品也解决了安全载体 SE 与应用的兼容性检测问题。在 SE 模式中，兼容性检测难度随着安全载体和应用的增多呈指数级增长（卡片 M × 应用 N），每增加一款安全载体需要回归测试所有应用，而每增加一款应用同样需要回归测试所有安全载体，这种测试量级可以说是巨大的灾难。而 HCE 模式天然屏蔽了兼容性问题，因为在 HCE 模式下，不存在安全载体的硬件环境，都是依靠软件来完成的。

云闪付业务不仅支持基于金融账户的支付应用，还实现了公交、地铁等行业应用以及居民健康卡等民生业务。真正实现了覆盖居民日常购物、出行、医疗等多应用全覆盖。

三、方案内容

银联云闪付云端移动支付产品基于 HCE 技术在移动设备的应用软件（移动应用）中实现云端支付卡（云端支付账户），移动应用的用户可以在非接触闪付终端上完成快速联机交易。银联云闪付云端支付产品基于 HCE 卡模拟的技术原理，共建设了云端支付平台和云端支付插件两个部分：

其中云端支付插件可以集成在银行的手机银行应用中，使手机银行可以直接在闪付 POS 终端上拍卡；

云端支付平台主要用于移动应用中交易凭证（Token）的更新下载和远程管理。与下载安装普通的手机 App 应用一样，手机用户可以在公开的应用市场自行下载和安装支持云端支付的移动应用，无需更换手机和卡片，不存在硬件兼容性的限制。

151

对于发卡行来说，云端支付产品降低了 NFC 近场支付的部署成本，加快了闪付交易的普及速度，可以进一步提高闪付卡片的激活率和使用率。

云端支付业务架构如下：

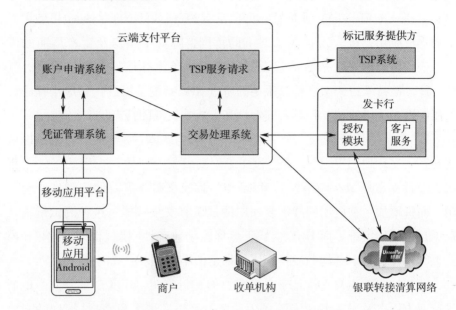

银联云端支付架构如上图所示，在原有跨行转接清算体系的基础上增加了云端支付平台、移动应用平台和移动应用。

移动应用是指安装在移动设备上进行完成闪付卡模拟的移动支付应用软件，它可以为目前银行端的手机银行应用，也可以是银联或第三方的手机钱包应用；移动应用平台是移动应用的后台管理服务器，主要负责移动应用与云端支付平台之间的数据转接和安全通道的建立；云端支付平台需要在云账户的生命周期中提供一系列基础服务，包括云账户的创建和初始化、活跃账户管理、账户生命周期管理、交易代处理、交易代验证及后交易处理。除这些基础服务外，云端支付平台同时必须提供一些辅助功能，例如账单服务、报告服务等，这些辅助功能应允许发卡行进行自定义的选择，从而满足其个性化的需求。

四、功能应用特点

（一）创新性

银联云闪付云端移动支付产品是国内首个基于 HCE 业务的开放式平台，极大地扩充了银行卡的使用场景，使银行卡不仅延伸到手机支付领域，还在民生、便民、小额快速支付等业务中有了相应的应用场景。

1. 谷歌2013 年 11 月发布安卓4.4 系统、支持 HCE 后，银联随即启动了对 HCE 的研究，2014 年推出了最新的 HCE 规范，2015 年发布了 HCE 系统。

2. 业务模式创新。银联云闪付云端支付产品使用 Token（支付标记）技术，将银行卡通过支付标记的方式加载至手机中。交易中不出现原卡号，直接使用 Token 标记参与交易，提升了安全性，属于标记化技术与手机支付的应用结合的典型性产品。

除支持线下支付外，还支持公交、地铁等便民类行业应用，以及居民健康卡等民生类业务，对人们日常的生活提供了便利性。

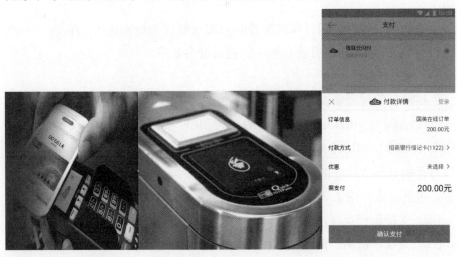

3. 支持手机型号多样性，支持低端手机，降低了用户使用手机支付的成本。与现有基于嵌入式 SE 的项目相比，云端支付产品可覆盖所有基于安卓系统的手机终端，不受手机厂商和通信运营商限制。

4. 平台开放性。银联云平台可适配于所有银行，以及有发卡资质的公司。自平台于 2015 年 6 月 30 日首次上线以来，截至目前已有 70 余家银行接入，包括 17 家全国性银行及 50 余家区域性银行。

5. 品牌统一性

通过此业务将多种移动支付产品的品牌加以整合，统一在手机侧和 POS 侧布放"云闪付"标识，有助于在用户心中形成较强的品牌形象。

（二）社会效益

银联建设的云端支付平台于 2015 年 6 月 30 日上线，截至 2016 年 10 月，平台累计接入商业银行 76 家，包括 16 家全国性商业银行、邮储银行，50 余家区域性银行。

另外，云闪付业务还支持以下便民类业务：

联机 ODA：用于城市交通行业领域，通过验证卡片真实性进行扣款，无需额外开通及圈存。

居民健康卡：将居民健康信息直接保存在云平台中，保存了用户的看病记录，并为各个医疗机构提供了资源共享，提升了医疗效率，简化了看病流程。

小额免签免密：闪付联机交易时一定金额以下免密免签，实现"一挥即付，付过即走"，提升收款速度，提高社会效率。

（三）开放性

银联云闪付云端支付产品具有广泛的示范效应和推广价值，包括：

1. 云闪付 HCE 是全球最大的单一 HCE 项目，2015 年 12 月云闪付 HCE 上市后，和境外比起来发展速度是倍级。无论是业内还是普通持卡人均对产品表现出浓厚的兴趣，而且从银行介入、发卡、商户及交易数据来看，市场上也取得了一定的反响。

2. 支持银行众多。包括 16 家全国性商业银行及 50 余家区域性银行。

3. 为收单机构、商户提供便捷的支付工具及跨行产品，且同时支持线下支付和线上支付两种方式，扩充银行账户的应用场景。

4. 支持商户众多。线下商户中包括家乐福、肯德基、麦当劳等众多大型、行业连锁商户。线上商户包括国美电器、东方航空、小米商城等商户。

5. 提高用户使用便捷性。用户无需使用银行卡，只需随身携带手机，即可实现随用即付。

6. 提升交易速度。结合 POS 终端小额免密免签业务，实现一挥即付，提高交易环节的处理效率。

（四）安全性

银联云闪付云端移动支付产品所涉及的账户信息安全管理、商户风险管理、终端风险管理、密钥安全管理、发卡端风险管理，均严格遵循银行卡支付安全标准和风险管理要求，银联已建立完整的风险控制制度。

在交易风险防控中，云闪付云端移动支付产品基于 Token 支付标记，并实现了交易密钥动态管理功能。交易过程中不出现实体卡信息，一次一密，实现了交易过程零风险。

在加载风险防控中，银联建立了实时风控校验系统。在加卡过程中，通过比对设备指纹、手机号等信息防范伪冒加载，实现风险加载实时拦截。

同时，银联还建立了风险处理规则及风险赔付制度，对商户风险防控措施加以补充。

五、业务开展情况

1. 系统建设进展

银联云闪付云端移动支付产品于 2015 年 6 月 30 日首次上线。

2015 年 7 月 31 日联合招商银行首次技术上线。

2015 年 12 月 12 日召开云闪付发布会，发布了云闪付品牌及云端支付产品，正式向用户开放使用。

2. 银行接入情况

截至 2016 年 9 月，工商银行、农业银行、中国银行、建设银行、交通银行、招商银行、中信银行、光大银行、华夏银行、民生银行、兴业银行、广发银行、平安银行、浦发银行、北京银行、上海银行等 16 家全国性银行，渤海银行、宁波银行、徽商银行、杭州银行、广州银行等 50 余家区域银行和中银通已完成系统建设工作并上线。17 家全国性银行中有 16 家银行完成上线。

3. 商户接入情况

在线上商户方面，截至 2016 年 9 月 25 日，累计拓展云闪付线上商户 8105 家，其中 TOP 级云闪付线上商户累计达 108 家，包括美团、东方购物、国美、途牛、遨游、南航、东航等，此外云闪付 HCE 线上支付的营销活动也正在持续开展。

在线下商户方面，各地区实现统一消费入口的重点商户为 24142 家，包括家乐福、麦当劳、星巴克、汉堡王、麦德龙、全家、肯德基等众多知名商户。其中，全国及行业 TOP 商户 118 家，门店数约 30316 个；区域性 TOP 商户 24024 家，门店数约 77968 个。

案例 4：招商银行
"一闪通"解决方案

一、项目背景

在移动互联网浪潮愈演愈烈的今天，许多传统的金融业务都受到了移动互联网带来的巨大冲击和影响，手机成为人们 24 小时在线连接世界的载体，这同时也给银行为客户提供"专业、简单、安全"的极简金融和极致用户体验带来了巨大机遇。

"剪掉银行卡，一部手机轻松搞定所有银行事"，把每一个人从金融琐事中解脱出来，真正地全身心去享受工作和生活所带来的快乐，这正是招商银行近年来不懈努力的方向。

移动远程支付的爆发式增长，带动了移动智能终端在线下 POS 消费的需求与日俱增。招商银行早在 2012 年就认识到移动智能终端对于线下 POS 消费市场的改变，将移动近场支付的创新提升到了战略层面，不断探索与手机厂商、移动运营商合作的 NFC 移动支付创新。

2012 年 9 月招商银行携手 HTC 在国内首度将其金融 IC 卡——TOUCH 卡（电子现金）与手机相结合创新推出"招行手机钱包"；2013 年 6 月招商银行携手中国移动将 TOUCH 卡与中移动 SIM 卡相结合推出中移动 – 招商银行手机钱包。

正是基于坚持不懈为客户提供安全、便捷移动支付服务的努力，"一闪通"应运而生。招商银行在 2014 年 10 月正式推出了这款业内首创、具有划时代意义的互联网金融产品，首次实现了手机与银行借贷记卡真正意义上的合一，是全球首款基于手机的涵盖线上线下、大额小额等各种银行卡应用场景的全功能移动金融产品。

二、产品功能及业务流程

"一闪通"是招商银行与手机厂商（三星、华为、OPPO、魅族、金立、中兴）基于具有 NFC 功能的智能手机的跨界合作产品，将招商银行一卡通、信用卡加载在手机内置的 SE（安全元件）芯片中。客户无需前往招商银行网点，只需在购买手机时选择适用的手机型号，下载招商银行、掌上生活 App 即可在手机上开通及管理"一闪通"。开通成功后，"一闪通"即与一张实体招商银行卡进行了绑定，客户不仅可持手机凭"一闪通"替代实体银行卡到招商银行 ATM、VTM 及柜面办理业务，也可以持手机到商户进行大额、小额 POS 消费以及在线上商户进行线上支付，全面实现手机替代银行卡。

1. 一闪通开通流程

客户申请开通"一闪通"时，需要输入实体卡的卡号、密码、短信验证码等要素核验身份后方可开通。开通成功后我行自动在该手机的内置芯片中写入一个符合 PBOC3.0 规范的金融 IC 卡信息。

2. 一闪通使用场景

"一闪通"全面支持客户移动金融生活的各个场景，具体包括：

（1）在全国支持"Quick Pass（闪付）"的商户用"嘀"手机替代刷卡进行大、小额消费。

（2）在全国招商银行、银联带有非接触功能的 ATM 用"嘀"手机替代一卡通办理 ATM 全部业务。

（3）在全国招商银行营业网点用"嘀"手机替代刷银行卡，办理所有柜台刷卡业务。

3. 零钱转入流程

当客户成功开通"一闪通"后，会同时拥有一个"零钱"账户，零钱账户是一个相对独立的电子现金账户，余额上限为人民币 1000 元。

零钱的主要用途是可以在境内所有银联 QuickPass（闪付）商户进行非接触式的小额消费。客户消费时无需打开客户端，在 POS 终端上"嘀"一下手机即可。POS 终端通过非接触方式读取手机中的零钱账户信息，确认账户真实有效后完成交易，在此过程客户无需输入密码，也无需在电子付款凭证上签名确认。

在一闪通功能首页点击"零钱"，进入零钱详情，找到"转入"按钮，即可向零钱账户充值。

4. 一闪通注销流程

当客户不再希望使用"一闪通"时，可凭密码进行"一闪通"注销操作，将"一闪通"相关信息从手机内置芯片中删除，已注销的"一闪通"卡号将永久失效，且无法在任何渠道成功办理业务。

三、项目创新点

一闪通有三大创新点，包括：

1. 全能

"一闪通"突破了移动支付的范畴，将银行卡的所有功能集成到手机中，客户只需要掏出手机，就可以闪电般轻松办理所有银行业务，包括在全国所有支持非接模式的 ATM 存取款，以及凭手机在招商银行任何一个网点办理业务。

目前，招商银行已经完成了全行 1000 多个网点，1 万多台 ATM 对于"一闪通"业务的非接受理改造，使客户能够不受束缚的在更丰富的场景下享受安全可信的金融服务，充分发挥"一闪通"的全能优势。

2. 好用

使用"一闪通"，无论是办业务、取款还是支付只需要两个步骤，第一步，手机嘀一下，第二步，输入密码或签名，只需要两个简单的步骤即可办理，简单，好用。

一闪通的申请开通也很简单，所有持招商银行一卡通或信用卡的客户，只需要打开招商银行的两个官方应用——招商银行 App 3.0 和掌上生活 4.0 后，进入"一闪通"功能，根据指引输入简单信息一步即可开通。

3. 安全

"一闪通"使用了多种世界领先的技术手段，其中三个世界级的安全特性值得一提：

第一，一闪通是最新令牌（Token）技术在国内的首次应用。所谓令牌（Token）技术，就是使用一串数字标识（账户设备号）替代用户的银行卡号存储在手机中使用，而用户的真实银行卡数据存储在银行系统而不是手机里，受到更加安全的保护。这样一来，与其说是把银行卡放在手机中，不如说是把银行卡的一个"替身"放在手机中。"替身"可以完成银行卡所具备的全部功能，同时不会透露真实的账户信息，极大地保障了整体交易的安全性。

第二，安全芯片加密存储。在所有支持一闪通的手机中，都有一块特别的"安全芯片"。安全芯片是 NFC 设备上专用的微芯片处理器，与手机的主操作系统及其他硬件相互独立。相比没有安全芯片的手机，有了安全芯片的手机就像多了一个绝对安全的保险柜一样，最重要的金融数据存储在保险柜中，只有经过认证的程序才能够访问，这也是金融领域最高等级的安全技术。

第三，招商银行提供极速"暂停"服务，解决用户丢失手机的后顾之忧。我们通过令牌（Token）服务存储在手机安全芯片中的是用户银行卡的"替身"，一旦丢失手机，用户可以随时拨打客服热线，或通过招商银行 App、网上银行中的"暂停一闪通"功能迅速切断银行账户与"替身"之间的关联，保障资金安全。

四、对移动金融领域的重大意义

1. 实现"手机 + 金融"发展模式的重大创新，领跑银行无卡化时代

招商银行"一闪通"第一次真正意义上将银行卡与手机合二为一，将更丰富、更全面的银行服务搭载到手机上，通过手机将银行的业务与客户的应用场景更有机地连接在一起。

"一闪通"突破了移动支付的范畴，将银行卡的所有功能集成到手机中，客户只需要掏出手机，就可以闪电般轻松办理所有银行业务。

2. 招商银行"一闪通"解决方案的推出，对整个移动金融产业的发展起到了积极的推动作用

招商银行"一闪通"不仅实现了移动金融领域的重大产品创新，也实现了移动金融行业商业模式的创新，对整个移动金融全产业链的发展具有较强的示范意义。

由于移动金融产业链较长，银行、支付机构、运营商、手机厂商等参与者众多，任何一方单打独斗往往难以形成突破。招商银行"一闪通"产品是与国内的支付组织银联、全球芯片厂商恩智浦、手机厂商华为、三星、OPPO 等移动金融产业链各方通力合作的创新成果，其产品模式、商业模式将对移动金融产业链形成较强的示范效应。

招商银行衷心希望"一闪通"模式能够成为移动金融产业链的共识，更多的手机厂商、银行，以及产业链上下游各方能够通力合作，达到共赢，共同推动移动金融产业快速健康发展。

案例5：中信银行"信e付"产品

一、信e付产品介绍

（一）产品创新背景

中信银行自 2013 年开始涉足"B2C 供应链"领域的金融业务，服务可口可乐的供应链。近几年来，移动互联网已深入生活及商务领域，在新一代信息技术的推动下，"互联网＋"带动了新的投融资服务模式，商业银行必须抓住互联网金融发展的机遇，以互联网思维优化经营模式，对网络金融服务产品和渠道进行整合升级，以适应客户需求和消费模式的变化。

为适应这一变革，并进一步发挥中信银行在供应链金融领域内的先发优势，中信银行与武汉擎动网络科技有限公司合作，面向供应链中的核心企业及其下游提供 B2C2C 与 B2B2C 模式的"信e付电子商务及支付服务平台"（以下简称信e付），为企业提供上下游间订货、销售、付款、管理的相关服务。通过信e付平台，可以帮助企业实现信息流、资金流、物流相互匹配，为用户提供安全便捷的支付通道，为企业内部市场、财务、物流部门提供高效的管理数据信息统计，提升企业各部门办公协同效率，降低运营及沟通成本。

随着中信银行"交易＋"的提出，中信银行依托自身优势，为了更好地服务企业及用户，于 2015 年 9 月 17 日在银监会新闻发布会上首次对外发布了"信e付"产品。

（二）信e付介绍

信e付是整合企业管理理念与移动金融支付需求于一体的供应链金融产品，打造集销售、采购、渠道、物流及金融服务于一体的企业综合服务平台。平台聚合了银联 POS 支付、快捷支付、二维码扫码支付、现金、票据、行业 IC 卡等多种支付方式，支持现货现款、先款后货、分期付款、预付款、赊销等多种结算模式，便于产品兼容多种场景交易。同时信 e 付可以根据供应链上下游企业关系进行灵活组网，从上游供应商到核心企业，再到下游经销商及终端个人消费者，打造全链条、全方位的供应链企业服务及金融服务，信 e 付供应链组网结构如图 1 所示。

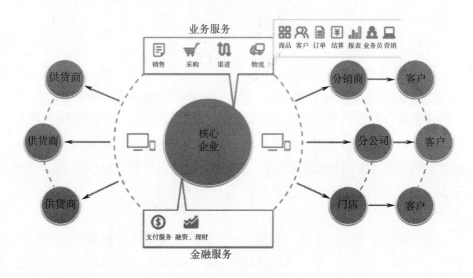

图 1　信 e 付组网结构

信 e 付是面向供应链提供上下游企业（或个人）在线订货、销售及收付款服务的移动支付产品。信 e 付产品由平台"PC 端"与"App 端"构成，"PC 端"与"App 端"采用云计算进行数据通信，数据交互实时性好，性能稳定。产品形态如图 2 所示：

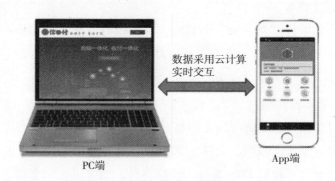

图 2　信 e 付产品形态

164

供应链上游企业在 PC 端管理渠道和发布商品信息，下游企业（或个人）通过移动 App 客户端完成向上游企业的订货、付款。下游企业（或个人）同时利用移动 App 客户端完成向终端消费者的销售收款。其业务流程如图 3 所示：

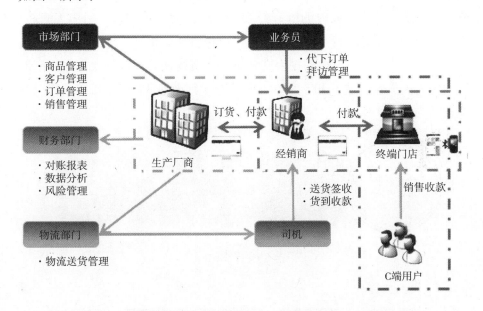

图 3　信 e 付业务流程

信 e 付从推出以来，根据其产品的特点和定位，在软饮料、日化用品、乳制品等行业服务了一批国内外或本土知名企业，如可口可乐、百事可乐、光明乳业、蒙牛集团、思念食品、烟草局、北京新发地市场等。助力企业从传统的生产销售模式向互联网应用转型，发挥了积极作用。下面以可口可乐的案例来实际说明"信 e 付"给企业带来的实际改变和其价值。

二、太古可口可乐案例介绍

（一）企业简介

太古饮料在包括中国香港、中国台湾、中国内地七个省份及美国西部十一个州在内的广大地区拥有制造、推广及分销可口可乐公司产品的专营权。在中国分布了广东太古、江苏太古、浙江太古、厦门太古、郑州太古、陕西太古、合肥太古。仅郑州太古可乐灌装厂，其一年生产标件产能就达 1 亿元，年销售额几十亿元。

可口可乐作为饮料行业的领军品牌，其在产品的销售方式上也是业务具有代表性的"厂家直销"模式。在其覆盖的区域内，由厂家的销售代表，各自负责一个区域内的所有经销商，经销商涵盖超市、门店、酒店、娱乐场所等。不分经营主体大小，统一由销售代表维护，统一上报订单信息给厂家，厂家根据订单安排生产并负责发货配送。仅郑州太古在河南地区的销售人员就超过了 1000 多名，负责整个河南地区的销售维护工作。其业务结构如图 4 所示：

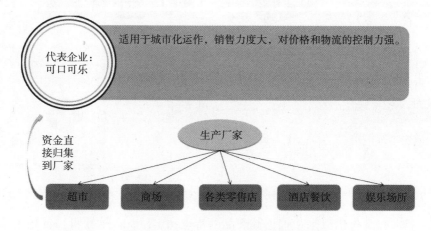

图 4　太古可口可乐销售渠道图

（二）信 e 付使用前后对比

● 太古可乐上线信 e 付前

太古可口可乐自身信息化管理：SAP 系统，解决公司内部部门间的日常管理。

支付方式：银商移动 POS、代扣、现金、票据、对公转账等多种方式。

太古可乐的销售渠道：主要分为 3 部分：经销商、批零客户及 KA 渠道。信 e 付的受众群主要是经销商及批零客户。

随着生产经营规模的扩大，需要管理的终端网点数量急剧增加，给传统的终端管理方式带来了新的问题：

①企业的 ERP 满足了内部的生产管理需求，却难以覆盖到各销售终端

网点。

②支付方式各异，入口不统一，且与订货信息不关联，财务核算压力大。

③物流信息反馈不及时。

④货品订购，经销商资金归集不便。

⑤信息流、资金流、物流未形成统一，各部门信息不对称，导致下单生产、发货时间滞后，违背快消品行业快速出货、快速响应市场的黄金定律。

• 太古可乐上线信 e 付后

针对企业的问题，"信 e 付"上线后，以支付为主线，将支付信息和企业的生产管理信息相匹配，解决了经销商与公司内部市场部、财务部间的前端销售信息及时互通问题，杜绝了业务员和营业所相关人员人为干扰市场销量反馈。生产部第一时间可以根据订单状态进行备料生产，物流部第一时间可以根据订单状态进行物流配送，大大节省了订单处理时间，提高了企业运转效率，降低了运营成本。

"信 e 付"在太古可口可乐上线和实施后，真正做到了将企业资金流、信息流、物流信息形成了统一，来满足和提升企业在生产经营中的管理与金融需求。

（1）实现了经销商付款及账户核对的功能

账户核对体现在太古可乐公司可以在信 e 付 PC 端查看每个经销商的订货付款明细；经销商在手机 App 能查看自己的账户明细（账户管理按钮）：账户余额查询、折扣发放查询及电子对账单等。并且可以将客户分级，例如先货后款客户、预付款客户、现款现货客户导入信 e 付系统，经销商能看到自己的采购模式及付款情况。此功能为企业解决了如下问题：

①使用信 e 付解决了太古可口可乐销售终端的网点管理，实现了线上渠道管理。可按销售结算模式对客户进行分类，分级别定价和设置折扣，实现了渠道管理的灵活性和便捷性。

②使用信 e 付解决销售终端订货、付款信息的"双流合一"，大大减少了市场部反复确认订单支付状态、财务会计的账目核对工作。

③经销商使用信 e 付 App 向太古可口可乐订货付款，大大节省了经销商的订货、付款时间，加速商业信息流向企业端。

（2）实现了多账户体系功能

信 e 付支持多账户体系，企业经营过程中各种角色都可以在信 e 付中创建，便于流程的发起、推动和管控。增强了各部门之间的联系，提升企业内部协作效率。如郑州太古可口可乐就在信 e 付中建立了三个角色，即市场稽查、经销商、司机。各角色登录后，系统按预设权限陈列相应功能界面，各角色之间互不影响。解决了如下问题：

①稽查工作电子化、信息化

稽查人员需要在一段时间内实地回访完一定数目的经销商，目的是核准经销商的基本情况（如电话、办公地址、有效签字人、仓库地址是否变更、仓库安全防护是否合规等），以便厂部对经销商进行有效管控。原有的办法是稽核人员带着纸质表格上门检查、填表记录，回厂后再将更新的信息录到系统里。而信 e 付稽查角色所解决的问题是，稽查人员到达现场后，登录信 e 付 App，将异动信息通过手机，在客户端上做更改、保存，信 e 付商户管理平台也会同步更新对应的经销商的信息，取消了纸质表格的环节，方便稽查人员的工作，同时保证了异动信息的及时性和永存性。

②线上自动区分经销商交易流程

经销商交易流程取决于经销是否有信用额度，部分有信用额度的分销商是先货后款的方式，而对于一般的经销商，是需要预存货款到太古厂办的，货物的发送则是先款后货的方式。信 e 付平台支持多种交易流程，通过对各经销商的设置完美解决了太古可口可乐的交易流程问题，经销商在订货结算时按照系统预先设置的流程进行，不需要人为干预。

③物流信息化管理

司机进行货品配送，经销商确认收货。整个过程中，财务人员、司机全程都可修改订单明细（品类不可改动，数量可以改动，因为运输途中可能会破损），非常灵活、人性化。同时经销商在货品签收时，电子签名与平台预留印鉴信息比对，可有效预防经销商抵赖风险，避免企业损失。

对于远距离经销商，对司机进行轨迹定位；对于市内经销商，由于前期已将经销商地址等信息维护到信 e 付系统，司机送货签收后，发起定点定位，完结此次配送，有效防止市场串货行为。如图 5 所示：

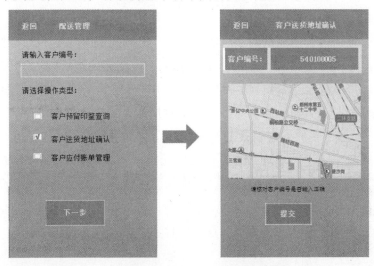

图 5　信 e 付应用与太古可口可乐物流配送管理界面

总结：

"信 e 付"的推广，不仅对降低企业成本、提高工作效率、规范财务管理等具有积极作用，也是探索新时代银企合作新模式的重要举措。"信 e 付"针对企业用户的价值，可以归纳为以下三点：

（1）针对上游企业的价值

线上管理分销渠道、线上商品的发布和销售、财务能实现实时核销、资金流动的信息化管理，在快速提供电子商务平台的基础上将便捷的支付及金融服务与企业的日常经营活动相结合，加速资金流动，减少资金风险，提高企业协作效率，降低管理成本，提升企业运营质量。

（2）针对下游经销商的价值

实时在线下单、及时获得厂家政策信息、扩大经营渠道、便携的进销存储管理，移动支付平台不仅能提升采购速度、降低融资成本、降低支付成本，也能为用户提供更多的快捷金融服务。

（3）综合金融服务

除了多元化支付服务及企业管理服务外，信 e 付作为供应链交易平台，积累了大量真实可靠的企业交易数据。通过这些数据分析，建立真实可靠的风控模型，为大数据征信系统、大中小微企业融资提供可靠的数据支撑，优化金融机构资产投放质量，降低投资风险。对于企业来说，也可以通过信 e 付获得优质廉价的金融服务，如平台供应链融资、投资理财等相关服务。

信 e 付从推出至今整合了 B2B 支付、B2C 支付、扫码支付（微信、支付宝）、快捷支付、行业 IC 卡等多种支付模式，实现了供应链领域的"四流合一"。通过多种支付模式的整合及信息化服务的能力，着力于改变企业传统服务模式，实现对核心企业及供应链上下游客户之间的产品发布、信息交流、商品管理、采购订单、支付结算、清算对账、物流配送等业务的全方位管理，为企业投资理财、融资申请、促销活动等提供服务，开启了以"互联网＋"创新为形式，服务实体经济的金融新模式。

案例6：中国民生银行
"民生付"案例介绍

伴随移动网络的快速普及与发展，在移动互联应用、电子商务环境的双轮驱动下，中国民生银行紧紧把握国家推行"互联网＋"战略所带来的重大机遇，紧密围绕客户需求，大力创新手机银行、直销银行、网络支付、移动支付等网络金融产品和服务，以产品升级为抓手、以客户体验为核心，不断提升金融服务水平。2015年底，中国民生银行在原支付产品基础上，借鉴金融同业、互联网金融科技公司支付经典案例与客户经营模式，推出了全新统一的支付品牌"民生付"，囊括八个核心产品，并结合市场动态与客户需求不断创新、丰富、夯实产品功能。

一、顺应市场发展，打造统一支付品牌"民生付"

中国民生银行以客户需求为中心，结合应用场景，着力打造一个全场景支付产品体系，致力于为个人与企业客户提供安全、便捷、跨行的线上线下支付服务，支持手机银行、网上银行、直销银行等全渠道和Ⅰ类、Ⅱ类、Ⅲ类账户及支付账户等全账户支付。基于此宗旨，中国民生银行整合优势支付产品，全新推出全场景支付品牌——"民生付"。

二、整合优势产品，打造统一支付品牌"民生付"

"民生付"针对不同应用场景，推出相应的产品功能，目前包括"民生付"闪付、"民生付"扫码、"民生付"代付、"民生付"代收、"民生付"监管、"民生付"快捷、"民生付"网关、"民生付"归集八大业务版块。

1. 条码支付因其独特的便捷性，已成为日常生产小额支付的主力支付方式。民生付扫码即是中国民生银行针对客户需求，推出的全场景条码支付产品，目前包括同第三方机构合作的条码聚合支付和银联体系的扫码支付产品。第三方聚合支付收款码支持微信、支付宝、京东等第三方支付机构 App 扫码支付；银联系扫码支付支持各参与行 App 扫码付款，并为客户免费赠送账户安全保险，确保交易资金安全。

2. 基于 NFC＋SE 的近场支付因其兼顾了安全性和便利性，最近两年逐渐受到市场关注。中国民生银行把握移动支付市场发展趋势，推出闪付系列产品，目前有 HCE 云闪付、Apple Pay、Samsung Pay、Huawei Pay、Mi Pay。

3. "民生付"代付和代收业务是中国民生银行利用人民银行、银联等通道，为客户提供批量代收代付服务，支持本他行收付款，可满足公共事业、教育机构、融资租赁、商贸连锁、保险、基金、运营商、物业、第三方支付机构等行业资金收付需求。

4. "民生付"监管指中国民生银行根据行业规范，面向第三方支付机构提供备付金存管、面向公私募基金销售机构提供基金销售监督、面向基金支付公司提供基金支付监督等业务，以保障客户资金安全。其中公募基金销售监管中国民生银行市场占比达60％以上，并且行业首家推出私募基金销售监督服务。

5. "民生付"快捷不仅包括面向第三方支付机构的快捷支付，还包括中国民生银行自主推出的行业快付产品。行业快付是中国民生银行结合市场实际需求，面向航旅、基金等实名支付商户推出的协议支付产品，体验同第三方支付机构快捷支付类似，交易可追溯，风险可监控。

6. "民生付"网关包括传统的PC端网银支付和新推出的in－app网关页面支付。中国民生银行PC端网关支付不仅支持民生账户支付，还支持工商银行、农业银行、中国银行、建设银行、交通银行、招商银行等十余家全国性银行和部分区域性银行。中国民生银行近期新上线了Apple Pay线上支付功能，为客户提供SDK网关，实现线上有卡支付。

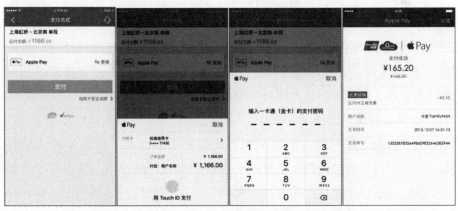

7. "民生付"归集是中国民生银行运用合作方通道，为客户提供跨行账户管理和资金归集服务，可实时或定期将他行账户资金归集至签约的民

生账户，以便于客户管理个人资金。

三、创新金融科技，打造全新支付生活

支付业务是网络金融核心业务之一，中国民生银行高度重视科技创新对支付方式、支付体验带来的巨大影响。近年来中国民生银行主动研究新兴技术，创新移动支付产品。

中国民生银行试水移动支付是从创新手机银行支付功能起步的，2012年手机银行正式上市以来，相继推出了多种移动支付功能，并率先依托手机指纹识别功能试水指纹支付，并在2013年推出二维码跨屏支付，客户使用手机银行扫描PC端网关页面订单二维码即可进行支付，随后推出了手机号转账功能，进一步提升移动金融的便捷性。自此，利用金融科技创新支付产品，已成为中国民生银行发展支付业务的重要方向。

1. 生物技术应用

2016年9月民生手机银行推出了虹膜支付，使用民生银行虹膜支付，只需在民生手机银行进行简单注册，支付时输入交易密码，点击确认进入虹膜验证流程，双眼对准手机屏幕上的验证框进行虹膜信息采集对比，验证通过，支付完成，短短1秒即可支付完成。

虹膜是位于人眼表面黑色瞳孔和白色巩膜之间的圆环状区域，具有唯一性、稳定性、非接触性等优势，是目前最精准、最安全的生物识别技术之一，将虹膜识别应用于支付领域，可有效解决安全性与易用性之间的矛盾。"虹膜支付"目前已逐步应用于手机银行话费充值、便民缴费、商城支付等全部支付场景，极大提升了交易的安全性和便捷性。

2. 智能可穿戴设备

随着智能可穿戴设备的日渐兴起，智能手表已几乎成为年青人的标配。民生银行紧跟时尚潮流，持续丰富移动支付产品应用，推出基于智能可穿戴设备的移动支付产品。2016年6月，出门问问公司携手民生银行举行了"优雅智造"发布会，跨界合作推出可穿戴移动支付Tic pay，是首个支持安卓系统智能手表的银联闪付支付产品。目前，民生银行已全面支持Apple Watch、Tic Watch 2、Huawei Watch 2的移动支付功能，涵盖IOS系

统和安卓系统智能手表，是业内支持终端类型最为丰富的银行之一。

3. 二维码聚合支付

2016 年 7 月，中国民生银行结合扫码支付市场前端需求与微信服务商合作案例，着手研发可支持微信、手 Q、支付宝等第三方账户与银行卡账户为介质的"二维码聚合支付"，短短 2 个月的集中封闭开发，就已经实现了主流微信服务商正、反扫及多项增值功能。

中国民生银行向小微商户提供二维码收银台，即可支持消费者通过微信、支付宝扫码付款给商家，相比传统收单工具，二维码收银台可以摆放或张贴在商户柜台，不需要 POS 机具，付款人通过微信、支付宝扫码即可完成支付，收款成功后商户可以接收到收款提示短信，也可通过移动商户平台进行交易查询及对账单下载。二维码收银台产品具有收单资金安全，直接入结算账户，借记卡和信用卡费率更优惠等特点，同时商家收款成功有实时提示，有效避免错收漏收的情况发生，也支持商家退款操作，并联网实时查询与对账功能。

随着银联二维码支付标准的推出，中国民生银行紧跟行业变化，积极进行系统对接，业内首批上线银联标准的二维码支付产品，支持多银行间客户端跨行互认，个人收付款实时到账且无任何手续费；向商户付款支持小额免密，通过为客户赠送账户安全险保障资金安全。后续中国民生银行将结合市场需求，逐步增加跨行扫码取现、主扫支付等服务。

4. 拓展支付场景

移动支付目前已成为个人客户最主要的支付方式，已渗透到日常生活的方方面面，因此只有掌握支付场景，才能真正获取客户。

中国民生银行今后将结合 II、III 类账户的便捷性，加快打造"II、III 类账户＋移动支付＋小额免密"的市场竞争模式，大力发展 II、III 类账户在移动支付场景的应用，尤其是在公交、停车、医疗缴费、会员支付方面，努力打造基于银行账户的支付生态圈。

四、运用多媒体全方位品宣，整合优势资源拓展场景

"酒香还怕巷子深"，品牌宣传直接影响着产品的市场影响力和客户认知度，因此中国民生银行高度重视新产品的宣传工作。新产品上线时，中国民生银行会通过合作媒体、微信公众号、产品折页、LED 显示屏、电子海报、ATM 屏幕海报等丰富多样的渠道进行产品宣传。同时中国民生银行高度重视合作机构的宣传效果，利用合作机构新品发布会契机进行借势传播。

在营销推广方面，中国民生银行依托手机银行 App 生活圈内的移动支付通过推出周周名品惠、限时抢购、民生嗨购季等营销活动，吸引客户使用支付产品，提高客户黏性。同时中国民生银行同银联及商户开展合作，持续推出开通云闪付并消费任意金额获赠民生积分、消费满减及随机立减等系列优惠活动，让利于民的同时培养客户使用习惯。

未来，民生银行将继续秉承服务民生的经营理念，提升零售客户与小微客户的支付服务水准，在移动互联蓬勃发展、支付需求层出不穷的大环境下，充分依托中国支付清算协会行业自律规范与业务开办指引，不断研究、创新适应市场发展、满足客户需求的好产品，全面提升支付效率与风险防范能力，打造用户有口碑、行业有影响、产品有深度的"民生付"品牌。

（网络金融部：吴欣、马兵、周勇、邓昊）

176

案例7：中国邮政储蓄银行
"邮e付"产品

一、项目背景

随着电子商务市场日趋繁荣，电子支付模式出现个性化、多样化的特点。客户对支付交易的便捷性、安全性以及易用性提出更高的要求。传统的 B2C 支付虽然具有很高的安全性，但是存在开通门槛高、交易流程复杂等问题；由非银行支付机构主导推出的快捷支付虽然解决了便捷性问题，但是在交易安全、使用范围方面存在局限，客户在不同的商户交易可能需要多次开通各家支付机构的快捷支付，造成客户信息泄露的隐患。为此，根据对客户需求的研究以及市场上各类支付产品的利弊分析，邮储银行推出了"邮e付"产品，成为由银行主导的快捷支付产品。

二、产品功能及特点

"邮e付"是邮储银行为个人持卡客户提供的小额、便捷、安全的在线支付结算服务。客户无需去网点，直接通过门户网站、个人网银、手机银行或者在交易过程中就可以在线开通该功能。该产品具有使用便捷、安全可靠、适用广泛的特点。

（一）使用便捷

1. 开通简便：客户只要在邮储银行预留手机号，就可以通过邮储银行门户网站、个人网银、手机银行或者在交易过程中直接在线申请开通。

2. 支付快捷：支付过程中只需要输入账号后四位或者"邮e付"账户名称、短信验证码及交易密码就能完成支付，支付过程中无需页面跳转。

（二）安全可靠

1. 信息闭环：所有操作均在银行页面完成，信息只在银行系统内保存，交易过程不需要输入银行账号，有效避免信息泄露；

2. 额度可控：客户可以自行调整交易限额，降低交易风险。

（三）适用广泛

1. 多商户支持：客户无需分别与多家商户签约，一次签约后可以在邮储银行所有合作商户中使用；

2. 渠道通用：PC 端及移动端均可自由切换，不受终端设备限制；

3. 结算多样：同步支持全款支付、担保支付等多种结算方式。

三、业务流程

（一）开通流程

在 B2C 交易过程中，在付款页面，可以直接选择"邮 e 付"，如果没有开通可以选择"立即开通"，进入开通页面。

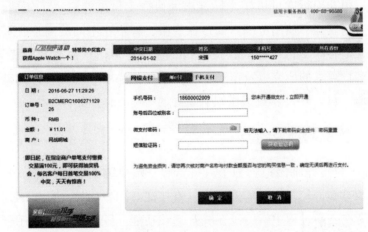

（二）交易流程

如果已经开通"邮 e 付"，则输入手机号、账号后四位或者别名、支付密码、短信验证码，即可完成支付。

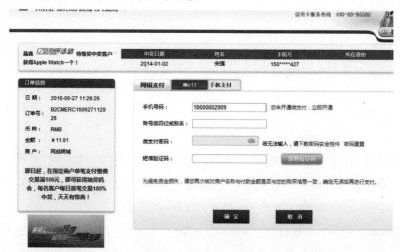

（三）功能设置

客户可以登录邮储银行门户网站，在"邮 e 付"菜单下进行限额修改、密码重置、手机号修改等功能设置。

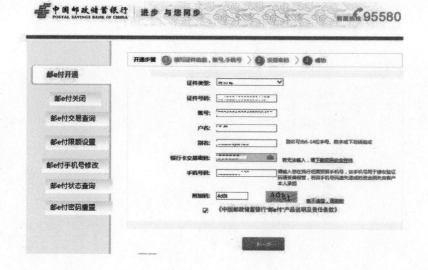

四、市场推广情况

（一）行业定位

"邮e付"于 2016 年 1 月正式推出，邮储银行将其定位于具有交易金额低、交易频率较高的小微支付行业，主要包括：零售综合网上商城、农贸产品销售平台、O2O 交易平台等。目前，邮储银行重点将该产品运用于电子缴费平台，该平台实现了小额缴费支付交易的电子化应用，该平台内的全部商户均支持"邮e付"。

（二）业务发展情况

目前，已有 100 余家商户支持"邮e付"。截止 2016 年 9 月，已有"邮e付"注册客户 62 万人，累计交易笔数 20 万笔、交易金额 800 万元。

（三）营销活动

邮储银行 2017 年计划大力推广"邮e付"，一方面，继续拓展零售综合网上商城、农贸产品销售平台、O2O 交易平台等行业商户；另一面，将重点与 O2O 平台商户开展"邮e付"专项营销活动，继续提升"邮e付"的品牌影响力，为邮储银行推进普惠金融起到示范作用。

案例1：中国光大银行跨境电子商务外汇支付业务

一、业务背景

中国光大银行搭建跨境电子商务支付处理平台，实现了向第三方支付公司提供 B2B、B2C、实时、批量结售汇等多样化业务模式支持，满足第三方支付公司多样化的产品需求；建立了"客户、交易、资金"全方位的风险控制体系，确保落实监管要求；建立了商户管理平台、差错处理平台等，为行内业务人员提供了完善的内部管理支持。该项目实现了监管部门对第三方支付公司外汇业务的有效监管，促进了跨境支付业务的健康发展；借助第三方支付公司支持他行卡的特点，发展光大银行优质潜在客户；打造"光大跨境支付"品牌，赢得市场机会。

二、产品创意和业务特点

秉承"网络里的光大银行"理念，光大银行将互联网支付产品由境内延伸至了境外，借助第三方支付机构庞大的客户群体，共同打造跨境支付服务平台，全面实现客户通过第三方支付机构使用人民币进行海外购物的应用场景，光大银行利用自身的结售汇系统与合作的支付机构完成结售汇及国际收支申报，在符合国家外汇管理局各项政策的同时，极大地方便了国内客户海外购物的需求，实现了国内客户不用外出旅游就能在家里完成境外商品购买的全流程。

外汇局《支付机构跨境电子商务外汇支付业务试点指导意见》出台，实现了监管部门对第三方支付公司外汇业务的有效监管，促进了跨境支付业务的健康发展，极大地方便了国内客户海外购物的需求。光大银行成为业内第一家通过外汇局正式验收、批复的跨境支付结售汇银行，成功打造了"光大跨境支付"品牌。

光大银行跨境支付系统特点如下：

第一，业务合规。光大银行跨境支付系统严格按照人民银行和外汇局的相关监管政策进行设计，在结售汇交易过程中，光大银行跨境系统实行逐笔核对机制，完全符合监管要求。做到事前、事中、事后的整个过程控制，形成闭环，有效采取了多重风控措施，确保本业务健康发展。

第二，操作性强。对于人民银行要求的客户身份识别规定，通过实名认证流程，间接通过发卡行鉴权接口实现，解决线上无法实现面签问题。

第三，全自动服务。以接口形式向第三方公司提供服务，大大减少了人工工作量，实现高效、精确的自动化运营，提供 7×24 小时的服务。

第四：配置灵活。充分考虑市场各种需求，通过参数控制的方式灵活实现各种应用场景（包括系统实时清算/批量清算等）。

三、业务流程

第一，购汇流程：国内卡持卡人到境外网站购物，选择第三方支付公司，第三方支付公司向光大银行发起个人购汇请求，光大银行实时进行关注名单查询，并且实时联机外汇局系统进行购汇额度登记，处理完毕后光大银行进行结售汇账务处理，并且将处理结果反馈给第三方支付公司。资金流向为第三方支付公司在光大银行的人民币备付金账户到第三方支付公司到光大银行外币的备付金账户，再通过外币备付金账户支付到境外商户的外币账户。

第二，结汇流程：外币持卡人到境内网站购物，选择第三方支付公司，第三方支付公司向光大银行发起个人结汇请求，光大银行实时进行关注名单查询，并且实时联机外汇局系统进行结汇额度登记，处理完毕后光大银行进行结售汇账务处理，并且将处理结果反馈给第三方支付公司。资金流向为第三方支付公司在光大银行的外币备付金账户到第三方支付公司到光大银行人民币的备付金账户，再通过人民币备付金账户支付到境内商户的人民币账户。

四、功能应用特点

光大银行为首家通过外汇局验收并对第三方支付机构提供实时自动化处理的银行；项目推动外汇局跨境支付规范性文件出台，促进跨境支付业务健康发展；打造"光大跨境支付"品牌，赢得市场机会，方便客户跨境购物收款，打破国外公司垄断，增强国内第三方支付机构竞争力。

1. 促进跨境支付业务健康发展。中国光大银行跨境电子商务支付处理平台为首家提供实时跨境支付自动化处理的平台，首家通过外汇局正式验收、批复的实时跨境支付处理平台。该平台的建设过程也是光大银行同外汇局以及第三方支付公司共同推动跨境支付业务健康发展的过程。项目的建设推动了外汇局《支付机构跨境电子商务外汇支付业务试点指导意见》的出台。

2. 打造"光大跨境支付"品牌、赢得市场机会。中国光大银行跨境电子商务支付处理平台提供了多样化的跨境支付产品，受到广大第三方支付机构的欢迎，同时也得到监管机构的认可和推荐。随着外汇局对第三方支付机构海外购物的业务逐步规范，并相继在北京、上海、深圳、浙江、重庆五个地区进行试点，光大银行将抓住这一有利时机，主动出击，凭借该产品的先发优势，迅速抢占业务合作先机，争取与更多的第三方支付机构达成业务合作，打造光大银行又一创新品牌。

3. 方便了国内客户海外购物的需求、增强国内第三方支付企业竞争力，打破国外公司垄断。全面实现客户通过第三方支付机构使用人民币进行海外购物的应用场景，光大银行利用自身的结售汇系统与合作的支付机构完成结售汇及国际收支申报，在符合国家外汇管理局各项政策的同时，极大地方便了国内客户海外购物的需求。实现了国内客户不用外出旅游就能在家里完成境外商品购买的全流程。同时，通过该项目扶持国内第三方支付企业，与 VISA、MASTER 国际卡组织、PAYPAL 公司形成竞争，打破垄断，打造国产品牌，支持国内第三方支付企业业务发展。

4. 为业务的发展提供了良好的技术平台。系统可以通过多种外部接口与统一客户关系管理系统、核心业务系统、数据仓库以及其他业务系统等相关系统进行数据交互，从而实现与外部数据的共享。依托该系统，业务部门可以根据需要对系统功能进行相应的扩充和挖潜，为今后的业务发展提供有力的支持。

5. 为业务管理和监控提供了高效的手段。采用统一的用户和权限管理、逻辑集中的部署方式使得各级管理者可以方便通过系统在权限内对所辖的业务进程、状态、总体情况进行查询，对有问题的业务处理进行及时干预和调整。系统通过生成各类业务处理的统计信息报表，并通过图表、列表等多种方式加以展现。

6. 扩大银行客户群体、发展优质潜在客户。利用第三方支付公司支持他行卡以及监管项目可获得客户真实信息的特点，扩大光大银行结售汇客户范围。该部分客户为活跃于互联网，并且热衷于海外消费的优质客户，光大银行统一客户关系管理系统将该部分客户留存为光大银行优质的潜在客户，光大银行业务人员通过营销手段进一步将优质潜在客户发展为光大银行优质客户。

7. 获得中间业务收益、促进银企合作。中国光大银行跨境电子商务支付处理平台提供的第三方支付公司接入的配置化功能使得光大银行能有效复制多家有资质的第三方公司，并且成本较低。中国光大银行与第三方支付公司开展跨境支付业务合作在满足客户体验易用性的同时，能为光大银行带来结售汇汇差收入、海外商户外汇资金汇款手续费、电子支付交易手续费等中间业务收入，而且还能引入第三方支付公司人民币备付金存款及外汇备付金存款，增加沉淀资金，有利于促进银企之间长期稳定的合作关系。

五、产品营销

中国光大银行跨境电子商务支付处理平台自投产后凭借与其他金融服务打包营销的方式。受到广大第三方支付机构的欢迎，拟开展跨境支付业务的第三方支付公司纷纷与光大银行签订跨境支付业务合作协议和外币备付金存管协议。

未来，光大银行还将一如既往地致力于平台搭建，不断优化业务功能、接入更多的合作伙伴，共同为客户提供方便快捷的跨境支付服务，光大银行在跨境支付业务发展方面选择的是一条开放、合作、共赢之路，我们还将坚持不懈地继续走下去，与合作伙伴共谋发展、共创未来。

六、业界评价

光大银行跨境支付项目促进了国家外汇局针对跨境支付业务《支付机构跨境电子商务外汇支付业务试点指导意见》出台，满足了监管部门对第三方支付公司外汇业务的监管要求，促进了跨境支付业务的有序、良好发展，方便了国内消费者海淘的需求。光大银行成为业内第一家通过外汇局正式验收、批复的跨境支付结售汇银行，成功打造了"光大跨境支付"品牌。

该项目实施后，受到广大第三方支付机构欢迎和监管机构的认可和推荐。截至2015年底，光大银行已与多家获批跨境电子商务外汇支付资质的第三方支付公司签署合作协议。

光大银行2014年获得人民银行颁发的银行科技发展三等奖。

（电子银行部副总经理　许长智，电子银行部产品经理　于亮）

案例 2：中国光大银行宁波分行普惠金融移动支付平台业务

一、业务背景

为贯彻落实人民银行宁波市中心支行关于建设"宁波普惠金融综合示范区"的工作部署，构建"全面覆盖、重点渗透、服务便利、信用完善、权益保障"的普惠金融体系，要在全面深化改革背景下推进宁波市金融业的转型升级。

从 2012 年开始，清算中心启动了移动金融公共服务平台相关系统的建设工作，目前已初步建成应用提供方 TSM 平台和大数据分析平台。根据《宁波普惠金融综合示范区试点方案》，在未来的一到三年内将逐步开展多个移动金融应用平台的建设工作，如金融消费者权益保护平台、农户信用档案信息平台、理财平台、现金管理平台、跨行移动支付平台等。

随着移动互联网的快速发展，社会对移动支付服务需求日益迫切，有必要打造一个全新的跨行移动支付平台。

二、产品创意和业务特点

近年来，宁波市按照全面深化改革的战略目标，积极推进普惠金融体系建设，取得了一定成效，但是部分民生领域的金融服务仍然比较薄弱，因此根据人民银行宁波市中心支行的工作要求，急需打造一批符合普惠金融发展方向，贴近老百姓日常生活，满足市场需求的金融工具和产品，为社会公众提供全方位的金融服务。

2014 年，在宁波市中心支行的统一部署下，清算中心参加了由国家发改委和人民银行总行组织的宁波市移动电子商务金融科技服务创新试点，负责实施了 TSM 平台的建设工作，目前应用提供方的 TSM 平台已基本建成，但平台上的金融应用还比较少。因此需要新建一批符合安全可信移动金融规范的应用，来推动标准落地以及相关产业链的发展。

同时，随着电子商务的蓬勃发展，互联网支付、移动支付等新兴支付方式的不断涌现，支付环境快速变化，支付服务分工更加细化，对传统的支付渠道提出了不小的挑战。因此有必要迎合科技发展，拓展新的支付工具和渠道。

根据《宁波普惠金融综合示范区试点方案》，光大银行宁波分行结合已经建成的电子交换系统、金融 IC 卡多应用系统、移动金融应用提供方 TSM 系统以及数据仓库系统，确定了在公共服务和电子商务等领域提供跨行移动支付应用作为其中的一个发展方向。以发展普惠金融为目的，将电子交换系统先进成熟的处理方式与手机丰富的应用场景相结合，为金融服务宁波实体经济和互联网经济提供一个安全便捷的支付渠道。

三、业务流程

整个系统主要依托移动金融综合门户平台，在手机端实现转账、缴费和电子现金圈存三个应用。在后台服务端打造一个基础性的支撑平台，满足手机接入以及业务处理的需要。

1. 系统总体架构

整个系统主要依托移动金融综合门户平台，在手机端实现转账、缴费和电子现金圈存三个应用。在后台服务端打造一个基础性的支撑平台，满足手机接入以及业务处理的需要。

（1）综合门户平台

作为手机端的统一入口，负责跨行移动支付平台中转账、缴费和电子现金圈存三个 App 的下载、更新、启动和退出。另外，还负责上述三个 App 用户的统一管理，包括注册和登录等。

（2）跨行移动支付平台

跨行移动支付平台是此次新建的平台，接收手机端发送的交易报文。对于涉及资金的交易，交由电子交换系统处理；对于非资金类报文，则直接与商业银行对接。该平台与光大银行直接相连，不在光大银行布放前置机。中心端做服务器，各商业银行采用 IBM MQ 客户端与其通讯。在网络上，共用宁波市资金清算网，不再另外组网。

2. 移动客户端功能

（1）转账

转账应用主要通过手机端操作实现客户资金的转账，包括基于 SE 的金融 IC 卡转账和采用 NFC 功能的金融 IC 卡转账两个功能。即支持付款账户必须是金融 IC 卡账户；收款账户可以是金融 IC 卡账户，也可以是非金融 IC 卡账户或存折账户。在转账前，用户须对付款的金融 IC 卡设置线上支付密码。设置成功后，即开通了该卡的转账功能。

系统设立同名账户转账交易（收付款为同一人），该类交易的限额可以适当放大，限额可以根据参数配置进行调整。收付款账户是否为同名账户的校验方法：用户输入收款账户账号和户名后，系统自动与付款账户比对户名是否相同，不相同的直接退票；相同的从后台数据库提取付款人身份证号等信息后，一并向收款银行发送实名认证报文，验证通过后发起转账交易。转账 App 既要支持独立的 App 形式，内嵌到综合门户应用；也要支持手机插件形式，支持第三方机构调用。

①基于 SE 的金融 IC 卡转账

"基于 SE 的金融 IC 卡转账"是指用户通过一定的开卡方式，在手机的 SE 上开设一张新的银行 IC 卡账户，并发起此账户作为付款账户的转账业务。该业务最大特点是转账信息中包含了金融 IC 卡芯片信息，视同插卡。

开卡完成后，用户即可办理转账业务。转账时在 App 界面上选择已经在手机上开通的付款账号，再输入收款人账号、收款人名称、收款银行、线上支付密码和转账金额等要素送平台管理系统。平台管理系统进行相关处理后返回转账结果。其中与 SE 交互，以及转账的录入界面，由清算中心提供插件，供开发商调用完成。

②采用 NFC 功能的金融 IC 卡转账

目前人民银行总行力推的手机安全支付方式，代表着未来的发展方向，也是转账应用中开发的重点。但是此种方式用户需更换安全介质，因此存在一定的推广期。

采用这种方式，前提是用户在综合门户中注册的实名信息，必须和贴卡操作的金融 IC 卡是同名账户。用户使用手机 NFC 功能与自己的一张金融 IC 卡进行近场非接通信，读取金融 IC 卡芯片上的付款银行账户信息，再输入收款人账号、收款人名称、收款银行、线上支付密码和转账金额等要素发送至平台管理系统。平台管理系统进行相关处理后返回转账结果。其中采用 NFC 功能与金融 IC 卡交互，以及转账的录入界面，由清算中心提供插件，供开发商调用完成。

③账户和转账明细查询

用户登录综合门户应用后，可以查询所有已经开通过的金融 IC 卡，也可以对指定金融 IC 卡一定时段内的转账明细进行查询。

④交易限额设置

用户可以对指定金融 IC 卡设置单笔最高交易金额和日累计最高交易金额。

（2）付费通实时缴费应用

手机付费通实时缴费是综合门户内嵌的一个应用，是指用户通过在手机上输入用户号，实现水电燃气等公用事业待缴费用信息的查询，以及完成待缴费用的缴纳。具体包括用户欠费信息的实时查询和用户待缴费用的实时缴纳。

（3）电子现金圈存应用

手机圈存应用是指客户资金从个人的主账户，划拨到电子现金账户，并将金额值写入手机的 SE 中或采用 NFC 功能写入到金融 IC 卡芯片中，用于近场支付的应用。根据后台主账户和电子现金账户是否在同一个行，可以分为本行手机圈存应用和跨行手机圈存应用。

①本行圈存

本行手机圈存应用是指客户在手机端发起同一银行间的电子现金圈存交易请求。请求信息至少包含：行号、圈存账号、圈存金额和线上支付密码等。提交平台管理系统处理后，把写卡文件推送到手机端，写入到手机 SE 或金融 IC 卡芯片中，并把写入结果回送给平台管理系统。

②跨行圈存

跨行手机圈存应用是指客户先借助转账应用的两种方式之一，实现资金从付款行划拨到待圈存的银行账户，然后再进行本行手机圈存应用的相关步骤。

该圈存交易分两步进行。进行转账交易，转账成功后，再进行圈存交易。圈存失败后，转账金额将不再退回。

上述两个圈存交易从发送请求至写卡文件写入 SE 完成，系统应锁定，防止用户进行其他操作。锁定操作原则上不超过 60 秒，对于在 60 秒内未收到圈存写卡文件，系统能根据原交易流水进行查询，若有查询结果，且圈存成功，并把写卡文件写入到手机 SE 中，并把写卡结果返回给后台管理系统。

3. 系统用户特点

系统用户分为两大类，一类是手机 App 的使用用户，另一类是与手机 App 相连的平台管理系统的用户。手机 App 的使用用户由综合门户平台统一进行注册和管理。

平台管理系统的用户主要分为操作人员和系统管理人员两类。不同类别人员有不同的权限和职能，在平台中每类用户可以有多个。未来随着平台业务拓展，可能会增加新的用户种类，平台设计时应能充分考虑此因素，形成科学、灵活的用户、角色和权限管理架构和流程。操作人员可以监控平台运行情况；系统管理人员可以锁定异常状态手机用户、数据查询统计、备份恢复、向指定用户推送信息等功能。

四、功能应用特点

1. 本项目采用"市场化运作、资源共享、互利共赢"的模式发展。通过建立一定的利益分享和风险共担机制，在客户、银行、公用事业单位以及合作的第三方机构之间分摊一定的建设成本，分享一定的收益，促进整个项目有序健康发展。

2. 方便持卡人通过移动互联网实现转账、缴费和电子现金圈存等应用，同时利用金融 IC 卡的防抵赖和防篡改等安全特性来保障支付交易的可靠和完整，方便持卡人更好地享受金融服务。

（宁波分行信息科技部总经理　翟海军，电子银行部产品经理　宋炎）

案例 3：华夏银行 E 商宝（B2C 网上支付）产品应用

一、产品简介

E 商宝（B2C 网上支付）产品，是华夏银行通过互联网或专线网络，为客户和特约商户办理基于人民币账户的支付结算业务所提供的电子平台。B2C（Business to Customer），是企业对消费者的电子商务模式。这种形式的电子商务一般以网络零售业为主。目前华夏银行系统支持华夏银行借记卡和信用卡的支付结算。

特约商户：简称商户，是指与华夏银行合作，使用华夏银行 E 商宝电子商务平台为其个人客户的交易活动完成在线转账支付、资金结算等业务的电子商务平台、第三方支付机构和其他企事业单位。

二、适用客户

具有在线资金结算支付需求的以下各类商户：

1. 取得从事电子商务经营资质，有在线销售需求的客户，包括各类电子商务平台。服务的商户类型包括但不限于以下公司：

（1）保险公司：已服务平安、人保等保险公司；

（2）团购网站：已服务美团网等团购网站；

（3）旅游网站：已服务去哪儿网、携程、途牛等旅游网站；

（4）基金门户网站：已服务汇添富基金、天天基金网等基金门户网站；

（5）其他互联网＋产业：家装电商、票务线上销售平台、校园卡等。

2. 中央、地方财政非税收入电子缴库的客户，如：财政部、交通管理局。

3. 第三方支付公司。已服务的第三方支付公司包括支付宝、财付通、京东金融（网银在线）等主流支付公司。

三、产品特色

（一）业务覆盖全面。通过对接 E 商宝产品，商户可以进行多个种类的支付结算交易，如：支持信用卡和借记卡的快捷支付、网关支付、电话支付、手机支付、冻结支付、打款等诸多功能，能够有效满足电商购物、税费缴纳、新产品试用、场地预订、租车等各类场景的支付需求。

（二）个性化业务定制。根据商户的运营、财务、营销等要求，为商户定制个性化支付结算解决方案。针对商户需求设计的个性化解决方案，已投产的"商户侧上送网关支付卡号"功能，满足了联付通的运营需要；汇总代发、汇总退款功能解决了支付宝、财付通企业账户借方巨量明细导致的对账不便问题。电子账户冻结支付及代扣功能用以满足中国联通"0元购机"上门营销的需求。

（三）交易发起便捷。商户除了可通过企业网银手工发起交易外，也可直接调用支付接口自动发起交易。

（四）二级商户管理。系统具备二级商户管理功能，方便第三方支付公司拓展和管理自有的二级商户。

四、产品功能与优势

（一）快捷支付

功能：快捷支付是目前应用最为广泛的支付方式，客户仅需填写鉴权信息即可发起支付。客户首先在商户网上商城将客户的基本信息发送到华夏银行进行验证通过后，再在商户网上商城发起支付，由华夏银行直接扣划客户款项。

优势：开通方便，操作简单。持卡人只需将其华夏卡开通账务短信通知服务即可在合作商户绑定和发起快捷支付，无需登录网银进行注册。

应用场景：与支付宝对接 E 商宝快捷支付业务，客户在支付宝首次使用华夏卡支付时，需在支付宝端提交完整的华夏卡信息，包括：卡种、卡号、姓名、身份证号码、手机号。支付宝通过快捷支付鉴权接口，将信息发送至华夏银行核心系统进行校验，全部通过后完成快捷支付首次验证。客户再次支付时，只需根据支付宝业务规则，通过支付宝所需的验证手段（小额免输密、指纹支付、支付密码、短信验证码等）即可完成 PC 端或移动端的支付。此场景可推广至其他第三方支付机构及电子商务平台，通过对接快捷支付接口，实现 PC 端和移动端的快捷付款。

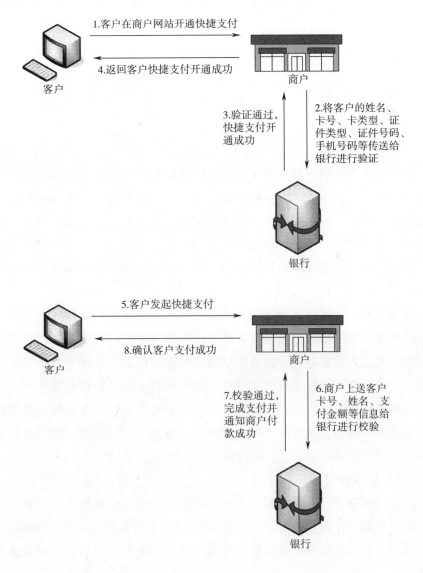

（二）网关支付

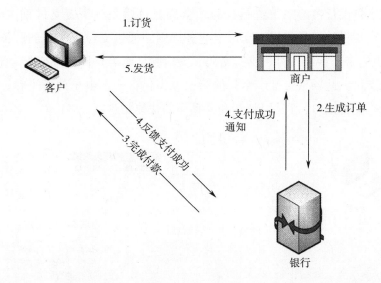

功能： 客户在商户网上商城下订单，通过 E 商宝系统支付网关进行验证后支付的电子支付方式，具体包括一般支付、预授权类（含预授权、预授权撤销、预授权完成、预授权完成撤销）、冻结类（含冻结、解冻、解冻支付、自动扣款）等交易类型。

优势： 灵活的支付限额与安全验证联动体系，满足支付场景多样性的需要。

应用场景： 以往联通做上门营销时需要业务员手持移动 POS 为客户办理银联卡预授权冻结，且预授权有 30 日的冻结期限，业务开展不便。上线电子账户冻结支付业务后，联通指导有购机意向的客户在线开通电子账户后并通过电子账户绑定他行卡实现资金冻结操作。结合营销品类，联通可后续开展冻结期满全额解冻、解冻支付、电子账户定期代扣套餐话费等单一或组合营销活动。此方案可推广至其他对于跨行冻结支付、跨行代扣有需求的大型优质企业，例如：中国移动、中国电信等。

（三）协议支付

功能： 华夏银行通过与客户签订服务协议，将客户在华夏银行开立的银行账户与客户在商户注册的用户 ID 进行绑定，并生成协议号，华夏银行在收到商户发送的以协议号标识的交易指令后完成支付交易，从而实现客

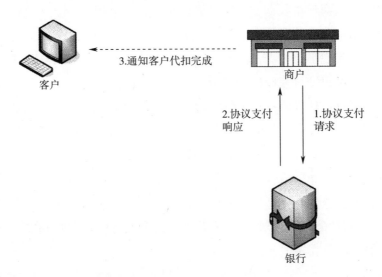

户在商户网站完成直接付款业务。

优势：适用于对与本商户完成协议签约的客户开展受托类支付与代扣业务的需要。

应用场景：与江苏登记结算交易中心（以下简称苏登）对接协议支付，解决交易市场本行个人客户的入金问题。客户在苏登完成交易会员注册后，登录华夏银行网上个人银行证书版签约与苏登的协议支付，授权其签约华夏卡可被苏登代扣。当苏登接收到客户的入金指令后，会通过协议支付接口从其银行卡代扣相应的金额，金额扣划成功后，在交易端为客户账户增加相应的入金金额。配合代发业务的出金功能，实现交易市场会员的资金划转。此方案可推广至有本行代扣需要，但资质又达不到对其开放所有华夏卡无条件代扣功能要求的商户。即客户需先自主签约授权，成为商户的代扣白名单内的客户。商户也只能对白名单内的客户实施代扣。

（四）代发业务

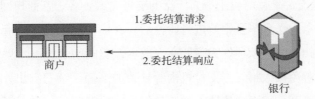

功能：指商户将收款方的转账信息发送到华夏银行后，华夏银行直接扣划商户指定账户款项的电子支付方式。

优势：实现第三方支付公司账户余额实时提现功能，无需通过插 U 盾登录，企业网银即可完成代发操作。

应用场景：代发业务与支付宝对接，可实现支付宝余额提现及余额宝转出至华夏卡的操作。与电子商务平台对接，可以实现向本行卡的工资代发。与交易市场对接，可实现交易市场会员的本行出金操作。该方案可推荐给有从本行企业账户转账至本行借记卡或贷记卡需要的商户，不过要注意的是，如果合作商户是第三方支付公司，根据备付金相关管理制度，只有在华夏银行开立备付金收付户或存管户的公司才能使用该功能，开立备付金汇缴户的公司不能使用。

五、营销与创意

1. 通过 E 商宝与华夏银行其他产品的组合应用为财付通提供了更便捷的服务。华夏银行于 2013 年与财付通开展 E 商宝快捷支付业务合作，E 商宝快捷支付业务支持信用卡和借记卡，支持打款、退款、撤销、对账等诸多功能，为财付通的各类线上支付业务提供全面服务。通过与财付通开展 E 商宝打款业务合作，将微信原有通过超级网银跨行方式提现变更为通过华夏银行 E 商宝系统打款功能实时提现，一举解决跨行微信提现到账延迟、掉单严重、节假日由于人民银行跨行清算系统暂停而无法微信提现的问题，进一步完善微信提现功能，保障春节等重要节日微信抢红包等活动的顺利进行，改善华夏银行客户体验。银企直联可作为财付通提现打款功能的备份，实现 7×24 小时无间断服务。银企直联可为财付通提供清晰的入账明细查询和来账信息显示功能，提升对账效率。

2. 快捷支付是目前应用最为广泛的支付方式，客户在商户网上商城将客户的基本信息发送到华夏银行进行验证后，在商户网上商城发起支付，由华夏银行直接扣划客户款项。为降低商户成本，美团网通过与华夏银行 E 商宝系统直连，避免接入第三方支付机构所导致的高额手续费支出，同时也加快了资金周转速度。美团网快捷支付业务上线一段时间后，分行了解到其经常

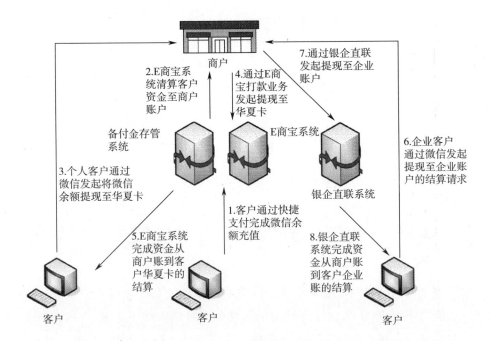

开展抢购和秒杀等活动，在活动期间产生大量交易情况，为防止掉单数量过多，推荐商户使用 E 商宝单笔交易查询接口查询订单状态并补单，同时将美团网的单笔交易查询时间间隔调整为 10 秒，有效支持了美团网业务的开展。通过协定存款提升商户资金收益。美团网在分行签约协定存款利率，用于日常结算的资金按照活期利率计息，但超过定额部分的资金按照协定存款利率计息，利率远高于活期存款，同时资金的流动性远高于定期存款，兼具收益高和流动性高的优势，到期后自动延期，无需人工操作。

3. 2013 年 10 月，长沙分行与中移电商正式开展备付金业务合作，中移电商在长沙分行开立了备付金收付账户。应用 E 商宝受托代扣业务实现营业收入归集管理。为实现客户需求，2016 年 6 月长沙分行与中移电商正式开展"E 商宝受托代扣"业务合作，中移电商财务人员通过管理系统，向其加盟店、网上合作商指定华夏卡进行资金扣缴，实现代充话费和合约手机销售额定时、准确、快速回笼至中移电商在华夏银行备付金收付账户。正式上线后，年代扣业务量突破 2 亿元，直接带来对公存款 5000 万元。基于 E 商宝受托代扣业务平台，下一阶段实现华夏银行在中国移动加

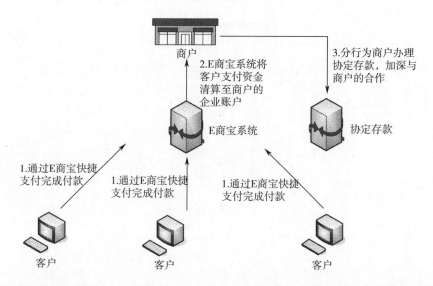

盟店等销售网络的线下收单布局。目前中国移动仅长沙分行及二级分行所辖加盟店将近 7000 个，分行将与中国移动开展辖内线下 POS 的布设，让加盟商办理华夏卡做收单使用，通过 E 商宝受托代扣完成资金归集。

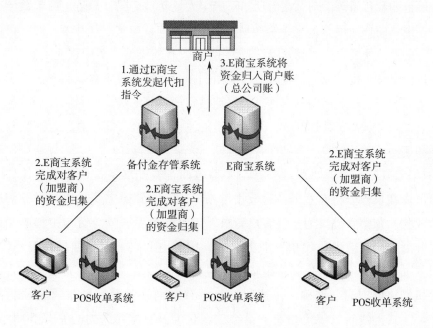

（华夏银行电子银行部　阙志斌）

案例4：北京银行互联网线上收单平台产品介绍

我国电子商务的迅猛发展，不仅创造了新的消费需求，引发了新的投资热潮，开辟了就业增收新渠道，而且为大众创业、万众创新提供了新空间。电子商务正加速与制造业融合，推动服务业转型升级，催生新兴业态，成为提供公共产品、公共服务的新力量，成为经济发展的新型原动力。电子商务是"互联网＋"行动计划的核心内容之一，未来一个时期，电子商务将沿着"融合传统、培育新兴"的创新发展方向，与其他产业深度融合，以产品创新作为核心竞争力，以营销宣传作为重要推动力，抢占先机、提升市场占有率。

在市场高度融合的发展趋势下，面向单一客群的产品设计思路面临挑战，链条型、体系化的服务模式将更具市场竞争力。随着国内互联网金融的快速发展，各市场参与方几乎都第一时间将精力投向了银行卡收单业务，并逐渐由线下向线上转移。北京银行密切关注市场动态，在电子商务市场不断变化发展的新形势下，坚持创新研发，以产品建设为核心，建立完整的产品线，积极营销推广，准确把握客户需求，为客户提供高效的金融服务，以互联网思维为核心，兼顾产品、人员、客户等方面，形成从外围向中心的整体解决方案。以先进的电子商务经营理念为指导，创新金融产品和金融服务；将"主动服务"的理念作为趋向于服务客户的竞争原则，从而加速业务创新，使服务更贴近客户需求；以转变经营理念、变革商业模式、再造组织体系、重组业务流程为指导，将电子商务领域的金融服务创新作为未来发展的战略重点，获得自有客户及潜在客户的市场占有份额。

随着互联网环境的不断发展，电子商务的市场格局也在发生转变，互联网金融下的收单环境已经不再是一个孤立产品的竞争环境了。过去几年行之有效的、单独的 POS 收单产品竞争力正在逐步减弱。就收单业务而言，不仅要面向商户继续提供传统线下渠道 POS 收单，还要提供创新的互联网线上渠道收单；不仅要提供本行卡收单，还要提供他行卡收单，从而以产品线的方式连接上下游交易参与方，获取数据信息。

为满足商户对于互联网收单的迫切需求、提升持卡人在线支付体验，北京银行于 2014 年启动搭建互联网收单平台，定位于具有本行和跨行支付需求的互联网、电子商务等企业，拥有自建系统和平台，为其用户提供在线支付服务。2015 年初，平台正式上线运行，既为电子商务企业提供了完善的结算、管理等金融服务，又为银行持卡人提供了便捷、高效的支付通道，连接交易双方的信息交互。平台集成本行支付、跨行支付、订单管理、查询对账、差错处理等功能模块，为寻求线上收单业务的商户提供了互联网"一站式"资金结算方案。2016 年，北京银行在现有收单平台的基础上，顺应市场需求，推出移动端"线上收单平台"，在手机端即可实现商户的在线收单和持卡人的在线支付，进一步拓宽了产品应用场景，提升了客户体验。

传统模式下，银行与电子商务企业对接，只能满足本行内的支付业务需要，商户若要实现跨行支付须与各发卡银行或第三方支付机构分别对接，这种方式效率低、成本高。北京银行互联网收单平台的跨行支付功能为此提供了高效、经济的解决方案——商户无需投放大量系统开发资源和商务资源对接多家银行和第三方支付机构，只需一点接入北京银行互联网收单平台，即可实现几乎面向所有银行的跨行线上支付。持卡人提交订单后选择北京银行支付入口，可持任一带有银联标识的银行卡通过快捷或网上银行方式进行支付，对商户而言，大大降低了业务成本和运营成本，对持卡人而言，支付方式灵活多样。不仅如此，北京银行互联网收单平台能在 T＋1 日为电子商务企业结算交易资金，大幅提升资金流动性，平台的价格优势也成为企业降低财务成本的关键要素。

充分发挥产品优势，准确定位目标客户，有效开展营销推广，是推动线上收单业务发展的首要原则。目前市场的电子商务客户主要分为第三方支付机构以及直联电子商务平台两大类别，除原生互联网企业之外，越来越多的传统行业也开始寻求电子商务的发展机遇，开始自建电子商务平台。北京银行顺应行业发展趋势，关注行业发展动态，在满足互联网企业电子商务需求的同时，总行、分行、支行三级联动挖掘线下企业的电子商务业务需求，特别重视与线下知名企业的线上合作，将电子支付作为切入点与商户建立起合作伙伴关系，逐步实现其他业务的全面合作。除此之外，对于传统优质客户，我们在完善自有产品的基础上，通过调整定价策略，以让利换空间；充分研究客户特性与比较优势，有针对性地将互联网收单平台重点功能模块与企业结算需求相融合。及时采集当地商户信息名单，获取商户信息，分解和落实"名单制营销"，同时充分挖掘现有资源，向业务模式与线上收单相近的企业推广该平台的高效结算服务。

与此同时，采用产品营销多样化、业务推广持续化的策略扩大市场占有率。明确产品优势，锁定目标客群，制订精细化营销推介策略。通过不断总结完善，逐步形成了一套行之有效的产品营销方案，并在具体营销内容和营销模式上实现创新和突破，多平台、多角度拓展营销活动领域，为商户和持卡人提供多方位的专享优惠，提升品牌知名度，从而深入挖掘潜在客户；针对互联网收单平台的产品优势，在银行内部各级机构持续组织开展营销培训，极力提升一线人员的营销能力和营销积极性，从而为推广线上收单业务奠定坚实基础。

鉴于互联网收单市场的发展趋势以及对产品竞争力的高要求，我们努力打造专业性强、综合素质高的产品研发、营销和风险管理团队，团队成员在学历、资历以及从业经历等方面均具备领先优势，是一支成熟、严谨的专业队伍。为了不断提升团队成员的创新研发能力，在团队负责人的带领下，团队以内部培训为主，辅以外部引进，组织学习讨论，并通过与监管、银联、同业和第三方支付机构的进一步沟通交流，在日常工作中提升专业素养。

在大力推广线上收单业务发展的同时，我们对于风险防控的要求也绝不放松。严格遵循监管规定，审核合作商户的各项资质，防控准入环节风险；银行内部制定操作规程及管理制度，防范内部操作风险，同时排查业务风险隐患，强化各项规章制度执行力度，组织业务操作培训，多方位防控风险；搭建交易监控及反欺诈系统，对于持卡人发起的可疑交易和关键交易进行实时预警，并及时拦截高风险交易，通过分析交易数据升级完善监控规则；团队指定成员密切关注风险形势，记录、分析风险案例，不断优化业务风险防控机制；对外通过网站、微信、现场活动等多种形式宣传交易安全知识和防范风险的方法，提高客户风险防范意识和防控能力。

经过市场调研、创新研发、营销推广以及风险控制，北京银行互联网收单平台已为北京建筑大学、北京联合大学等多家高校以及易网聚鲜等多家电子商务企业提供支付通道及资金结算服务，自 2015 年产品上线至 2016 年 10 月，已累计实现交易金额近 2 亿元。为满足北京高校电子化、信息化的转型理念，北京银行将互联网收单平台与学校的缴费系统对接，面向在校师生搭建便捷支付通道，持有任一银行的借记卡或信用卡均可轻松通过互联网完成学费缴纳，改变现场排队刷卡或携带大量现金缴费的传统方式，为校方和学生都提供了极大的便利。平台的高效结算和对账以及详细的订单查询为校方的财务管理降低了成本、提升了效率。针对学校缴费金额的特殊性，考虑到学生操作的便捷性，互联网收单平台的支付通道还进行了个性化完善，充分适应学校和学生的使用习惯。凭借该项创新金融服务，北京银行互联网收单平台在"2015 全球互联网经济大会上"荣获中国电子商务协会和中国电子商务博览会组委会联合颁发的"2014 - 2015 年度电商创新成长奖"，获评"最佳电商金融服务"。

互联网金融发展对银行业开展收单业务起到了正面、积极的推动作

用，北京银行正是在这样的环境和契机下加快技术和产品创新、加强业务拓展力度、提升客户服务品质，充分把握互联网给电子商务市场的蓬勃发展所带来的机遇，将互联网化的金融产品创新作为降低成本、提高效率、拓展市场和创新经营模式的有效手段，立足以客户需求为导向，坚持务实创新，以互联网收单平台为起点，不断开拓电子商务业务的新领域。

案例5：山东农信智e购商城

一、商城建设背景

2015 年，"互联网＋"上升为国家战略，为银行业带来前所未有的机遇和挑战。在互联网技术的推动下，"互联网＋"正在改变每个行业的发展模式。新的消费模式与大众金融、普惠金融相结合，催生了新经济、新金融，促使金融领域产生新业态。近年来，国有大型商业银行、股份制商业银行主动"触网"，自建线上平台，抢滩市场。商业银行越来越多地利用互联网技术改变传统金融服务模式。互联网公司也将服务拓展到金融领域，与银行展开竞争，依靠大数据、云计算，及其掌握的客户数据资源和行为信息，不断进行金融产品创新，互联网金融已成为新金融的推进器，并逐渐向规模化、产业化方向发展，带动更多的银行实现转型升级。作为以"三农"为主要服务对象的农村金融机构，借互联网之力，以创新、进取、包容的心态，进一步提高支农惠农服务水平，快速适应互联网时代的金融生态环境和客户需求变化，与各方携手打造跨界、开放的互联网金融平台，成为山东全省农村商业银行应对挑战、抓住机遇的必然选择。

随着电子银行产品的普及和互联网金融的兴起，全省电子银行客户数不断增长，网上支付业务突飞猛进，电子银行客户群体相对稳定，并逐步成熟，对互联网服务接受程度较以往大幅提升。与此同时，国内银行业在互联网金融平台建设方面已有成熟的实施经验可供借鉴，建设互联网金融服务平台的条件已经成熟。

二、商城建设情况

自 2013 年起，山东省农村信用社联合社（以下简称省联社）开始研究互联网金融应对策略，经过多方考察学习，确定了以互联网金融平台建设为切入口，利用互联网技术开展互联网金融服务的总体思路。

省联社于 2015 年 10 月启动金融服务平台项目（即智 e 购商城、智 e 生活社区 O2O 服务和智 e 付互联网支付，以下统称智 e 购商城）建设，领航开启全省农商银行的互联网金融发展之路。不到一年的时间，完成系统研发、功能测试等工作，并于 2016 年 9 月 10 日起在济南办事处、潍坊市联社以及济南、青州、诸城和高密农村商业银行开展内部试运行。目前，试运行工作已在全省农商银行全面推开。

按照当前组织机构管理模式，金融服务平台分两级运营管理模式。

省联社借助省级平台优势，与京东等知名度高、影响力大的电商合作，将综合电商服务引入商城，开展"金融＋电商"链式服务，提升农村金融服务品质。

各农村商业银行依托点多面广的服务优势，利用商城中的"农商银行"专区，自行拓展商户，自主展示特色金融服务，灵活开展宣传营销，打造"金融服务＋购物消费"全方位体验场景。通过集聚整合全省资源，带动金融、电商、小微企业"多业联动"，促进区域经济互联互通，构建银行、客户和商户三方共赢的金融产业链，不断获得新客户，留住老客户。

三、商城功能介绍

智 e 购商城以电商和社区 O2O 作为对外服务门户，实现商城用户、商户管理以及商品交易、结算等场景服务；以智 e 付互联网支付系统作为账务管理核心，满足客户账户管理和互联网支付服务需求。主要包括以下功能：

（一）智 e 购商城

商城页面以个性与包容相结合为特点进行设计，其中横向可自由切换"全省首页"、"农商银行"等页面，展示区域特色商品和金融产品；纵向设置电子银行、农用物资、日用百货、精品悦购、社区生活、便民缴费等版块，实现专业化、一站式服务。

205

电商服务。省联社与各农商银行分工协作，将优质商户引入商城，实现日用品从车间到手边、粮食果蔬从田间到舌尖的快速流转，解决服务"三农"的"最后一公里"难题。省联社重点引入阿里巴巴、京东等综合电商，将其产品服务接入商城，提供日常生活用品、家用电器、全球购产品等。农商银行重点引入本地优质农资类商户。其中，"农用物资"专区向农村客户在线销售化肥、种子、农药、农机等农资产品；"山东特产"专区向城镇客户在线销售具有山东特色的蔬菜、水果、生鲜、农副产品等，打通农产品进城渠道，实现原产地直供，降低果蔬类产品因多环节流转产生的大损耗率。同时，为全省农金会员设置专属服务版块，由农金会员为村民提供农资产品批发、生活用品购买等代客服务。

金融服务。围绕个人和企业客户金融服务需求，开展线上推介、线上营销，提供覆盖全省农村信用社的"一揽子"金融服务。打通网银、手机银行等电子银行服务渠道，实现客户统一识别、联合登录，以商城为载体，实现电商客户与银行客户的双向引流，促进消费金融与财富管理的融合发展。

便民生活服务。在商城"便民缴费"专区，集中提供水、电、暖气、话费、有线电视费等生活缴费服务，以及具有地域特色的物业费、配货费等便民缴费服务，打造种类齐全的"一站式"居民服务网，家庭生活化"繁"为"简"。

（二）智 e 生活社区 O2O

以 O2O 服务模式规划商圈，围绕社区居民衣食住行，向社区居民推送购物、生活、休闲、娱乐等周边服务，打造"线上下单、线下体验、一点接入、全程响应"的服务新模式，同时将社区 O2O 推广到乡镇和农村，逐步形成以社区、村居为中心，线上线下一体化的社区服务生态圈。

（三）智 e 付互联网支付

为用户提供集余额支付、银行卡支付、网银支付和富民宝支付为一体的互联网支付服务，提高网上支付结算的业务受理、资金流转效率，确保用户网上交易安全、便捷，为客户提供可信赖的互联网支付体验。

四、商城市场推广

（一）基本原则

坚持客户导向原则。以农村居民、社区居民为服务主体，紧密结合客户农业生产和日常生活所需，吸引农副、农资企业和社区商户、综合商户入驻商城，为客户提供一站式综合服务，吸引客户，留住客户。

坚持普惠金融原则。鼓励农商银行结合实际，加快布局农村、乡镇、居民社区、粮食产区、种养殖区、商品集散地和小微企业聚集地等区域，提供商品购销、宣传展示、商品配送、支付结算等一体化服务，加快实体店和电子商务有机结合，促进实体经济和互联网产生叠加效应，提高互联网金融服务的覆盖率、可得性和满意度。

坚持创新引领原则。支持农商银行与当地政府重点工作、企业重点项目相结合，发挥智 e 购商城的宣传作用和资源集聚效应，开展产品服务创新，提高服务精准度，不断探索金融服务新模式。

坚持本地特色原则。重点引入本地特色产品和服务，拓展知名度高、认可度好、产销量大的优质商户入驻商城，严把商户和商品质量关，打造品牌优、质量佳、口碑好的商城服务，激发市场活力。

坚持安全优先原则。严格遵守互联网金融相关制度，加强商城服务全流程监督管理，加大互联网金融安全知识普及力度，提高商户和客户风险防范意识，打造让商户满意、让客户放心的互联网金融服务。

（二）主要目标

打造具有农信特色的互联网金融平台。要站在农商银行长远发展的高度，努力打造集智 e 购商城、智 e 生活社区 O2O、智 e 付于一体的，客户喜爱的消费和采购平台、商户倚重的销售和推广平台、支付融资一体化的互联网金融平台。

打造具有互联网内涵的产品服务体系。围绕农村经济和民生服务，以便民生活和社区服务为基础，以智 e 付互联网支付为支撑，打造电子银行、投资理财、贷款融资、生活缴费等优势鲜明的互联网产品服务。

打造覆盖城乡的互联网金融服务网络。以线上智 e 购商城为中心，以线下营业网点和农金会员服务点为辐射，形成覆盖全省城乡的互联网金融服务网络，总结先进经验，提升示范效应，打造互联网金融标杆银行和标杆网点。

打造符合互联网思维的运营管理体系。健全互联网金融制度管理体系，建立省、法人两级运营管理团队，明确责任，创新流程，保障平台规范、高效、安全运营。

（三）商户拓展

省联社坚持统筹兼顾、协调发展的原则，在与各综合电商加强合作的同时，指导各试点农商银行做好本地商户拓展工作。

逐步引入京东商城和社员网（中合利成公司）两家综合电商，将生活日用品、家用电器、精致商品以及农业生产资料等产品服务接入商城。通过强强联合，推动商城服务横向拓展和纵向深入。

以印发文件的形式，对特色农产品商户和知名农资企业入驻标准、商户拓展注意事项提出指导意见，指导各农商银行做好商户拓展和商品管理工作，不断丰富智 e 购商城服务功能。

分批次安排人员赴农商银行，指导商户拓展以及商城运营准备工作，与农商银行就商城岗位职责、商城广告图片、商品图片准备，以及商品物流、营销活动储备等进行沟通，指导制定业务拓展方案，推动项目实施。

（四）营销宣传

商城提供"秒杀、限时打折、满减满送、团购"四类营销活动和"积分、优惠券"两种营销工具，助力农商银行开展本地特色营销。各农商银行积极配合省联社推出的秒杀活动，鼓励辖内商户提供优质商品参与其中，同时结合本地实际制定营销推广方案，保持一定的本地宣传营销频率，积极打造本地明星商户、爆款商品，提高商城知名度和客户认可度。

截至 2016 年 10 月底，注册用户有 7148 户，商城入驻商户有 517 家，其中，B2C 商户有 282 家，O2O 商户有 235 家，共布放商品 2468 种。

案例6：中国银联跨境
电商综合服务平台

一、案例背景情况

自2013年起，国家出台一系列支持及规范跨境电商业务的政策和法规，海关总署于2016年4月发布第26号《关于跨境电子商务零售进出口商品有关监管事宜的公告》，要求"跨境电子商务零售进口商品申报前，电子商务企业或电子商务交易平台企业、支付企业、物流企业应当分别通过跨境电子商务通关服务平台（以下简称服务平台）如实向海关传输交易、支付、物流等电子信息"。

二、"中国银联跨境电商综合服务平台"介绍

中国银联跨境电商综合服务平台通过整合各海关、国检等监管机构的个性化申报接口，为通过海关开展进出口业务的收单机构及商户，提供统一标准的订单支付信息申报服务，以满足接入商户快速申报及阳光化绿色通关需要，实现海关对跨境业务支付流、订单流、物流的三单比对核查。在此项目中，我们充分发挥银联作为平台方的角色，银联海关申报服务平台设计上对包括银行、渠道机构、商户等多种接入方开放接入。

商户在完成银联全渠道平台的支付以后，可以根据支付订单的海关申报要求，经银联提出海关申报请求，银联匹配原支付订单后，将该订单的海关申报请求按照对应海关平台接口标准，生成海关申报文件，传送给指定海关，并返回申报处理结果。此外，平台支持独立的海关申报结果查询功能，以及报关记录管理。

三、产品创新点

1. 满足海关绿色阳光通关要求

此项目为首创项目，海关总署在 2016 年第 26 号文件中，首次对支付单提出上报海关的要求。现有系统功能和收集的支付信息无法完全满足海关申报要求，主要问题在于未对消费者身份做强制验证、商户及支付信息需按照海关要求重新组合等。为响应海关总署要求，解决上述问题，中国银联制定了跨境电商综合服务平台，设计了全新的交易类型：申报交易。

2. 建立了平台，解决多个参与主体的工作效率

目前跨境电子商务的电子支付数据与海关之间的传递仍然是通过手工报关单填写的方式进行提交，存在效率差、成本高、报关速度慢等诸多缺点。该技术较现有的手动报关解决方案以及其他第三方支付机构单独与海关对接的方案相比，具有以下特别的效果：支持收单机构或商户通过银联一点接入，实现与各地海关的多种方式对接；支持支付订单的海关实时申报及申报结果查询；支持支付订单海关申报记录文件管理，避免向海关发送重复交易信息；支持对商户提供的持卡人身份信息进行实名验证。

该系统的建成极大提升了申报服务效果和效率，为使用银联支付的商户开展跨境进出口业务提供了便利，也为广大银联持卡人购买境外商品开通了绿色通道。

3. 提供支付、报关、结售汇等一体化的方案

功能方面，该平台设计除提供支付、报关功能外，还可与跨境 B2B 功能结合起来，对客户提供支付、报关、结售汇等一整套跨境电商综合业务解决方案。

四、服务流程

1. 若商户有报关需求，则提供"海关申报交易"接口给商户对接，同时在全渠道管理后台商户"支持的交易类型"中勾选"海关申报功能"。

2. 海关申报及查询交易流程如下图所示。

3. 商户主动发起报关交易申请，指定须申报的海关，并按照报关接口

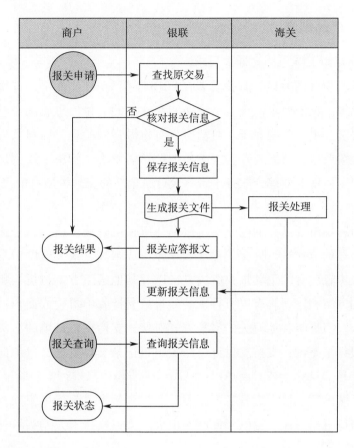

要求提供所需信息。

4. 由于各地海关业务处理时间不一致，因此为商户提供报关查询功能，供商户主动获取报关状态，状态信息由海关回复。报关查询功能不适用于主动查验交易的海关。

五、功能应用特点

1. 主要功能与特性

中国银联跨境电商综合服务平台，通过整合各海关、国检等监管机构个性化申报接口，为开展进出口业务的收单机构及商户，提供统一标准的订单支付信息申报服务，以满足接入商户快速申报及阳光化绿色通关需要，实现海关对跨境业务支付流、订单流、物流的三单比对核查。

2. 系统架构：

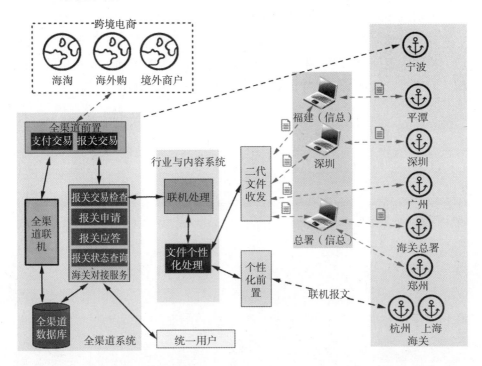

商户在完成银联全渠道平台支付以后，可以根据支付信息申报要求，经银联提出申报请求。银联匹配原支付订单后，将申报请求按照对应海关平台接口标准，生成申报文件或报文，传送给指定的监管机构，并返回申报请求处理结果给商户。平台还支持独立的申报结果查询，以及报关记录管理。

对于需要向海关报送支付信息的商户，提出海关申报交易请求以后，全渠道平台根据海关接口报文要求，生成报送海关的交易文件，支持多种方式提供给海关，具体说明如下：

（1）部署对应各地海关的前置终端，终端安装有各地海关客户端程序，全渠道平台需将生成的报关交易文件传送至前置终端指定目录下，由海关客户端程序自行负责与海关的通讯传送处理。

（2）通过后台接口将报文信息直接发送给海关。

（3）将支付信息下发给收单机构，再由收单机构提供给海关。

（4）为海关开通专用账号，海关直接访问银联平台查询所需交易信息。该对接模式下无需商户主动发起报关申请。

商户可独立发起交易报关状态查询请求，请求提交给全渠道平台查询后，将结果返回给商户。报关查询功能不适用于海关主动查验交易的对接模式。平台可对报关记录进行管理，支持报关记录的替换与删除。

案例1：华夏银行银商通应用方案

一、产品介绍

华夏银行银商通产品是指华夏银行建立银商通系统，通过因特网媒介或专线连接，为参与电子商务的各方提供资金支付、结算、清算、资金存管、信息查询等服务的平台。华夏银行银商通产品模式包括八大产品模式："直接支付模式"、"冻结支付模式"、"商户保证金模式"、"银行保证金模式"、"批量支付模式"、"资金清算模式"、"电子商务三方存管模式"、"产权交易模式"八种。其中，前五种合称为"支付模式"。电子商务三方存管业务是在华夏银行银商通网上支付业务资金清算服务模式的基础上，结合国内大宗商品电子交易市场业务模式，打造而成的国内领先的交易资金三方存管平台，克服了交易资金监管不到位而制约交易市场发展的瓶颈。该业务主要以银行内部账户存储交易资金为核心，以银行、交易市场和交易商三方管理交易资金为手段，有效提高了交易资金的安全性；通过银行与交易市场系统直接对接，实现实时出入金，大幅提升资金管理效率；开通短信、电话等多个服务渠道，账户资金变化一目了然。三方存管业务特点包括：（1）三方存管。将交易资金全部存放在银行内部账户，交易资金由交易市场、交易商和银行共同存管，安全可靠。（2）实时出入金。交易市场交易系统与银行资金管理系统直接对接，出入金实时同步，数字证书签名加密，操作安全简便，有效提高资金管理效率。（3）资金安全。将子账号、摊位号和出入金账号进行绑定，一一对应，锁定资金流向，确保交易资金安全。（4）支持跨行。他行开户的交易商同样可以使用华夏银行电子商务三方存管平台进行交易，无需单独开户。无论是企业客户，还是个人银行卡客户均可签约此业务。（5）账户服务。子账户余额发生变化，实时短信提示，同时通过电话银行随时随地查询子账户余额。

二、适用对象

华夏银商通产品应用场景广泛，典型的应用场景包括招投标场景、销售场景、现货及产权交易所场景、企业代发工资场景等。华夏银商通产品安全度高，旨在为客户及商户提供一个安全、放心的交易环境，提高客户及商户对华夏银行及银行系金融机构的信任程度。为了达到此目的，华夏银行三方存管模式从商户准入环节开始就具有极其严格的要求，从源头上杜绝风险的产生。对于商户来说系统同样有极高的安全保障：（1）灵活的权限管理机制：华夏银行银商通网上支付系统具有灵活的权限管理机制，可由用户根据企业自身的财务管理方式进行设定，有效防范操作风险。（2）华夏盾保证资金安全：华夏盾采用先进的 USBKEY 硬件存储数字证书，数字证书由独立于用户和银行以外的权威第三方安全认证机构中国金融认证中心（以下简称 CFCA）颁发，客户使用华夏银行银商通系统在进行转账交易均需使用华夏盾进行签名，确保客户账户资金安全。（3）高级别数据加密：交易数据均经过 128 位 SSL 协议加密传输，安全可靠。（4）安全控件防黑客：客户端安全控件有效防范黑客攻击。（5）双重密码、安全操作：登录华夏银行银商通系统须输入华夏盾密码和登录密码，双重密码保护。

三、典型案例——工资宝

（一）客户基本情况

中国先锋集团有限公司（以下简称先锋集团）是一家综合型金融服务集团，具有证券、银行、保险、支付等多种金融牌照。其总部位于北京，业务覆盖中国主要省份和地区，在英国、美国等国家设有分支机构。集团资金实力雄厚，在 A 股、港股和新三板均有上市公司。北京联合智信人力资源科技有限公司（以下简称联合智信）是先锋金融集团旗下专业从事

"互联网+人力资源"全生态圈的综合服务平台，是中国首家互联网+人力资源综合性服务企业，为企业提供标准化服务、财务管家式服务、代发工资、企业员工代缴服务，解决基础后勤服务以及提供更多渠道的产、投、融资中介服务。

（二）客户需求分析

"开薪工资"是联合智信旗下代发工资平台，通过先锋集团的支付公司——先锋支付为服务的企业开立员工虚拟账户，代替企业将员工工资发放到员工虚拟账户中。员工可将工资提现到指定的银行卡中，或在平台上消费以及购买平台代销的理财产品。但有若干功能现有模式无法满足：

1. 先锋支付无法为员工的虚拟账户打印有效的纸质明细，员工办理贷款或签证时无法提供个人工资流水证明，影响"开薪工资"拓展市场。

2. 虚拟账户中留存的资金没有任何收益，"开薪工资"产品对个人客户而言黏性不足，提高虚拟账户的活跃度较困难。

（三）解决方案

1. 产品组合应用

代发工资明细个性化打印服务。银商通电子商务三方存管模式子账户清算明细打印功能是华夏银行北京分行向总行申请开发的个性化功能，商户在清算报文的摘要中注明交易类别"代发工资"，华夏银行总行每日将商户清算文件下发华夏银行分行绩效考核系统，华夏银行分行解析文件后储存，并在报表平台增加子账户清算明细查询打印功能。支行柜员可根据客户申请，通过清算时间段和摘要筛选交易，查询和打印子账户清算明细，并加盖业务章，提供给客户，满足了个人客户打印工资流水证明、企业客户打印代发工资明细的需求。

子账户增值服务。通过接口方式为员工开立直销银行账户，附加子账户留存资金购买货币基金功能，实现子账户增值服务。

2. 业务实现流程

网络拓扑图：

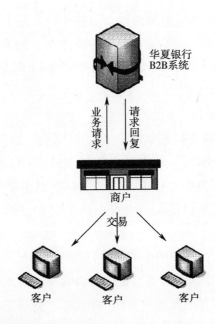

清算文件发送流程图：

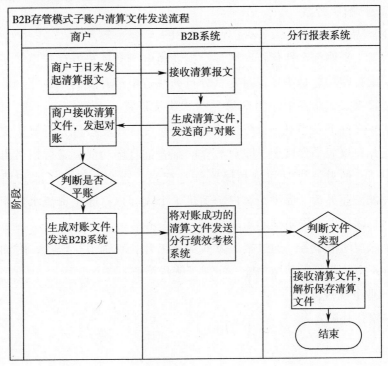

清算明细打印流程图：

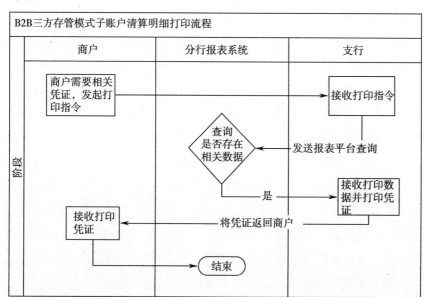

3. 风险提示

一是华夏银行分行应按照制度要求严格平台商户准入；二是实时关注商户舆情，每月实地巡检，严防第三方风险传染；三是严格把关系统对接的测试质量，确保符合上线要求。

（四）应用效果

1. 银商通电子商务三方存管模式在同业产品中具有较为领先的优势：支持个人、企业在一个商户体系中开立虚拟账户；支持华夏银行、他行账户出入金；尤其是跨行自动入金功能和打印子账户清算明细功能上线后，极大优化了原有的系统功能。通过附加直销银行功能，为平台个人用户与平台自身获取额外收益，能够迅速抓住大量电子商务平台。

2. 本案例中"开薪工资"项目已完成对接，2016 年 7 月开始数据迁移工作，将平台原有超过 100 户的企业用户和 8000 户的个人用户在华夏银行银商通系统开立子账户，9 月起签约储备的代发工资企业，正式推广。2016 年底通过该项目代发的工资金额达到 100 亿元以上，营销平台所有个人用户联动开通华夏银行直销银行。

（五）营销经验

1. 充分了解同业产品，突出华夏银行产品优势

通过"开薪工资"项目，华夏银行得以切入规模庞大、实力雄厚的先锋集团，逐渐挖掘客户其他需求，提供更多的金融服务，开展更广的合作。回顾"开薪工资"平台营销过程，得益于华夏银行总行的大力支持，从营销到开发对接，华夏银行总行给予了极大的帮助；同时，华夏银行银商通存管模式能够满足客户的需求，解决客户燃眉之急。

此前先锋支付为"开薪工资"提供的解决方案无法实现打印流水的功能，而据调研，同业中类似银商通存管系统的产品很多，但功能普遍无法完全满足客户的需求。而华夏银行在子账户体系、平台跨行出入金等方面具有同业比较优势，在产品营销方面，充分开展市场调研、及时更新对他行产品的了解，在营销过程中扬长避短，是必不可少的工作。

2. 可复制推广价值

通常电子商务平台类客户需要银行提供的服务包括子账户充值（跨行线上收款）、身份信息校验、平台资金存管、子账户资金提现、子账户留存资金理财等，通过华夏银行现有银商通＋直销银行产品组合可以满足平台类客户绝大多数需求，可以复制此类做法向其他平台类客户推介。相对于只接支付通道而言，银商通存管模式一是可以做到平台资金存管，提高平台公信力，二是平台资金全部沉淀在内部存管账户中，给客户的服务更全面，存款也更稳定，是归集存款的有力工具。

四、典型案例——中国（太原）煤炭交易中心

（一）客户基本情况

中国（太原）煤炭交易中心有限公司成立于 2007 年 11 月，是由山西省人民政府申请、经国务院批准、在国家工商总局注册成立的。2008 年 8 月，山西省委、省政府为进一步推动煤炭交易工作的开展，成立了省政府直属、事业单位性质的中国（太原）煤炭交易中心（以下简称交易中心），它是国内目前唯一冠以"中国"字号的煤炭交易中心。该中心自 2012 年 2 月启动煤炭现货交易以来，凭借"公开、公平、公正"和非盈利性的原

则，已经平稳运营近5年，注册交易商近13000余家，成为国内注册交易商最多的煤炭电子交易市场。

（二）客户需求分析

1. 资金监管，保证资金安全。

2. 满足交易结算的需求。满足交易中心交易结算业务的需要，银行与交易中心一起为交易中心的交易商提供方便快捷的服务，可以实现签约、解约、资金划转、日终清算对账、资金查询和差别处理等于日常结算业务相关的工作。

3. 提供融资服务。供应链金融需求。包括两层含义：一是银行根据交易中心建设的发展规划，对交易中心提供融资服务，二是银行通过交易中心搭建的平台，根据煤炭现货交易的特点为交易商提供融资服务，如订单融资、仓单融资等。

（三）解决方案

1. 产品组合应用

2011年末，交易中心现货交易筹备工作正式启动，作为山西省委、省政府重点项目，得到了相关部门的大力支持。根据运营需要，交易中心面向社会开展金融服务机构公开遴选工作，由省直各部门组成的交易中心监督管理委员会组织召开了评选会议，华夏银行凭借先进的三方存管系统、创新的"纸煤炭"理念、延伸的供应链融资产品，形成综合金融服务方案，并最终以总分第四的成绩进入交易中心八家战略合作银行之列。

该方案以华夏银行电子商务银商通三方存管模式为基础，在华夏银行总行电子银行部的大力支持下，结合大宗商品电子交易发展趋势，向交易中心提供了"纸煤炭"中远期交易发展思路，同时辅助以华夏银行全套的供应链金融融资服务，从而形成了"结算＋融资"的全套金融服务方案。

此方案将华夏银行银商通支付结算产品与供应链金融产品有机结合，适应大宗电子商品交易市场的发展需要；同时以系统接口型结算产品直接对接商户平台，增加获客渠道，加之华夏银行银商通三方存管模式强大的跨行签约功能，进一步吸引了客户他行资金归行。在此基础上，通过与交易中心合作，能够掌握交易商之间的交易合同、资金流向、物流途径等重要信息，为华夏银行寻求安全、可靠的融资服务对象提供了必要的依据和来源。

2. 业务实现流程

网络拓扑图：

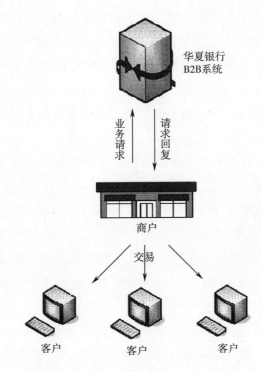

银商通三方存管业务模式涉及商户准入、交易商签约（华夏银行、他行）、出入金等多个业务，在此选取最为重要的商户准入流程。

商户准入流程如下所示。

此阶段要注意以下几点：

（1）考察商户的基本情况，了解商户的内部管理规范、了解商户的交易规则、了解商户的交易品种、了解商户交易平台发展会员客户方式等。

（2）大宗交易市场类平台商户（包括但不限于各类交易所、交易市场、电子盘交易等），必须严格符合《国务院关于清理整顿各类交易场所切实防范金融风险的决定》（国发〔2011〕38 号）、《国务院办公厅关于清理整顿各类交易场所的实施意见》（国办发〔2012〕37 号）等相关规定。

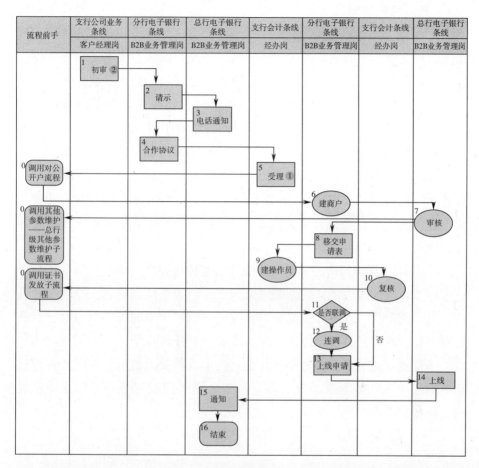

（3）分支行在完成对商户的尽职调查后，须经一级华夏银行分行行办会审批，并要求商户缴纳一定金额风险准备金，最后以行发文的形式请示华夏银行总行。

（四）风险提示

一是要严格审查商户资质，按照内部制度及华夏银行总行的要求，做好商户基本情况的调查工作；二是做好商户日常回访工作，通过多种渠道了解商户经营情况，防范商户发生舆情风险转移至华夏银行；三是对于商户出金，分支行要根据制度流程严格执行相关操作，防范交易商资金流失风险。

（五）营销经验

1. 提前介入与商户的合作。电子商务平台客户主要依托于完善的交易系统，华夏银行银商通业务运行多年来，已经与国内主流电子商务软件服务商建立了稳定的合作关系，接口对接工作已经较为成熟。我们在开展营销时，应该积极利用这项优势，积极为商户介绍符合其需求的软件服务商，一方面拉近与商户的距离，另一方面为系统联调节约时间。

2. 寻求产品与需求的契合点。分析商户交易流程及其他方面的金融需求，寻求华夏银行产品的契合点，针对大宗商品交易特点，积极向商户推荐华夏银行贸易融资类产品。同时针对客户的个性需求，随时开展功能和流程优化的工作，在满足客户需求的同时，进一步加强与客户合作的深度、广度。

3. 利用华夏银行产品的典型优势开展宣传与营销。华夏银行电子商务三方存管业务的最大优势就是账户架构严密、资金结算快速安全、交易商签约交易便捷。华夏银行在交易中心项目营销过程中时刻围绕以上三点开展商户和交易商的营销宣传，并在实际应用中得到了他们的认可。

华夏银商通深入了解企业间及企业与个人间交易流程，在服务客户过程中不断优化产品本身，为更多企业个人提供便利服务，充分发挥互联网+银行的优势。

（华夏银行电子银行部　盈帅）

案例 2：环迅支付品牌连锁零售行业支付解决方案

我国已步入互联网高速发展的时代，智能手机及各种数码终端的普及、层出不穷的支付方式正潜移默化地改变着人们的消费习惯和生活方式。伴随着李克强总理"互联网＋"口号的提出，"以互联网为基础平台，利用信息技术结合传统行业，开辟各领域新生态的重要战略举措"点燃了新的行业商机。作为国内老牌的第三方支付公司，环迅支付依托领先的支付结算理念，针对品牌连锁零售行业的资金结算属性，创新发展出了以网络和移动支付为核心的行业支付解决方案，旨在提高品牌连锁零售行业的支付结算效率，构建智能支付环境，进一步提升该行业的整体营运效率。

一、背景介绍

当前，互联网经济已成为经济社会的重要组成部分，从而也催生了支付产业的快速变革。基于网络和移动支付技术业务模式的持续创新、线上线下业务模式一体化的加速发展，不断丰富着品牌连锁零售行业的支付清算应用场景。近年来，我国第三方支付发展速度较快，结算工具较多，网络和移动支付功能不断增强。但在品牌连锁零售行业的实际业务中，网络和移动支付的普及运用程度尚不充分，相关结算工具的功能还未得到充分发挥。

由德勤中国与中国连锁经营协会联合发布的《中国零售力量 2015》指出：中国经济进入新常态，零售行业依然面临成本和利润挑战；实体零售受到电商冲击，传统零售业遭遇转型阵痛；技术的驱动、消费者购物习惯的改变和个性化的消费需求促使企业大力发展线上业务，转向 O2O 全渠道经营，并加速布局移动电商、跨境电商。

为响应国家"创新驱动、转型发展"的号召，满足品牌连锁零售行业企业加速升级的现实需求，环迅支付率先研发出针对品牌连锁零售行业营运和结算特点的网络和移动支付新产品，推出了切合行业需求的支付解决方案，努力提供"最简洁的支付环节、最优化的支付流程、最全面的服务体验"，以实现最高效的营运增效目的。

二、方案目标

本支付解决方案的主要目标在于利用先进的电子化支付结算产品，提高品牌连锁零售行业的营运效率，提升企业服务质量。

（一）提升企业资金结算效率

消费市场的电子商务化发展，为品牌连锁零售企业传统收单模式的改变创造了可能。针对品牌连锁零售行业的行业特征，环迅支付对该行业企业的整体资金结算进行了流程分析，推出并构建了适合行业应用场景的支付方式和支付体系，利用产品的网络和移动支付优势，迅速提升企业资金结算效率。

（二）提升企业资金归集效能

依托于互联网技术的日臻成熟，便捷支付与即时到账等基于网络和移动支付的结算需求日益扩大。通过整合式网络和电子商务化技术，环迅支付整合品牌连锁零售企业多方支付渠道，完善企业支付收单功能，减少企业运营支出，降低业务处理难度，快速提升企业资金归集效能。

（三）提升企业服务质量

面对现实的市场需求，环迅支付借助互联网平台，通过信息技术将网络/移动支付和行业经营业务模式有机结合，推出了面向品牌连锁零售行业的整合式网络和移动智能化结算工具，在提高企业资金运转及利用效率的同时，优化企业结算流程，便捷企业账务管理，进一步利用智能消费模式促进品牌连锁零售企业服务质量的提升。

（四）提升企业支付安全

环迅支付研发的支付风险控制系统——支付反欺诈系统是全行业首个具有自主知识产权的智能化支付风险控制系统，针对国内人民币卡、海外外币卡提供实时的支付风险控制。在应对支付者身份安全认证，以及支付交易实时欺诈侦测与过滤方面，环迅支付还推出了一系列安全防护举措，以降低交易数据风险，全面提升企业的支付安全。

三、产品功能特点及应用

（一）产品功能特点

1. 系统对接，对账核销。主要解决企业远程订货付款交易处理及账务管理，改善企业订货、收款、对账、发货处理流程，支持全方位、远程网络和移动支付手段。

2. 资金归集，统一管理。多手段收单实现即时资金归集同步，与企业进行多方式匹配对接，实时传送结算处理信息。

3. 服务定制，高效处理。根据不同客户特征提供不同级别的金融处理方案，利用高效电子化结算处理渠道，便捷企业账务管理。

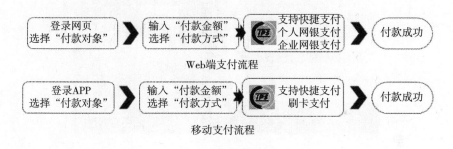

Web 端支付流程

（二）支付流程

移动支付截图示例：

1. 选择付款对象，输入"付款金额"等信息提交→确认订单后点击刷卡支付；

2. 插入刷卡器→选择信用卡或储蓄卡进行刷卡支付。

四、试点及成效

（一）商户概况

该商户创立于1992年，总部位于中国上海，是国内最早涉足家用纺织品行业，集研发、设计、生产、销售于一体的业内龙头企业。2015年12

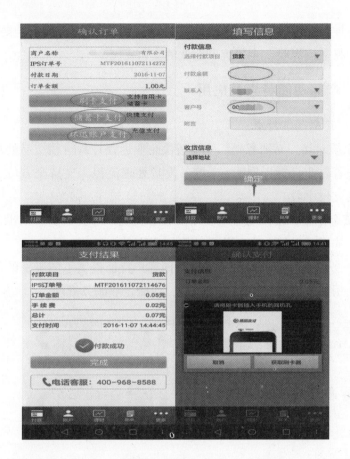

月，企业从战略规划出发，积极由家纺企业向"家居生活一站式"品牌零售商转变。目前，公司已拥有 10 多家子公司，员工超过 2000 名，拥有的原创及国际代理品牌超过 20 个，连锁加盟店 3000 多家，销售网络遍及全国。

（二）现实需求

该企业在商业转型的同时确立了以提升零售业务销售经营为重心的发展规划。环迅支付通过走访调研，发现该品牌连锁企业的资金结算存在以下特点：

1. 订货、付款频率高。该品牌连锁零售企业销售能力强，货品翻新周期短，进货、付款频率高。有限的支付方式导致传统订货确认耗时长，出货速度慢，降低了企业的整体经营效率。

228

2. 支付方式受限。各进货商家通过传统转账或银行汇款方式支付，汇款银行限制性强、汇款渠道局限导致汇款操作不便，且汇款到账时间易受影响，款项入账需反复确认。

3. 各分店资金归集慢。由于汇款非即时到账，导致总部对各经营门店无法实现统一收款，资金归集缓慢，财务核账、确认工作量大，且易出错。

4. 结算方式复杂，难度系数高。该品牌连锁零售企业加盟、连锁店铺数量较多，覆盖地域较广，各门店的经营管理及支付结算方式不尽相同，总部资金管理工作量大、账务处理复杂，资金调拨操作难度系数高，耗费大量人力物力。

（三）解决方案

针对该品牌连锁零售企业缺乏多渠道、全币种、高效完善的资金归集结算管理系统，信息流、资金流不匹配导致资源调配不均，从而引发管理失衡等问题，环迅支付为该企业提供了远程订货、资金收付与高效财务处理一体化的云管理平台支付解决方案。

通过应用环迅支付"易收付"资金管理平台，实现了企业每日自动对账、高速收款确认、全面账目管理。企业总部可按照不同品牌商户进行资金归集，不仅大幅提高了财务部门的工作效率，而且也提升了经销商的满意度。

（四）应用实效

1. 账务自动同步核销。面对不同付款经销商及门店的多渠道订货、付款，财务人员需查账、对账，必要时要进行重新核对，工作量大、易出错，发货速度受影响。使用环迅支付产品后，该企业财务人员账务确认管理便捷，无需人工查账、对账，实现了账务自动核销处理，收款后续处理简易，提高了企业发货的速度，工作效率大幅提升。

2. 付款便捷不受限。该企业此前通过传统方式在指定银行付款支付，不同款项需备注说明。使用环迅支付产品后，该企业付款的电子化程度显著提高，同时支持网络和移动支付，收款渠道改善，经销商等进货商家可以通过 PC 端、移动端进行在线支付操作，付款金额、款项说明、付款单位等信息可通过产品逐一体现。

3. 资金快速归集。企业总部需面对不同区域、不同规模的连锁加盟店铺，资金归集缓慢、统一管理难度大。使用环迅支付产品后，各商家、品牌收单款项即时归集至企业总部，便于企业进行资金合理利用。

4. 结算处理工具统一。企业之前资金收付工具不一致，结算处理方式不统一，影响进出款效率。使用环迅支付产品后，总部可对各经营店铺进行集中统一管理，提高了整体营运效率。

（五）业务影响

1. 网络/移动支付交易量迅速增长。2015 年该企业 14 家品牌商通过环迅支付产品收款总额高达 5 亿余元，总交易突破万余笔。其中网络收款占总收单金额的 93%，移动支付占比达 7%。

截至 2016 年 10 月份，该企业 14 家品牌商通过环迅支付产品收款共计近 6 亿元，总交易 1 万余笔。其中网络收款占总收单金额的 85%；移动支付占比上升至 15%，同比增长超过 100%。

据该企业发布的 2015 年年报显示，2015 年该企业共实现营收 29.16 亿元。根据数据分析，该企业 2015 年利用环迅支付产品进行支付结算处理的资金总额约占企业全年营收的六分之一，日均交易笔数超过 33 笔。

2. 企业支付清算电子化水平全面提升。伴随着网络和移动支付渠道的全面开拓，企业的业务发展得到了强有力的支撑。

2015 年，该企业智能管理项目成功上线，实现了生产、采购、付款等供应链系统的全流程信息化；商业智能系统的进一步优化，保障了数据分析的准确性，提高了财务对账的速度，全面提升了企业经营和决策的效率；网络支付零售系统门店覆盖率的进一步提升，保证了零售数据采集的及时性与完整性，企业的零售分析水平得到提高。

五、营销和创意

伴随着"互联网＋"时代的到来，互联网技术已向第三产业加速渗透，指引着品牌连锁零售行业发展的新方向，绘制出网络和移动支付的新蓝图，改革创新已成必然趋势。环迅支付产品的主要创新点在于：

（一）线上线下一体化

《中国零售力量 2015》研究认为："互联网＋"正在重塑零售行业，零售业将迎来线上线下双轮驱动时代。面对转型中的中国品牌零售企业，环迅支付为其打造了具有中国特色、适应行业特点的定制化资金管理平台，结合线上线下交易融合的商业模式，充分满足了品牌连锁零售行业线上线下一体化的行业需求。

（二）资金归集多渠道

互联网时代消费习惯的变化促使品牌零售企业多元化经营生态的发展，针对零售行业的多业态发展趋势，环迅支付融合互联网技术、大数据采集分析，结合先进网络和移动支付手段，支持多渠道付款方式，极大降低了支付、收款难度。同时利用多手段收单，提高了跨地区不同经销商向企业不同品牌商户的付款效率，减轻了企业资金归集的难度。

（三）资金结算智能化

当前，零售行业依然面临成本和利润挑战，持续上升的房租和人工费用导致企业经营成本高企，利润空间被进一步压缩。环迅支付采用与企业无缝对接的支付模式，便于企业财务人员进行账务核销确认管理，降低了人工成本，提高了企业收款、结算智能化水准，全面提升了企业的整体运营效率。

六、对行业发展的意义

（一）以"互联网＋"为依托，助力企业的加速发展和转型升级

"互联网＋"是借助互联网平台，通过信息技术将互联网和一些传统行业有机的结合，创造的一个新型社会经济领域。环迅支付在产业链重构、商业模式创新的全新行业生态圈法则中，推出了针对并适用于品牌连锁零售行业的专业解决方案，让互联网金融服务融入到企业内部，以及企业所在生态链的日常运转中，帮助企业快速完成互联网时代下的一键转型。

（二）以技术创新为抓手，提升支付的安全性与便捷性

安全性是创新支付方式的前提，便捷性是提高新型支付方式普惠度的

必要条件。通过技术手段与网络/移动支付应用的融合，环迅支持续创新业务模式和行业产品，研发出行业领先的支付风险控制系统，以及贴合品牌连锁零售行业应用场景的支付模式，拓展了支付业务的应用空间，提升了支付服务的安全性和便捷性。

（三）以行业融合为理念，促进网络/移动支付业务的普及和推广

环迅支付积极推进网络/移动支付与品牌连锁零售行业的深度合作，探索合作共赢的商业模式，推出了一系列符合行业结算特点的支付产品，营造了智能的支付环境，为移动远程支付和近场支付的应用构建了良好的生态，提升了品牌连锁零售行业企业电子化结算的应用程度，为推进网络/移动支付的普及应用贡献了力量。

案例3：连连银通游易付产品

一、游易付产品简介

游易付产品项目是连连银通面向商旅商户端的支付新形势，不断寻找商旅行业的痛点，从而研发出针对商旅行业的解决方案。应用场景包括手机客户端、Wap 页、PC 网页端。通过连连银通安全支付接口，商户可以安全快捷的通过手机客户端收款。

二、游易付产品流程

1. 用户在商户网站选择商品，创建提交订单；

2. 用户在商户页面输入付款金额、付款银行卡号或增加姓名、身份证号；

3. 商户保存用户订单信息，调用连连支付系统（输入用户的姓名、身份证、银行卡预留手机号）；

4. 用户点击获取短信验证码按钮；

5. 连连系统验证输入要素有效性，并上送做签约验证；

6. 银行渠道返回成功则下发支付安全短信验证码；若失败返回提示用户失败原因；

7. 用户收到并回填短信验证码，点击"提交/下一步"；

8. 连连系统上送银行渠道支付请求，并将支付结果反馈给商户和用户；

9. 用户收到支付结果通知，完成交易。

具体流程图如下：

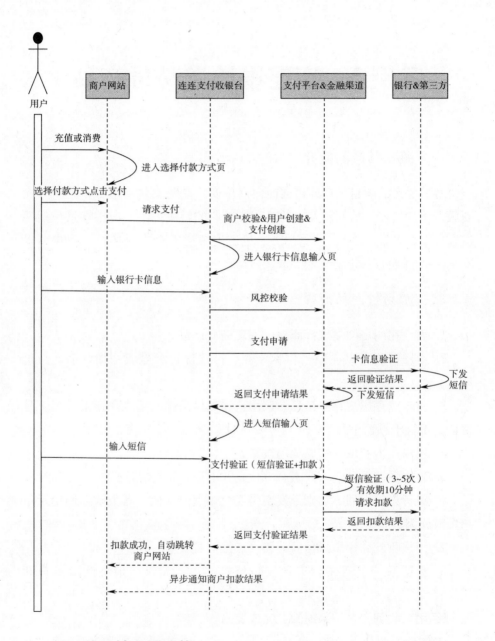

三、游易付产品功能

1. 实时退款功能

用户通过商户平台发起退款时，支持 7×24 小时实时退款；支持 26 家

234

银行（借记卡、信用卡）实时退款。

2. 大小额切换功能

根据不同应用场景，历史绑定银行卡支持大小额切换；支持15家借记卡大额付款。

3. 一卡通用规则

根据商户业务的不同情况，连连完成用户各个场景支付（国内＋国际），用户一张卡既能完成机票，旅游业务，也可以完成租车业务以及未来业务。

4. 实时分账

有分账需求的商户均需在连连开立商户号，用户的购买订单可以按照商户的需求实时拆分。

四、游易付产品特点

1. 用户体验好：无需跳转、无需注册，用银行卡直接支付；

2. 快速接入：开发者只需嵌入调取、传送支付参数，即可完成接入。无需开发，瞬间接入；

3. 支付安全：我们为用户提供多种安全验证手段，手势密码和短信验证码等；

4. 配置灵活：为了迎合商户的多样需求；

5. 支持模式：卡前置模式；

6. 支付方式：短信支付－首次通过输入支付银行卡号、身份证号、卡预留手机号等，历次通过协议号，预留手机号码回填安全短信验证码即可支付。

五、游易付产品合作案例

1. 合作模式

（1）首次支付

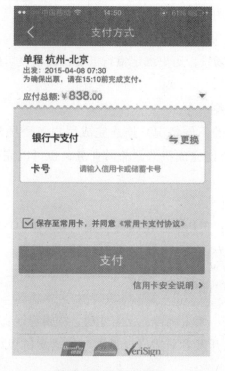

商户输入银行卡界面

银行卡信息输入界面 支付结果界面

（2）历次支付

商户端记卡界面　　　　　短信验证码弹框界面

六、游易付产品合作商户

合作商有携程、同程、途牛、驴妈妈、芒果网、12580、蚂蜂窝、航班管家、非常准、华夏航空、首都航空、长龙航空等。

案例 4：易联支付迪士尼项目

一、项目背景

上海迪士尼乐园是中国大陆第一个、世界第六个迪士尼主题乐园，已于 2016 年春季开业。2014 年 12 月 16 日，上海迪士尼乐园正式通知易联支付中标成功，双方建立合作关系，由易联支付为其提供呼叫中心语音支付及线上支付的服务。

这次中标成果来之不易，可以说是公司内部跨地域、跨部门、从上到下的一次紧密的内部协作。从 2012 年底起，易联支付上海分公司便积极与上海迪士尼建立联系，安排双方会议，竭力参与迪士尼关于合作支付机构的竞标。经过一年多的跟进交流，在公司技术部、网络部及市场部等各部门的共同努力下，2014 年 1 月份，向上海迪士尼正式提交了详尽的标书。为了向迪士尼提供最好的服务，紧密合作、顺利推进项目进行，公司成立了迪士尼项目团队。团队多次赴上海与迪士尼项目团队沟通项目需求及技术要求、支付流程及功能要求、网络连接实施方案、境外卡合作细节、风控方案、清算报表及平台管理等。2016 年 3 月，易联为迪士尼提供的支付渠道正式上线售票。

二、业务流程

1. 方案范围

商户有 DRC（呼叫中心）和 SHDR（官网）两类支付场景。DRC 主要为一线通支付，辅以回呼语音支付。SHDR. com 主要为散客来到迪士尼官网注册购买产品，将使用网银/快捷支付/回呼支付三种支付方式。以上支付方式支持卡种包括境内银联借记卡、信用卡。

2. 产品类型

迪士尼在 PayEco 有两个商户号，分别对应 OC 及 AFC 两家运营主体，对应两个公司账户。产品类型分为门票及戏剧票（统称虚拟产品），以及酒店产品（可能含实名票务，统一视为实名产品）。清分阶段，虚拟产品款项入 OC 账户，酒店产品入 AFC 账户。

3. DRC（呼叫中心）－一线通支付流程／回呼支付备份

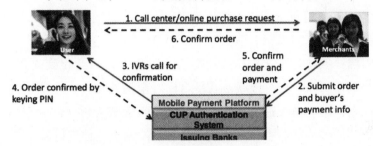

（1）一线通支付

步骤一：客户使用登记手机号致电客服呼叫中心。

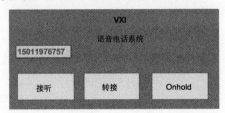

步骤二：坐席接听电话，在内部销售平台下单。

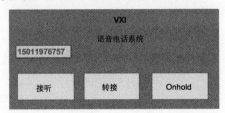

239

步骤三：订单生成后，选择易联一线通支付，填写客户银行卡号，及个人信息并提交支付订单到银联语音平台。

步骤四：坐席将电话转入银联语音平台，用户与银联语音平台接通，坐席被屏蔽。用户在手机上输入银行卡密码（或 CVN 有效期）完成支付。

步骤五：用户在电话中听到支付成功的通知，电话转回坐席。

（2）回呼支付备份

如上述步骤一到步骤三不变。

步骤四：客服也可以选择挂断电话，银联语音平台收到支付订单后，客服发起电话回呼指令，银联语音平台回呼电话给用户，电话中向用户播报订单信息，用户输入密码（或 CVN 有效期）完成支付。

4. SHDR. com（官网）– 快捷支付/回呼/网银三种支付流程

（1）标准借记卡及信用卡快捷支付流程。用户使用登记手机号码及银行卡进行支付，易联支付页面验证个人信息是否正确，并验证登记手机号短信验证码，完成支付。

（2）回呼支付。用户使用回呼支付时，填写卡号及个人信息后，支付页面会验证短信验证码，同时回呼电话让用户输入密码进行验证，验证成功，完成支付。

新用户（从未支付成功过的用户）：

步骤一：用户输入支付信息。

输入卡号，姓名，身份证号，支付用的手机号。

步骤二：点击获取验证按钮。

信息正确才可以点击获取验证码按钮。

步骤三：正确填写验证码完成支付。

使用银行预留手机号进行支付的用户，收到验证短信，正确填写短信验证码，点击确认支付，就可以完成支付。

　　使用非银行预留手机号进行支付的用户，收到验证短信，正确填写短信验证码，点击确认支付后还需要接听 O2O – 96585 的电话，根据语音提示输入六位密码，验证正确之后完成支付。

（3）网银支付

即网银网关支付。选择银行之后进入银行的网银界面进行网银支付。需要在网银界面上输入信息，完成验证，完成支付。最后返回结果。

步骤一：选择支付银行，点击"跳转网银并支付"。

步骤二：进入银行的网银界面完成支付。

进入银行的网银界面，按照网银支付的要求完成支付。完成之后返回支付结果。

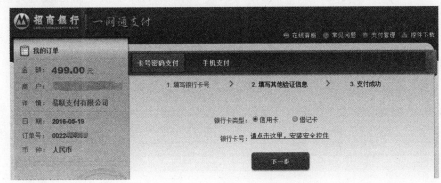

三、项目亮点

1. PC 上快捷购票

登录上海迪士尼度假区的官方网站，选择要出行游玩的日期与门票数量，即可以使用银联卡方便地完成购票了。使用银联卡购买迪士尼门票无需开通网银，只需要填写相关身份信息与输入银行卡号、短信码等验证信息就可以完成支付，从而可以方便地买到迪士尼的门票。

2. 呼叫中心便利不方便上网或不会上网的游客购票

除了在官网预定门票，为便利不方便上网或不会上网的游客，上海迪士尼与易联支付联合推出了呼叫中心购买门票的服务。游客只需要使用手机拨通迪士尼的呼叫中心，然后就可以在客服人员的帮助下，使用银联卡远程轻松购买门票。

3. 强大的风控体系

为国内消费者提供银联卡的线上门票购买和呼叫中心购买服务。在为广大消费者提供便捷购票方式的同时，易联支付的风控体系实施 7×24 小时人工服务，黑名单库管理等工作为广大消费者安全支付保驾护航。并支持非预留手机号交易。

4. 支付外卡交易

经过 11 年的发展，易联支付已经成长为业务遍及全国、服务 1 亿多个银行用户的重要支付服务商，累计交易金额已突破 1500 亿元，服务的行业遍及商旅、充值、理财、金融、保险、手机商城及跨境贸易等诸多领域。未来，易联支付将进一步实现领先发展，为服务地区经济金融建设、为地区百姓生活作出更大贡献，并带来更多成就、争得更多荣誉！

案例1：中国银行网络申请办卡项目

当前信用卡市场已接近饱和、传统信用卡营销模式遇到瓶颈，同时随着互联网金融兴起，第三方支付等正在蚕食信用卡市场，消费者对信用卡申请的便捷性、时效性要求激增，移动支付场景对信用卡在线即时申请即时核批功能呼声强烈，中国银行网络申请办卡业务应运而生，为银行业务营销、客户办卡需求、商户支付活动等提供了新的服务渠道。

一、网络申请办卡项目概述

（一）项目背景

中国银行于2011年开通信用卡网络申请服务，迈出互联网渠道拓展信用卡业务的第一步。近年来，为顺应"互联网＋"时代信用卡申请移动化趋势，打造以"网点和交叉销售为基础，互联网获客渠道为重要补充"的线上线下融合多元化获客渠道体系，建立具有竞争力的信用卡网络申请品牌形象，中国银行于2016年1月末投产上线新版网络办卡项目，并根据业务发展实际需要，于2016年6月初升级上线推荐办卡、引导办卡、优商扫描等功能，并针对性开展网络办卡新客户刷卡返现、以老荐新办卡有礼等活动，实现快速、有效精准获客，提升市场品牌效应，广受信用卡客户、商户及第三方合作方好评。

（二）项目表现

截至2016年10月末，中国银行信用卡网络申请渠道核卡量46万张、新客户23万人；线上发卡占比由2015年的0.26%提升至2016年的6.6%；线上渠道获取的进件量占比由2015年的1.3%提升至2016年22%；同时，线上申卡客户卡片活动情况及资产质量均优于线下。

（三）项目意义

信用卡网络申请渠道服务基于互联网迅速发展的时代背景，借助个人客户电脑、手机等普及性广、限制性低、耗时短等优势，且国内市场和消费者正在逐步熟悉并接纳这一信用卡申请模式。同时，既可实现场景即时申办发卡即时核批支付使用，也可以满足契合商户营销活动即时办卡享受优惠等权益，有效地拓展了信用卡移动申请及使用的应用场景。

中国银行推出信用卡网络申请服务一方面是根据业务发展趋势，紧跟市场节奏的必然需求，另一方面也是满足自身业务发展，作为信用卡线下渠道申请的有益补充，利用其适应性广、推广成本低的特点，为广大客户提供差异化的申请服务。此外，还可以通过第三方合作线上获客引流等方式，与支付机构形成良性竞争，进一步拓宽金融服务的边界。

二、具体项目内容

（一）网络申请渠道界面

为方便客户申请、网点营销、商户宣传，中国银行信用卡网络申请渠道主要包括二维码扫一扫、微信、官网、第三方合作伙伴等入口，具体如下：

1. 官方网站渠道

中国银行信用卡网络申请主要入口基于中国银行官方网站首页，通过首页"便捷服务"功能栏处的"在线申请信用卡"按钮，点击进入信用卡网络申请链接。网络申请主页面包括"我要办卡""网申进度查询""推荐办卡""卡片全家福"四个功能板块，为申请办卡、发卡进度查询、产品咨询等不同需求的客户提供目标明确、定位清晰的多个服务入口。

2. 官方微信渠道

中国银行信用卡网络申请的另一个主要入口是基于"中国银行信用卡"官方微信渠道，通过在微信客户端搜索公众号"中国银行信用卡"，点击关注后，在"我的账户"模块点击"推荐办卡"栏目可进入网络办卡服务首页，主页面亦提供"我要办卡""网申进度查询""推荐办卡""卡片全家福"四个功能板块，为客户提供信用卡办理并跟进申请进度查询等功能。

3. 其他渠道

（1）二维码布放端入口

通过信用卡网络申请管理系统生成的信用卡办卡二维码，该二维码有银行营销机构、人员、商户、活动等信息内容，布放于各线上线下渠道，方便客户扫码进入申办信用卡。

（2）第三方合作伙伴端入口

中国银行优惠商户、联名信用卡合作机构等第三方合作伙伴端的线上线下渠道，如支付宝"中国银行信用卡"服务窗、腾讯视频合作办卡链接等渠道。

（二）后续处理流程

客户通过以上界面确认办卡意愿、填写相关信息，中国银行将为客户制卡并完成后续寄送等，具体流程如下：

1. 制卡

网申信用卡制卡后，卡片均直接邮寄申请人，网点无需进行卡片收妥管理；针对网申渠道信用卡新客户，启用网申新客户卡函，增加客户持卡及身份证至网点进行身份核实及激活等提示，系统对于此类卡片，在"申请"前控制不能进行激活，包括重制、挂失等业务处理。

2. 邮寄

针对中国银行网络申请新客户全部采用快速邮递方式，确保递达率和提升客户体验。

3. 激活

信用卡老客户收到卡片后可直接致电客服热线进行激活，新客户需持卡、身份证至中国银行任意网点"申请"激活。柜员通过网点身份识别设备确认证件信息，并核对信息与客户本人是否一致；核实无误后，通过系统查询，打印申请表信息，请客户签名并抄录声明。通过系统完成"申请件"处理，系统将此信息送发卡系统调整卡片为"待激活"状态，客户可通过电话或银行柜台核心进行卡片激活并设置交易密码、自动还款账户等（如之前申请时未设置）信息，银行对客户签字确认申请表以及身份证复印件进行扫描上传及纸质归档。

（三）特色功能及场景应用案例

1. 电子化申请功能

网络办卡渠道在银行厅堂端推广应用的重要场景，在于客户来网点厅堂办理业务，大堂经理等人员适时推荐信用卡，指导客户通过手机进行网络申请引导办卡，提前完成"申请件"工作，卡片寄达后客户可直接电话激活卡片，有助于提升客户体验、优化银行网点厅堂人员工作效率，后期将与 pad 办卡、发卡箱办卡等电子化申请方式相结合，真正为厅堂取消纸质件申请表、走出去电子化营销提供解决方案。

2. 优商扫码功能

为结合商户端移动支付服务场景，扩大新增客户规模，拓宽发卡渠道，中国银行于 6 月初投产网络办卡项目优商扫码办卡功能。该功能的上线，将网申办卡与优惠商户平台有效结合，通过在中国银行优惠商户线下布放二维码、客户扫码线上办卡、成功申请后收到含优惠活动券码的短信、优商 POS 验证券码的方式，以客户申请办卡即时享受优惠的高效营销模式，可实现快速、精准获客，利用银行内外优惠商户资源提升市场品牌效应，拉动网申渠道获客产能。目前中国银行网络申请办卡支持半小时内核批，后期将论证研发发卡激活前的托收等功能，为优惠商户支付受理营造良好的发卡环境。

3. 以老荐新功能

为方便客户经理及信用卡持卡人开展圈子营销等场景建设，中国银行信用卡网络申请特提供以老荐新服务功能，通过官网及官方微信页面进入引导办卡页面，完成信用卡老客户身份验证，即可通过链接转发、手机短信转发、专属二维码转发等三种方式传播至信用卡持卡人社交渠道。同时中国银行为以老荐新功能配备达标赠礼活动，推荐人可在推荐进度查询处了解推荐办卡明细及相应活动达标情况，叠加年内网申办卡消费满 99 元送50 元刷卡金活动，为信用卡口碑营销做好功能服务。

4. "芯拍档"办卡功能

目前中国银行在信用卡网络申请渠道投放了六款产品支持客户自主申请"芯拍档"1＋1 办卡服务，具体产品包括：自由行美国版金卡＋万事达钛金卡、都市缤纷在一起阿狸卡＋万事达钛金卡、全币种国际芯片卡威士金卡＋银联金卡、JCB 招财猫全币种国际芯片卡金卡＋银联金卡、长城国际卓隽卡万事达版＋银联白金、长城国际卓隽卡威士版＋银联白金等。客户通过中国银行网络渠道进行一次申办，完成两张卡片申请，简化业务办理流程，实现境内、境外用卡无忧。

三、小结

信用卡网络办卡项目是继网点厅堂、直销队伍等信用卡传统发卡渠道后的又一申请渠道，是基于互联网渠道的即审即核的营销模式，契合主要客户群的行为习惯，借助大数据模型应用，提升后台自动审批效率，以"走出去营销"＋"互联网场景获客"相结合，有效拉动获客发卡产能，提升消费者对信用卡领用的认可度。

今后，中国银行还将一如既往地加强产品及业务创新，紧跟市场节奏，勇于探索，不断为客户提供更好的电子化渠道信用卡申请业务服务，推动市场健康有序的发展，持续践行普惠金融。

案例 2：中国建设银行
手机 App 支付案例

随着技术的不断发展和进步，移动互联网大潮势不可挡。一方面，电子商务逐渐从纯网络的 B2C、B2C 向 O2O 发展，另一方面，第三方支付机构也加大线下拓展力度，全面向线下社区市场铺开。

根据艾瑞咨询发布的报告，2001~2014 年，我国网络购物市场移动端交易规模增长了 352.4%；截至 2014 年 12 月，网络购物手机端同比增长89.5%，而 PC 端仅增长 0.2%。

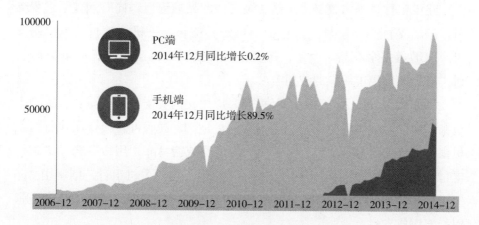

**2006 年 12 月至 2014 年 12 月网络购物 PC 端网页 &
移动端 App 月度使用时长情况（万小时）**

此外，2014 年第三方互联网支付交易额已达 8 万亿元，其中移动交易额达 5.9 万亿元，较 2013 年增长 391.3%。预计未来，支付宝、微博、微信、QQ 等主流互联网公司与社交平台将更大规模地加入支付市场，继续扩大用户范围，促进整体交易规模继续上升。根据艾瑞咨询的保守估计，到 2018 年中国第三方移动支付市场将达到 18 亿元。

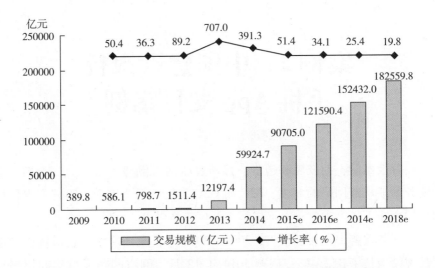

2009～2018 年中国第三方移动支付市场交易规模

建设银行是国内较早推出移动端支付产品的银行，同时涵盖了远程支付、进场支付等多个场景，包括手机账号支付、手机快捷付、二维码支付、HCE 等多个产品。今年，建设银行又创新地推出了手机 App 跳转支付，极大地满足了用户的使用需求。

具体来讲，该 App 支付产品可同时应用在两类支付场景中：一类为手机银行内的民生服务类商户，该商户的内嵌 H5 页面可直接调用建行的手机银行完成支付；另一类为其他商户的网页或者 App，用户在选择"建行支付"后，手机自动检测用户手机，若安装了建行手机银行，则调用 App完成支付。支付方式可同时支持手机银行内用户名下卡支付，或任意一张银行卡完成支付。

一、产品使用流程

首先，用户在接入了建设银行支付产品的商户端下单，并选择"建设银行支付"。随后，自动检测用户手机，若用户装有建设银行手机 App，则自动跳转至建设银行手机银行，用户可选择"手机银行支付"或"账号支付"两种方式，其中前者可供用户选择其名下任意一张银行卡，后者可使用任何人的建设银行卡进行支付。

手机银行支付流程如下图所示。此时用户无需登录手机银行，即可看到自己名下已经添加至手机银行的所有银行卡，可任意选择一张银行卡确认。系统后端自动检测该订单是否超过小额支付的限额（目前为 200 元），若在限额以下，则弹出弹框，仅验证手机银行登录密码即完成支付。

若在限额以上，则弹出弹框，验证手机银行登录密码及短信验证码即完成支付。

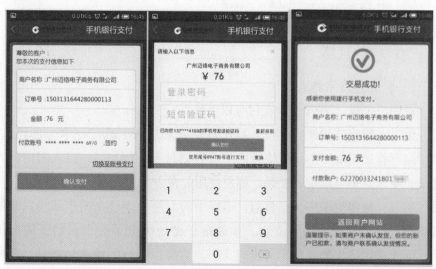

　　账号支付流程如下图所示。此时用户可使用任意一张建设银行卡，若曾经在该手机上完成过支付，系统可自动帮助记住账号，用户只需点击"填入上次账号"即可。输入证件号后四位后，弹出弹框，输入短信验证码即可完成支付。此外，建设银行对后端用户系统做了改造，用户可同时使用账号预留手机号、网银手机号、手机银行手机号等各系统内的手机号完成支付，极大地方便了用户，提高了支付成功率。

二、产品特点

（一）用户使用特点

对用户来说，手机 App 支付有以下特点：

第一，使用流程便捷。该产品可以免去用户掏卡或记住卡号的烦恼。该产品可直接调取用户手机银行内的所有银行卡进行支付，且无需用户先登录，小额支付免短信验证码，用户使用非常方便。

第二，使用范围广泛。目前，市场中的大部分 App 支付产品均只能使用用户自己名下的卡进行支付，如微信中已经绑定了一个人名下的银行卡，即无法用他人的银行卡再进行支付。而建设银行的该支付产品，只要满足所有验证要素，即可完成支付。

第三，使用安全性高。目前，建设银行的手机银行采用了"绑定设备"安全策略，即手机银行 App 软件与该手机进行绑定，且在注册时需要用户回复一条短信完成验证，安全级别较目前市场中的大部分支付 App 更高，极大地保证了用户的账户安全。

（二）商户接入特点

支付产品的推广离不开商户。对商户来说，该产品最大的好处是完全基于已有的建设银行的网关支付产品，若支付行为在手机端发起，则首先进行手机账号自适配，若进一步检测到用户已安装建设银行手机 App，则继续跳转至手机 App 进行支付。在商户端，商户无需重复开发，仅需要对接口进行微量改造以满足支付完成后跳回商户的网页或客户端即可支持该产品运行。

案例 3：中国光大银行云支付业务

一、前言

目前移动支付业务快速发展，快捷支付以其方便、便捷的支付体验，逐步成为线上支付交易的主体，光大银行在支持跨行网银收单的基础上，实现电商平台跨行（含本行）持卡人通过移动端、PC 端快捷支付方式完成消费。为外部电商平台提供移动及 PC 端跨行支付的专业化电商综合支付解决方案，提供比第三方支付公司更完整的服务。

二、行业背景

随着移动互联网的发展，手机、平板电脑等智能终端以及互联网技术的快速发展、支付宝、财付通、百度钱包等业务普及，国内的移动支付市场持续保持高位增长，呈现爆发式的发展态势。商业银行作为传统支付的地位逐渐被削弱，逐渐淡出客户视线。商业银行迫切需要推出移动端应用的支付产品，在大环境下占据一定份额，重塑银行在客户中的形象。

光大银行着力打造云支付品牌，通过反接入第三方接口的形式，通过包装页面，让客户在选择支付宝、微信支付等传统平台之外，体验以银行为后盾的支付收银台，为此早前业务团队已逐步开展宣传营销，商户端、网银手机渠道投放云支付 LOGO。在打造光大银行云支付品牌的同时，由于云支付支持本行卡、他行卡支付交易，能够完整地采集他行客户核心信息，为光大银行今后业务营销提供了机会；本代他跨行收单以及保证金存款，也为全行带来了绿色资金沉淀；在移动端支付应用价格相对偏高的环境下，云支付跨行快捷收单为全行带来新增手续费收入。

三、云支付跨行网银支付收单

随着互联网飞速发展，电商巨头涉足资金融通业务，商业银行也纷纷

搭建电商平台，光大银行于 2015 年 10 月 28 日正式上线电子商务服务平台——"购精彩"商城，光大银行为客户再次打造了以专业化金融服务为依托的电子商务金融服务平台，使客户服务体系更加完善。

为了提高客户服务质量，"购精彩"商城使用了光大银行云支付跨行网银支付收单平台，不仅满足了客户使用多家银行卡支付的需求，而且也解决了支付限额较低的支付痛点，为客户带来了更好的支付体验，同时完善的支付系统同样有助于商城的发展，截至 2016 年 12 月 31 日，"购精彩"商城共引入知名合作商户上百家。

1. 创新亮点

在"购精彩"商城购物时除了光大银行客户，其他银行卡客户同样可以顺利完成在线支付，这正是基于光大银行创新推出的"跨行收单平台"。通过光大银行云支付与电商平台之间的一点对接，利用光大银行云支付为电商平台提供的跨行转接服务，即可实现多家银行卡的网上支付交易。

在企业经营过程中，常常会遇到需要在不同银行间进行资金结算，这便容易导致企业在时间和资金方面的成本增加。为了提升企业资金管理效率，光大银行积极创新资金管理模式，推出了跨行收单平台，企业在电子支付过程中只需选择与光大银行一家对接，即可实现多家银行的网上支付交易，既方便了企业管理资金，又提升了客户体验。

2. 业务启示

（1）增强光大银行品牌效应

随着云支付跨行网银支付收单平台合作商户的不断增加，对于银行形

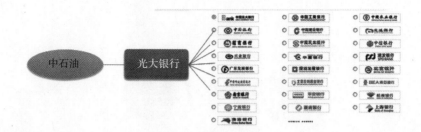

象、品牌的树立及推广，均可带来积极的作用。

（2）带动电子支付等相关业务的模式化发展

光大银行与多家合作伙伴在电子支付、网络缴费、品牌营销、联合发卡等方面的合作作为一种标准合作模式，可复制到与中石化、中国移动、中国联通、中国电信等大型企业的合作中，在与其他企业的商务谈判中，光大银行将有很大的优势。

四、云支付跨行快捷支付收单

光大银行要实现以云支付为品牌支付入口，支持多家银行卡线上交易，需要反接入第三方支付公司作为跨行快捷收单的合作方，光大银行目前与某第三方支付公司合作，今后还会与多家第三方支付公司合作作为备选通道，以规避单一通道的风险。云支付的模式基本和现在主流第三方支付平台保持一致：即首次验证账号和客户信息，完成绑卡签约支付，非首次可直接使用已绑定卡便捷支付；实现云支付功能，重点在于支付系统建立跨行快捷收单体系，并由手机移动端、PC 端设计客户操作流程。在云支付入口使用趋于稳定，积累一定的客户群体后，未来将计划建设云支付账户体系，将云支付的客户体验进一步升级。

1. 产品使用规则

客户（本行、他行）在光大跨行快捷商户客户端或 WAP 页面下单，选择付款方式时，点击光大云支付，商户接入手机银行 WAP 页面，手机银行调用支付系统，对商户进行验签，支付返回结果，手机银行会根据支付系统返回的商户网关标识，提示客户应该填写的卡种。

支付系统新增接口，手机银行在商户验签通过后，支付系统根据上送的商户号＋客户 ID＋商户网关标识，查询是否有状态为"开通"的签约记录。

场景 1：未绑卡——视为首次支付场景：手机会引导客户填写账号，在该商户＋客户 ID 下加挂新的卡片，并进行支付；

场景 2：已绑卡，但是客户不使用已签约的卡，而是绑定新卡——同场景 1；

场景 3：已绑卡，并且使用已签约的卡——非首次支付。支付返回签约信息时，需要返回（但不限于）卡类型、卡号、手机号以及每张卡片最近一次使用的时间，并按使用时间降序（最近使用在先）排列，可由手机银行根据需要优先展示某张卡片，客户选定卡进行完成支付。针对上述业务场景 1 和场景 2，需要绑定新卡片时，手机银行调用支付系统银行卡信息查询接口获取卡信息，以便前端页面展示。

支付系统新增接口，因为目前支付系统没有他行卡 bin，需要调用第三方"银行卡信息查询"接口，获得开卡行名、借贷类型和卡号是否有效等信息。

首次支付：手机会上送客户验证信息要素：账号类型、账号、姓名、证件类型（目前仅为身份证）、证件号码；

非首次支付：支付系统直接从签约数据库中获取验证要素；对于信用卡，如果是本行，仅需上述五要素，如果是他行，因第三方特殊规定，同时需要 CVV2 和有效期。在正式支付前，为了控制交易风险，需要进行试算：商户风险控制参数包括单笔限额、单日限额、单月限额、单日次数，可为空，则表示在商户下发生交易不受该参数限制；按跨行快捷商户号＋网上支付＋卡种对交易进行试算。

2. 商户批量结算与对账

T＋1 日发送第三方"获取消费清算对账单记录""获取退款清算记录"接口，对 T 日的支付和退货的交易进行对账，最终状态都以第三方对账记录为准；T 日光大银行在第三方成功的所有支付订单金额总和、所有退货订单金额总和，第三方保证能在线下将（支付总额－退货总额）大于零的轧差金额，转至第三方在光大银行的结算账号，如果只有退货，就等下一日支付金额冲正，直至大于零。无论第三方如何处理轧差、是否给支付划款，支付系统均需把支付结算货款从第三方跨行往来户划转至各跨行快捷商户的货款结算账号，并扣收商户手续费；支付系统需把退货结算货款从各跨行快捷商户的货款结算账号扣收至第三方跨行往来户，并返还商户手续费；跨行快捷商户的对账文件可通过对公网银（或配置接口参数）获取，本行交易和跨行交易在同一个文件中。

3. 项目难点

（1）如何记录客户账户信息

考虑到项目开发时间与成本的问题，没有制作专属于云支付的客户端App，暂时无法以客户为核心建立客户账户体系，那么如何记录客户的账户信息呢？

（2）如何控制交易风险

快捷支付签约绑定客户账号信息后再次支付卡号可返显，记录在同一商户及客户 ID 中，如手机丢失后发起交易有被盗刷的风险。

（3）与第三方对账问题

T 日光大银行在第三方成功的所有支付订单金额总和、所有退货订单金额总和，第三方保证能在线下将（支付总额 – 退货总额）大于 0 的轧差金额，转至第三方在光大银行的结算账号，第三方轧差处理机制，可能使业务有对账混乱的问题。

4. 解决方案

（1）如何记录客户账户信息

我们采用商户号 + 客户在商户端注册的 ID 作为唯一标识，将客户签约信息存放在支付系统，将签约信息查询接口开放给渠道进行使用。

（2）如何控制交易风险

支付系统按照商户号 + 卡类型设置支付限额，限额分为单笔限额/单日限额/单月限额/单日笔数。并且与第三方合作中实行快捷支付盗刷赔付机制，如确立盗刷风险，由第三方先行赔付客户。

（3）与第三方对账问题

支付后台新增功能，"第三方机构往来账汇总查询"，可查询每日实际应和第三方结算的支付或退货汇总金额，以便对账。

① 银行与转接方对账：以转接方为准 → ② 由支付系统生成对账文件：供商户下载 → ③ 商户对账：商户根据对账文件进行账务核对

5. 服务商户

为庆祝北京 2022 年冬奥会申办成功，冬奥申办委员会、中国集邮总公司授权中国黄金集团于 2015 年 8 月 4 日发行了《北京申办 2022 年冬季奥林匹克运动会成功纪念》邮票纯金仿印典藏产品。基于前期良好合作，光大银行获得了本产品独家承销资格。产品是冬奥申办委员会、中国集邮总公司独家授权中国黄金集团发行的唯一申奥成功纪念品，全球限量发行 199999 套，其中 15 万套由光大银行独家承销（银行渠道），产品极具收藏价值，升值空间巨大。8 月 10 日光大银行各渠道全面销售，移动端接入云支付入口，实现各大银行卡均支持购买产品。

6. 创新亮点

（1）创新盈利模式

通过一点接入第三方，可支持多家银行卡支付，接入合作商户获取发展行中间业务收入手续费，实现盈利。

（2）跨行获客渠道

通过跨行快捷支付交易，在支付系统记录跨行客户账户信息，增加引入跨行客户的机会。

（3）绿色存款

合作电子商户在光大银行存入业务保证金及支付交易产生的交易资金成为光大银行的资金沉淀。

7. 业务启示

在移动金融大步发展的环境下，在支付机构占据移动金融高位的环境下，银行业迫切需要建立自身的支付入口，打造银行支付的好口碑和品牌，在轻成本重品牌的原则下，支付系统与第三方支付机构反接入，利用成熟产品以及资源，在跨行收单业务中走在行业前列。

（电子银行部总经理　杨兵兵，电子银行部副处长　吴昊）

案例4：支付宝"城市服务（智慧城市）"项目

一、城市服务项目背景介绍

党的十八大明确提出建设职能科学、结构优化、廉洁高效、人民满意的服务型政府的改革目标。建设服务型政府迫切需要推进政府服务创新，贴近民众，建立健全整体公共服务制度。便民服务的发展应该突破审批瓶颈，重组审批、办事职能，裁撤冗余流程，实现跨部门事项并联。便民服务以互联网思维有力支持并服务于政府行政改革和职能的转变，推动和保障服务型政府、法制政府的建设。

"便民服务"借"互联网＋"、"大数据"的东风在全国蓬勃发展，服务于广大用户。各个省、自治区、直辖市不仅在电子政务方面深化简政放权、转变政府职能，而且在民生工程方面持续创新大众服务、便民惠民。依托大数据、云计算等先进的互联网技术，智慧城市便民服务具有如下特点：（1）行政权力得以全流程监督，政府服务规范化、建设集约化、资源共享化。（2）用户生活场景从便捷的互联网服务中获益，帮助公共缴费更灵活、政府办事更高效、百姓时间更节约等，正在显著改善居民生活体验。

阿里巴巴集团从2014年开始陆续与10多个省（自治区、直辖市）的20多个城市达成基于"互联网＋"的全面战略合作。支付宝"城市服务"项目自2014年12月起启动，截至2016年底，全国已有300多个城市（含县级市和直辖县）入驻支付宝城市服务平台，辐射全国。包括车主服务、政务办事、医疗服务、交通出行、生活缴费等在内多项服务，为超过逾1亿的用户提供简单便捷的服务体验。2016年有超过10亿人次使用"指尖上的城市公共服务"。

二、城市服务产品情况和业务流程

（一）城市服务产品功能特点

"城市服务"是支付宝为个人、企事业单位、政府机构提供的便民服务平台，相关机构可以通过此平台对用户进行信息推送、业务场景打通、在线收费和服务管理。

用户可以通过手机里的支付宝钱包、新浪微博、手机淘宝以及人民日报客户端进入"城市服务"平台，直接在手机上办理各种公共服务，包括交通违章查询、出入境信息查询及办理、户政查询及办理、公证服务、实时路况、医疗、公交车、社保、公积金等等；还针对各个城市的不同需要，推出包括三险一金查询、小客车摇号、物流快递查询、医疗诊疗挂号、婚姻登记预约、图书馆预约等特色服务。与传统到营业厅的办理业务的方式相比，支付宝"城市服务"可以为用户人均节省 20 ~ 60 分钟。

城市服务的优势在于拥有的用户是通过支付宝实名认证的优质客户，具有一定的可识别率，且带有资金流。支付宝充分利用支付宝现有庞大的实名制用户信息体系，协助政府搭建与市民之间的沟通桥梁，更好地为市民服务，打造一站式、全天候的移动便民服务平台。城市服务的未来呈现模式，譬如"缴费不出门"、"看病不排队"、"出国免押金"等，我们为市民提供除了熟悉的水电煤、宽带、天然气等生活缴费外，还包括医疗、交管、交通、公安户政、出入境、社保公积金、教育、文化等便民服务。通过"统一平台，二端接入，三个入口（支付宝、微博、人民日报）"模式，阿里巴巴集团和支付宝向政府输出四大能力：平台能力、金融能力、大数据、云计算，以公众服务窗为应用基础，以民生大数据为内核，聚合行业应用，扩大覆盖面，提升公共服务个性化、智能化水平，以创新手段参与实体公共服务事业，贯通公共服务全过程，打造真正的一站式、全天候的民生服务大厅，同时增加了支付业务入口，促进公众增加对网络支付的认识。

（二）城市服务流程

1. 业务办理入口

用户可通过支付宝钱包、新浪微博、人民日报三个入口使用城市服务。

图 1　城市服务入口界面

2. 功能模块选择

用户进入城市服务业面后，可选择的各类便捷服务包括：医疗服务（挂号就诊、问医生）、车主服务（电子监控违法查询、违章提醒、驾照违法查询、车辆年检预约）、政务办事（出入境进度查询、结婚登记预约、公证服务、房产税查询）、交通出行（汽车票、实时公交查询、机场服务、高速路况查询、加油）、生活缴费、文化生活（图书馆服务、景点门票、志愿者服务）等。

3. 支付方式选择

用户在城市服务场景下可使用支付宝余额、余额宝、快捷支付、芝麻信用、花呗、借呗多种支付手段。

三、城市服务典型案例

案例一：浙江省城市服务案例

支付宝充分利用其现有庞大的实名制用户信息体系，建设浙江省政府应用汇聚平台便民服务窗口，为市民提供一站式网上办理服务，以及提供完善的医疗、教育、交通、出入境、社保、医疗、公积金等服务的一键查询、缴费及办理等一站式服务体系。浙江省城市服务平台的建设，一方面改善和优化了市民办理渠道，推动低碳环保的建设节省巨大的社会资源；另一方面搭建政府与市民之间的沟通桥梁，帮助政府与广大市民信息更正面和正确地传达，更好地为市民服务。

实施方案：浙江省政府选择各级政府机关并完成技术对接通过"浙江政务服务网"入驻支付宝服务窗＋新浪微博便民服务平台。通过该平台，浙江市民可在手机端完成信息发布、出入境业务、户政业务、实时路况、交通违法查询及提醒、车管业务等便民服务。各地市同时入驻支付宝生活号，并在支付宝钱包首页"城市服务"展现各地特色服务。

最终在浙江省，以便民为目标建立财政部门、执收单位、代收机构、收款银行等单位实现政府非税收入的多途径、多渠道缴款，通过搭建升级全省的非税收入统一支付平台，完成财政部门非税征管系统、执收单位互联网办事平台、执收单位办事平台以及代收机构支付结算平台、收款银行中间业务平台的协同运作和横向联网。实现为浙江省财政领域的改革创新，实现收缴手段突破、拓宽收缴渠道、实现跨区缴费，降低管理成本，提升工作效率和水平；为市民和业务机构带来方便快捷、节约时间和金钱成本的一体化服务，最终实现了较好的经济效益和社会效益。

案例二："移动互联网＋缴费"全国家庭账单缴费

随着移动互联网的普及，社会公共服务也与时俱进，支付宝为用户提供公共缴费类便民服务。开通支付宝生活缴费的城市，每个人可以根据账单规划用电时间，为节约减排作出自己的贡献，用微小的努力给整个世界创造小而美的体验。移动互联网打破了地域和空间的界限，帮助许多人通过支付宝移动端替家人、朋友们缴费。移动支付不仅带来了生活的便捷，也让分散在各地工作生活的人们拥有更多对父母、对儿女表达关心和友爱的方式。

小额便民的支付解决方案，节约了社会资源，也使得支付宝更深入地走进大众的日常生活，大大拓展了支付应用场景。

案例三："移动互联网＋医疗"广州支付宝未来医院

广东省中医院、广东省妇幼保健院接入支付宝，打造"未来医院"，并成为中国首家"智慧互联网药房"。患者可以通过支付宝进行挂号、缴费、候诊、查取报告等操作。考虑到患者付款的所有环节，除了可以直接通过支付宝支付诊疗费以外，广东省妇幼保健院还在人工窗口设置了扫码枪，扫描支付宝上的二维码支付，或者扫描诊疗单上的二维码支付。让看病不带现金成为可能。而且医院药房会将煎好的中药送到患者家门口，让患者获得淘宝电商一样的医疗服务到家体验。

大医院看病难是长期困扰老百姓的"城市顽疾"，而挂号、缴费、候诊时间长，看诊时间短又被称为"三长一短"的问题，常常成为患者就诊的痛点。如果在白天繁忙时段，按传统就医流程，患者需要向单位请假，除去交通时间还要在医院花2个小时才能就医，而使用支付宝进行挂号缴费，就医时间能直接缩短2/3，在很大程度上节约了患者看病的时间成本，创造了可观的社会价值，就诊的服务体验与患者满意度也因此大大提高，可以说，移动诊疗服务已经成为保护医患关系的润滑剂。

图2 支付宝报告结果"随时查"

和很多综合性的医院相比，来妇幼保健院就诊的以孕产妇和儿童居多，背后真正服务的对象是年轻父母，对于移动支付等项目的接受度相对比较高，也比较习惯手机支付的方式。广东省妇幼保健院充分考虑到这个

图3 支付宝未来医院便捷服务

群体特点，与支付宝达成合作，共同推动移动医疗平台的建设。为了更好地方便病患使用，节省就医时间，医院方面还在患者使用细节上与支付宝方面反复进行打磨，以便提升患者的实际使用体验。对于医院方面来讲，患者使用手机挂号缴费，相当于医院变相增加了大量的挂号和收费窗口，扩充了服务入口，在提升服务效率的同时，对于节约医疗管理成本也大有裨益。随着越来越多医疗生态合作伙伴的紧密合作，"未来医院"赋予传统医疗机构的功能也在不断升级，从最初的移动挂号缴费、查报告等基础应用，逐渐会优化成涵盖慢病智能管理、诊前咨询、诊后随访、中药代煎配送等更智能的生态平台。

案例四："移动互联网＋体育"湖北全民健身O2O，强民强国

2014年国务院号召将"全民健身"上升为国家战略，而城市中的体育设施是全面健身的基础保障。湖北省体育局利用"互联网＋体育"模式大胆创新，全国首个互联网体育公共服务平台湖北"去运动"，于2014年8月8日（全民健身日）正式在支付宝上线。

湖北体育公共服务平台"去运动"是湖北省体育局利用移动互联网服

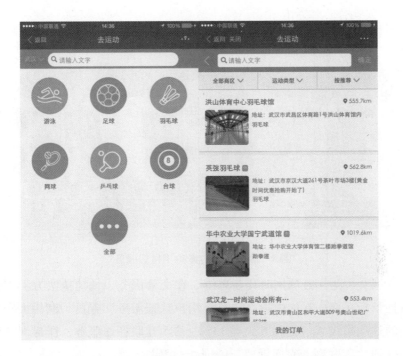

图4 "去运动"湖北体育公共服务平台

务大众的一项创新之举，作为国内首个移动互联网O2O类体育公共服务平台，它同时具有场馆订购、体育社交、同城约战、体育商城、体育健康卡、场馆一卡通等八大功能。湖北省的老百姓可以不受时空的限制，合理安排自己的健身休闲计划，在移动App能够即时预订全省635个体育场馆，场租费在线随心付。百姓健身零距离，体育场馆利用率增长，互联网与体育场馆共创双赢。

在最新版本的支付宝App中的"城市服务"、"服务窗"两个通道中，都将全面引进"去运动"，届时通过湖北省1700万支付宝App用户引流"去运动"，让更多的市民感受到"去运动"App的便捷服务，使全民健身在湖北省更加普及。此次合作模式，支付宝将从湖北试点，并将"湖北模式"向全国推广。湖北省体育局领导指出，"去运动"是借助移动互联网深度整合场馆资源，通过政府购买公共服务，推动全民健身事业发展的一种尝试，能够有效解决市民感觉健身休闲场地少而大量体育场馆利用率低甚至处于闲置状态的社会问题。

案例五："移动互联网＋交管"深圳创新智慧交警，市民享用星级服务

图5　深圳交警的移动"星级服务"

深圳交警运用互联网时代新思维，在交管服务、便捷执法方面进行了创造性革新，率先在国内建立"星级用户认证服务"制度，利用大众喜闻乐见的移动超级 App 提供 6 大类 135 项移动互联在线服务，让深圳市民真正感受到"互联网＋交通管理"的创新型服务体验。

星级用户的含义是只要深圳市民提供个人、车、驾驶证等准确信息，就可以享受星级的、便捷的业务办理。便捷的服务是建立在准确、真实的信息基础上的，以后推出手机处理交通违法更需要准确的个人信息、驾驶证、行驶证信息。支付宝可为星级服务提供良好的支撑，市民认证注册通过后能够将交警业务从线下搬到线上，从柜台搬到市民家中，百姓在掌上办理驾驶证补换证、机动车行驶证补换证、补换检验合格标志、非深圳车辆通行证、一键挪车等便民交管服务，动动手指就行，真正做到"让数据多跑路，让市民少跑腿"。深圳市民经过星级用户认证注册后，可以通过手机在线学习交通安全知识，交警将依法对相应学习时间折算为记分，最高为 6 分。深圳市民一旦出现交通违法需要记分时，能够使用已经通过提前学习后获取的记分进行抵扣。深圳交警星级服务充分结合了支付宝海量实名用户和可靠的信用体系优势。

案例六："移动互联网＋文化"上海出现中国第一家支付宝"未来图书馆"，全民读书

上海图书馆作为全国第一家入驻支付宝"城市服务"的图书馆，用户

图6　上海"未来图书馆"移动服务窗

通过支付宝即可实现书目查询、已借图书查询、图书续借、培训讲座等信息查询。上海图书馆也成为市民名副其实的"掌上图书馆"。

打开支付宝，点开"城市服务－图书馆服务"，以查询《百年孤独》为例，一共查询到13个图书版本，每个版本在全市范围的哪些图书馆，处于阅读、破损或者归还状态也一目了然。据了解，支付宝"城市服务"内的上海图书馆，可以查询全上海上百家公共图书馆的馆藏图书。市民如果借书之前查看一下，就能避免到馆书却已经被借出去了的情况。如果忘记了书籍的具体归还日期，也可以点开"已借图书"查看借书日期和还书日期，以免错过。此外，市民还可以通过"图书续借"，延长借书时间。

四、城市服务项目推荐理由

支付宝"城市服务"以阿里云与大数据作为业务基石，由政府、公共服务机构输出服务能力（平台能力、金融能力、大数据、云计算），最终帮助政府系统建设智慧城市，为市民创造更美好的未来生活；支付宝做"城市服务"这个平台，最终的目的是帮助建立未来的"智慧城市"，智慧城市不是一个简单的服务，未来将成为一个新的产业链和产业生态，包含数据安全、数据共创、信用能力、运营以及流量等的全新产业生态，不仅

271

图7　上海掌上"未来图书馆"

将服务到所有的普通老百姓，更可能会孵化出成千上万的创业公司。

在服务城市的同时，支付宝的应用场景也得到了极大拓展，网络支付与普通民众的日常生活更加紧密联系在一起。支付宝将继续密切与各地政府部门及相关公共服务机构的合作，通过互联网平台为社会公共服务提供优质便捷的支付服务。

案例 5：财付通微信支付

一、背景分析

根据《中国网络支付安全白皮书》，到 2017 年中国移动支付市场交易规模将突破 2 万亿元，近年来移动支付将迎来快速增长。

Yankee Group 发布的研究数据显示，至 2014 年全球移动支付的交易规模高达 9840 亿美元，智能终端比例的不断提升、越来越多的商业环境开始推广随身便捷的支付场景，以及消费者通过移动设备进行支付的习惯日趋成熟，将助力移动支付在全球范围内快速普及和发展。

在这样的环境下，微信支付应运而生，随着微信 5.0 版本的发布，启动了微信支付，将互联网商务的创新推向新高潮。特别是在 2014 年春节，随着微信红包的火爆推出，使微信支付进入了公众视野。

二、微信支付简介

微信支付，是财付通公司通过微信客户端向用户提供的安全、快捷、高效的支付服务。

三、微信支付的使用方法

微信支付用户可以通过绑定银行卡进行注册，用户填写姓名、身份证号、手机号、银行卡号，并在通过验证后，即可设置微信支付密码，完成支付密码的设置以后，就完成了账户的注册，可使用已绑定的银行卡进行支付。

微信支付操作简便流畅，以微信红包为例：用户可根据提示指引填写红包个数、金额、祝福语等相关信息，即可发出红包。领取微信红包时，用户点击红包消息，选择"开"即可拆开红包。用户领取红包后，资金进入用户零钱账户。

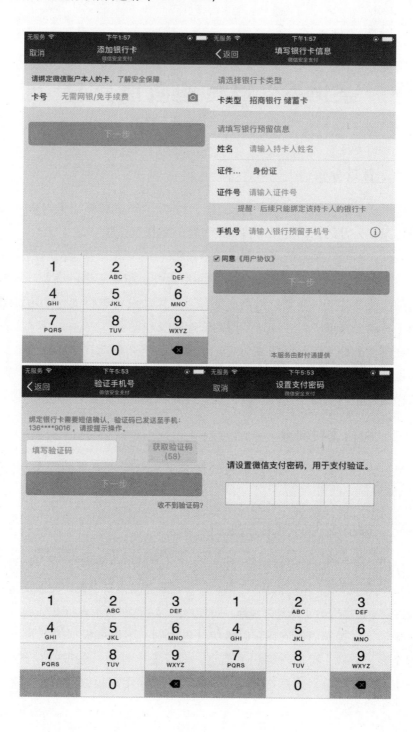

四、微信支付的支付流程

微信支付主要有以下四种支付模式：App 支付（应用程序支付）、公众号支付、手机扫码支付、手机被扫支付。

1. App 支付（应用程序支付），即用户从第三方应用程序下单，跳转至微信支付，而后用户直接完成支付的行为。在用户支付完成后直接返回到第三方应用程序中，整个支付过程客户体验连贯。

2. 公众号支付，即商户通过微信公众号的形式，把网上商城内嵌到微信 App 中。商户可以通过公众号消息、好友消息、群消息、朋友圈、二维码扫码等多种方式进行营销推广，既可以引导用户到网上商城的入口，也可以直接引导到某个商品。用户接收消息、点开网页选购、支付等，全部在微信中完成，无需跳转至其他应用程序。

3. 手机扫码支付，即用户扫描商家提供的二维码，直接调用支付模块。二维码按照规则生成，包含商家 ID、商品 ID 等信息。

4. 手机被扫支付，即用户在微信 App 上展示条码或二维码，商家扫码，用户资金被扣除。

五、微信支付的典型案例 1：群收款

微信支付通过丰富的支付应用将便利的支付体验延伸到生活的方方面面。2016 年，微信支付继续深挖用户场景，推出了群收款业务，进一步服务用户生活需求。

1. 群收款业务介绍

群收款是财付通推出的一款基于微信客户端的免费服务应用，是一款社交移动支付产品。通过微信群收款，好友之间可以均摊活动费用，也可以针对不同的用户收取不同额度的费用。

2. 群收款的产品特色

（1）解决痛点

微信对原"AA 收款"功能进行了升级，推出"群收款"功能。用户在群聊中发起"群收款"，不仅能指定付款人，还能在非等额的情况下，来按实际情况向好友按不同金额收款。随着这一功能的升级，聚餐后 AA 分账、班级收班费、集体旅游收款等日常生活中的收款都会变得更简单。

在最新版本的微信中，用户在群聊中点击"＋"号，可找到群收款功能。发起收款后，需付款的群成员会收到消息提醒。同时，"群收款"会对超过 24 小时未付款的好友发送系统提醒，让收款人避免主动提醒的尴尬。

（2）设计简单

在群收款功能的设计上，遵循了简单的原则。发送方点击群聊"＋"号，选定好友和金额，以及收款备注，就可以发送给好友；接收方则在打开消息后即可发起支付，支付后金额进入发起方用户的微信钱包中。

（3）私密机制

微信本身即为一种私密社交的应用，利用的是用户本身的好友关系链，而依托于微信的群收款也仅允许在指定群聊中发起，不得将群内的收款单转发到其他群，大大降低了用户信息泄露的风险。

（4）安全策略

群收款使用的是财付通公司提供的资金流转服务，财付通公司通过多种技术手段，对用户在群收款中的金额提供坚实保障。

（5）风险防范机制

首先，用户必须通过实名认证后才能正常使用群收款功能。其次，用户发起支付时，如果对方不是自己的好友，群收款将提醒用户核实对方身份后支付。此外，未被发起方选中的群成员，无法支付群收款，避免了误操作带来的问题。

3. 微信群收款的操作流程

步骤一：找到"群收款"

在微信群聊窗口中选择右下角"＋"号，进入后选择"群收款"。

步骤二：进入群收款编辑页

点击"群收款"进入发起收款界面。此时有两个选择，"人均模式"

和"按人填金额"。在人均模式中，用户输入总金额、选定好友、填写收款备注，发给指定的人，系统自动计算每个用户需要支付的金额。在按人填金额模式中，需要指定好友并填写该好友需要缴纳的金额，再发起收款，付款方可以按照收款方指定的金额进行支付，每个付款方的金额可能会不同。

步骤三：填写群收款信息

人均模式需填写总金额和人数，按人填金额模式需填写各个成员需要支付的金额。

步骤四：发起群收款

填完群收款信息就可以点击界面上的"发起收款"了。

步骤五：支付群收款

用户收到群收款消息后，点击群收款气泡即可进行支付。支付时不支持信用卡，需使用零钱或借记卡支付。

步骤六：提醒功能

用户发起的收款未收齐，待付款的成员会在 24 小时后收到付款提醒。群收款通过系统提醒的方式帮助收款方解决"催债"的尴尬问题。

六、微信支付的典型案例 2：鼓励金

2016 年，微信支付在现有代金券、立减等运营工具基础上，创新性地推出鼓励金产品，通过对用户支付行为的长期培育，使用户享受更便利、更全面的线下支付场景的同时也能积累更多权益。

1. 鼓励金产品介绍

鼓励金是微信支付推出的用户支付行为激励产品，产品设计上涉及累积日、暴击日、核销日三部分。

在累积日，用户每天使用微信支付后，可获得随机金额的鼓励金，鼓励金可多次累积。

在暴击日用户不仅可以领取当天的鼓励金，还可将已累积的鼓励金翻更多倍数；

在核销日，用户可通过使用微信支付，将已累积的鼓励金一次性抵扣现金使用。

2. 鼓励金的产品特色

（1）设计简单

鼓励金在设计上遵循简单的原则。

在累积日，用户使用微信支付后，通过点击支付完成页或微信支付公众号下发的消息，即可直接领取鼓励金。在暴击日，只需照常使用微信支付并领取鼓励金，即可将累积金额翻倍更多，而无需任何额外操作。在核销日，用户使用微信支付时，系统自动将鼓励金抵扣现金使用。

（2）参与感强

相比现有业内普遍采取的代金券、立减等运营工具，鼓励金给予用户更大的自主权及参与感。现有的代金券、立减功能由商家主导。而用户在鼓励金活动中，每天主动领取并累积鼓励金，在暴击日主动参与暴击以获取更多权益，极大地提升了用户对鼓励金活动的参与感。

（3）培育支付习惯

鼓励金改变了现有代金券、立减等运营工具针对用户单笔交易在支付中或支付后一次性发放或兑现用户权益的方式，创新性地采用多次预累积、一次性核销的方式。用户在"支付越多，累积越多，核销越多"的强烈预期下，更多参与到线下支付中，从而有效培育用户线下使用微信支付的习惯。

3. 鼓励金参与流程

（1）累积日，领取鼓励金

步骤一：在鼓励金累积日使用微信支付，到达支付完成页

步骤二：点击"领取"，领取鼓励金

点击"领取"进入鼓励金累积页，同时自动完成当天随机金额鼓励金的领取。

（2）暴击日，领取鼓励金后累积金额翻倍更多

在暴击日，使用微信支付并点击支付完成页领取鼓励金后，累积金额即可同时翻倍更多。

（3）核销日，使用微信支付抵扣现金

在核销日，使用微信支付时，订单金额大于鼓励金累积金额即可一次性抵扣现金使用。

案例6：易宝支付案例介绍 – 掌柜通

掌柜通是易宝支付于2015年4月推出的结合了"互联网＋"的解决方案，降低了传统商户的交易成本和效率；通过商户自身数据的积累，助力小微企业低试错成本创业；基于数据的营销能力，在降低商户营销成本的同时，又提高了营销的精准性；并且，通过技术服务系统的专业性，又降低了商户相关人员、系统等资源投入，使传统行业中小企业更有底气应对"互联网＋"的转型压力；同时，在超大型和大型商户层面，易宝更有效助力传统商户产业专业化升级，并在全国范围内更加迅速地扩张。

通过深挖O2O产业特点，打造产业的大型综合性的解决方案，掌柜通为商家提供了强大的分账体系和资金归集管理，为批发零售、生活服务、物流公司等O2O行业商户进行及时分账，有效地降低了资金风险和运营成本。解决了企业一体化资金处理需求。在一年半时间里，已见证了诸如掌合天下等标杆性的大型企业的迅速成长，多个商户已经在准备上市阶段或已获得上市公司多轮的数亿元资金的大手笔投资、入股。

掌柜通适应O2O支付场景多元化的特点，提供了多元化的支付解决方案。并针对O2O平台利益相关主体多、产业链条纵深日渐加长的特点，提供为O2O行业量身定做的高效支付清结算服务。

截至2016年11月，掌柜通已经服务了500多家O2O企业，日交易额达十亿元。为批发零售、生活服务、汽车后市场等多种行业商户提供了稳定而优质的服务，助力O2O企业快速发展业务。在O2O行业中奠定了提供优质稳定高效服务的品牌。

一、背景情况介绍

1. 公司介绍

易宝支付作为国内源自硅谷的大型支付公司，是行业支付的开创者和领导者，陆续推出了互联网在线支付、一键支付、POS 支付等创新产品，先后为航空旅游、电信教育、游戏、电商、基金、保险、互联网金融、直销银行、O2O 领域量身定制了手机移动收款、付款、资金结算三大系列产品，加速了各行业移动电子化的发展。易宝支付在互联网金融、航空旅游、数字娱乐、行政教育等多个领域保持领先地位。

经过 13 年的发展，易宝支付在全国拥有 32 家分公司，员工数量逾千人，服务商家超过 100 万，交易规模达万亿元。

"易宝支付服务 O2O 行业已经有 5 年多的历史，先后合作了 200 余家 O2O 商户，这次我们是把一个经过市场检验的成熟 O2O 支付解决方案正式推向市场"。易宝支付 CEO 唐彬谈道，"我们亲历了这个市场的高速成长，也深深体会到 O2O 并不是 Web 的简单延伸，包括支付，不是把 Web 时代的解决方案简单移植过来就行"。

易宝支付 2015 年第三季度参与成立三家 O2O 联盟，分别是：游戏创客营、中国生鲜 O2O 产业联盟、中国汽车 O2O 生态联盟。

2. O2O 行业商户痛点

（1）由于传统企业向互联网转型，机会成本和沉没成本的不确定，如何做到快速接入和快速试错？支付系统本身是一个复杂性和专业性极高的系统，企业如果自行处理支付和 O2O 链条商户之间（如供货商）的资金清结算，是一件吃力不讨好的事情。

（2）O2O 初创企业和线下转型企业如何解决多平台的对接测试工作，财务如何解决复杂的多平台对账及清结算问题？

（3）O2O 时代的支付需求，早已不是从 Web 时代解决方案简单的延伸就可以，如何解决从单一的 PC 端支付，转化到对多元化的线上、移动、线下的多种场景的支付方式的需求？

（4）O2O 行业发展非常迅速，但仍存在商家和平台间的信任问题。商家质疑平台披露信息的准确性和对称程度，平台质疑商家资质的真实性以及作业过程中是否弄虚作假。如何解决这个问题？

（5）单笔交易订单多个参与者利润如何平衡和高效地分配，让资金链上的每一方都能够将资金流转起来？

284

（6）如何做到交易闭环，支付环节不出纰漏？如何满足 B2B 行业大额支付的需求？

3. 行业发展趋势

从 O2O 行业的发展不难看出，补贴营销不是长久之计，O2O 企业还是需要深入到传统产业的业务链条里找机会，砸钱占坑带来的机会始终有限，O2O 企业要未雨绸缪，耐心找新的增长点，比如支付订单信息，就很能反映机会点和增长趋势。支付公司凭借客户交易记录、经营情况、资金流向，运用大数系统将用户信用数据化、数据资产化，最终形成了自身体系内资金流和信息流的交易数据闭环。在掌握了用户、商户和企业的数据后，挖掘支付核心优势的价值，发展与之相关的精准营销、余额理财、金融的信贷风控和供应链金融等增值业务。

4. 主要目标市场

掌柜通服务的市场是各行业的 O2O 平台，如：批发零售、个人服务类、汽车后市场等；以及各行业订货分销系统商，如服装类、快消品类、传统产业品类等。同时以交易量巨大的 B2B + O2O 模式的服务型交易平台为重点客户服务目标，满足平台多元化跨屏支付、账户体系建立、关联利益体资金高效结算、买方营销增值等需求。

5. 典型客户案例

掌柜通的典型客户掌合天下是一家专注于互联网零售业的电子商务公司，公司致力于打造中国领先的快消品供应链电子商务平台。公司成立于2013 年，业务覆盖全国 650 个城市，7000 多个乡镇；先后获得湖畔山南、供销大集战略投资。旗下拥有掌合商城 、掌合云工厂、掌合便利、掌合物流、掌合金融五大品牌，形成集在线交易、分销、仓储物流、支付金融、品牌营销等为一体的快消品供应链条。掌柜通在刚刚上线时即对接并开始使用，短短一年来，掌合天下在掌柜通优质服务的基础上，交易量已增长了 3300%，日均交易量达数亿元，成为行业中的标杆商户，带动了三四线城市的经济发展。

二、业务流程

在几百家 O2O 行业商户的数据分析及业务流程深入研究的基础上，对于业务流程最复杂的 B2B2C 平台，通常交易的参与者是平台上提供货品的供货商和采购货品的零售商，为了帮助平台达到交易的闭环，将最终购买者——C 端用户也整合进交易流程中，促进平台的业务发展，掌柜通制定的对应业务流程的解决方案如图所示。

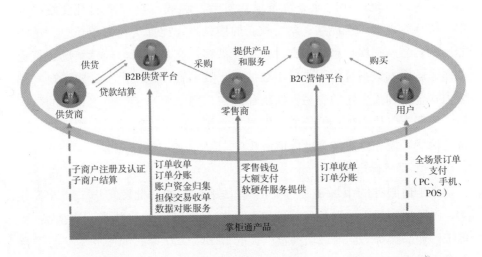

O2O 行业解决方案

掌柜通以接口和商户后台的形式为商户提供整套 O2O 行业解决方案，具体服务内容如下：

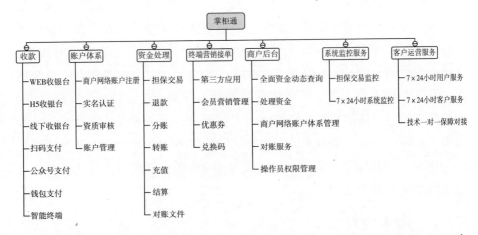

在最根本、也是最重要的收款服务方面，掌柜通整合了网银 B2B 支

付、网银 B2C 支付、PC 端一键支付、PC 端扫码支付、移动端一键支付、移动端钱包支付、公众号支付、传统 POS 支付、订单 POS 支付、蓝牙 POS 支付、智能 POS 支付等多种 O2O 行业主流支付方式。

三、功能应用特点

掌柜通的功能应用涉及四大层面：支付层、账户层、资金处理层、服务层。

1. 支付层

（1）全场景跨屏融合支付；

（2）基于银行卡支付，覆盖市场上所有支付方式；

（3）大额支付；

（4）商务一次协议搞定全场景收单；

（5）技术一次对接搞定全场景收单（支持多种接入方式，如电商网站，移动 App，线下实体店，H5 应用等）。

2. 账户层

（1）纯接口注册方式，快速建立封闭的子商户体系（平台可为商户开设虚拟账户，一个商户可设定多个子账户）；

（2）提供子账户实名认证方式；

（3）提供子账户资质审核服务。

3. 资金处理层

（1）多级账户资金处理；

（2）1:N 基于支付订单分账（比例/金额）；

（3）支持实时分账和异步分账（交易实时，资金流向精准透明）；

（4）担保服务；

（5）监控服务。

4. 服务层

（1）数据服务；

（2）大客户服务；

（3）用户服务。

四、营销和创意

易宝支付自 2003 年创立以来，首创了行业支付模式，为众多行业提供了量身定制的行业解决方案，在过去的十余年里，推动了航空旅游、游戏娱乐、行政教育等多个领域的互联网及移动化改造，为产业转型及行业变革作出了积极贡献。

根据多年宝贵的经验积累，易宝支付快速而准确地聚焦到了 B2B + O2O 行业因为产业链长、体系庞杂等特点，使得其运营成本和资金风险增加的痛点，迅速推出了业界第一款解决 O2O 行业全链条资金难题的掌柜通。

掌柜通的介入，不仅为网络商户解决了在线交易的资金结算问题，同时也为其提供了理想的销售平台和销售策略。一体化的资金解决方案，从安全、营销、收银、资金处理、财务等方面，从低成本、高安全、高专业度、高效率等维度为传统行业在"互联网＋"的产业升级路上保驾护航。

五、获奖情况

1. 2015 年 11 月 13 日获得易宝集团颁发的易宝集团 SLA 证书。

2. 2016 年 6 月 18 日获得中国软件行业协会嵌入式系统分会颁发的"2016 年度中国 IT 互联网产品最受用户欢迎奖"。

案例1：中国工商银行网络支付产品
——扫码取现

随着移动通信技术的发展和移动终端的普及，人们的行为模式日益移动化。即时通信、社交网络占据了人们的碎片时间，移动商务、移动支付成为时尚。为了适应客户交易习惯的变化，简化客户操作、提升客户体验，工商银行推出了扫码取现。

一、产品简介

扫码取现是工商银行面向个人客户推出的一项利用二维码技术进行扫码、利用快捷支付方式进行验证实现的无卡取款产品，客户无需随身携带银行卡、无需登录手机银行、无需输入卡密码，只要手机上下载了工商银行手机银行并开通了工银 e 支付，即可随时随地通过手机银行扫描工商银行 ATM 上的二维码图片，并进行支付验证后就可以完成取款。便捷又安全，解决了客户忘带卡片、忘记卡密码、操作不当吞卡等传统取款方式中可能遇到的问题。

扫码取现产品具有以下特点：（1）业务流程优，当客户需要取款时，只需要进行生成二维码、扫描二维码、支付验证三步操作，即可完成取款。（2）客户体验佳，当客户无需携带银行卡、无需登录手机银行，需要取款时在任意一台工商银行 ATM 上均可操作，通过手机银行扫描 ATM 上的二维码后，在手机中输入取款金额并进行支付验证就可以完成取款，整个过程简单明了，易于操作。（3）支付安全，ATM 上的二维码图片在客户取款时实时生成，一次一码，并有二维码有效期控制，在支付时通过手机银行客户端绑定、一次一密的动态密码验证机制，有效保障了客户资金安全。

扫码取款中使用的线上支付产品为"工银e支付"，工银e支付是工商银行为满足个人客户便捷的小额支付需求而推出的一种新型电子支付方式。只要持有工商银行账户，且预留过手机号码的个人客户，均可在线自助开通使用该服务。支付时客户通过输入"手机号＋银行卡号后六位"和手机短信动态密码，两步就能完成支付，客户也可以选择将客户信息与手机进行绑定并预留静态密码，绑定后客户只需要输入静态密码就可以完成支付，不再需要输入手机号、卡号后六位和短信动态密码。截至2016年10月末，工银e支付用户数已突破一亿，为扫码取现业务奠定了广泛的用户基础。

二、业务流程

1. 生成二维码

客户需要取款时可以在工商银行任意 ATM 上点击"无卡取现"——"扫码取现"，ATM 上即可生成一张二维码取款图片（见图3）。

为确保业务安全，二维码图片实时生成、一次一码，且二维码的有效期为 300 秒，超过有效期的二维码即为失效状态，扫描失效二维码时客户会收到图片失效的提示信息，无法进入后续交易流程。

图1　客户在 ATM 首屏点击"无卡取现"按钮

图 2　客户点击"扫码取现"按钮

图 3　ATM 上显示生成的二维码图片

2. 扫描二维码

客户通过 ATM 屏幕上的提示，启动工商银行手机银行 App，通过"扫一扫"功能扫描二维码图片。

图 4 客户启动手机银行"扫一扫"功能

图 5 客户扫描二维码图片

3. 支付验证

客户扫描二维码后，手机银行进入扫码取现页面（见图6），客户需要输入本次取款的金额。在取现金额输入框内提示了本次取款的限额，该限额为本台 ATM 的单笔取款限额，通过二维码扫描传递至手机银行中，便于提高客户取款成功率。

客户输入取款金额后即进入支付验证页面（见图7），客户输入工银 e 支付的六位静态支付密码完成验证。

支付验证成功后手机银行提示客户在 ATM 上进行取款（见图8），客户点击 ATM 上的"取款"按钮（见图9）后 ATM 开始出钞，取款成功。

对于没有开通工银 e 支付的用户也可以扫码取款，客户在扫码后通过输入手机号、卡号、短信动态密码的方式，同时完成工银 e 支付注册和扫码取现支付验证，一站式体验线上注册＋线下取款的服务。

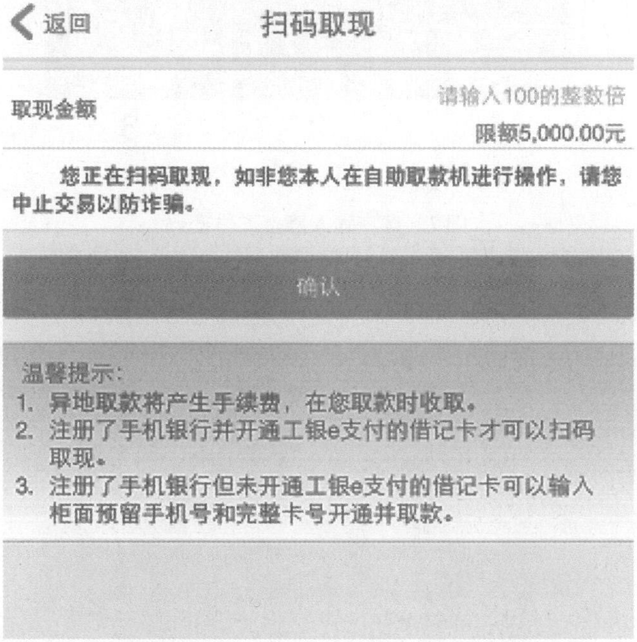

图6 客户在手机银行扫码取现页面输入取款金额

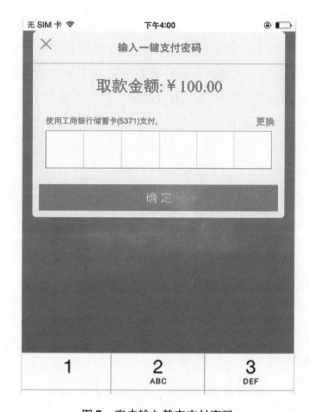

图7　客户输入静态支付密码

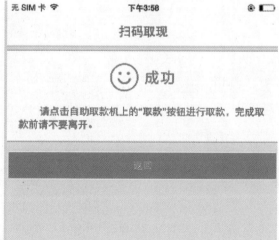

图8　支付验证成功并提示客户在 ATM 上进行取款

ICBC 中国工商银行
剩余操作时间 03:17
请扫描二维码
退出
取款
提示：
您正在进行扫码取现，请打开工行手机银行，点击"扫一扫"按钮，把手机摄像头对准ATM机屏幕上的二维码，扫描后根据提示在手机银行进行操作。

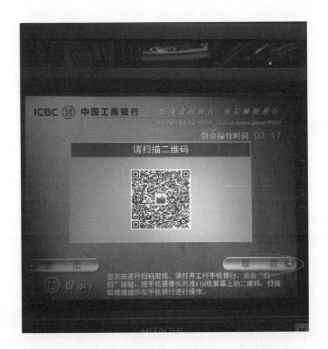

图 9　客户点击 ATM 上的“取款”按钮

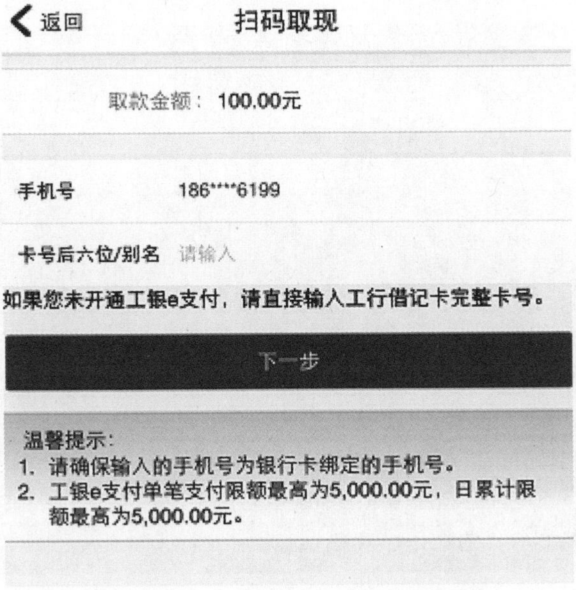

返回
扫码取现
取款金额：100.00元
手机号
186****6199
卡号后六位/别名
请输入
如果您未开通工银e支付，请直接输入工行借记卡完整卡号。
下一步
温馨提示：
1. 请确保输入的手机号为银行卡绑定的手机号。
2. 工银e支付单笔支付限额最高为5,000.00元，日累计限额最高为5,000.00元。

图 10　未开通工银 e 支付扫码取款

三、业务推广

扫码取现业务在工商银行全国的 ATM 上均支持使用，同时为进一步宣传扫码取现产品与工银 e 支付品牌，光大银行针对 ATM 扫码取现功能在全国范围内组织开展"轻松取现，码上有礼"营销活动，活动周期为 2016 年 9 月 15 日至 2016 年 12 月 15 日。活动推出后，在总分行共同努力下，扫码取现业务量快速增长，日均交易笔数比活动前增长 56%，活动效果显著。

在总行统一规划和部署下，各分行发动辖内员工，充分利用行内外宣传渠道，积极开展营销工作。除张贴海报、放置易拉宝、投放 ATM 广告、印制不干胶贴、网点电子屏宣传、融 e 联/微信公众号等宣传形式外，部分分行还因地制宜创新开展特色营销。如结合原创漫画与语音制作视频宣传片，通过各类媒体广泛传播，利用叫号机设置活动提示，在叫号凭条上增加活动介绍，同时向在柜面或 ATM 取现超过 6 次且已开通手机银行的客户定向发送活动推介短信等，开展精准营销。

网点营销宣传如下图所示：

网点利用排队凭条进行营销宣传如下图所示。

分行利用纸媒进行宣传推广如下图所示：

总分行利用社交媒体（微信）进行活动宣传与中奖结果公布。

四、产品意义

随着移动互联网的发展，客户的生活方式、操作习惯、消费模式都发生了较大变化，在获取金融服务时对于便捷、安全、无卡、线上操作提出了更高的要求，扫码取现正是适应了移动互联网时代的客户需求。通过手机银行开放平台免登录扫码、免安全介质验签、免插卡、支持 e 支付一键支付、扫码返传取款限额、二维码有效期等一系列的业务与技术控制，力争打造出一款操作极简、体验至上的移动互联网金融产品。

通过将二维码技术、线上支付方式与 ATM 取款场景的创新性结合，突破了常规的取款模式，拓宽了线上支付产品在线下的使用渠道，加快了传统金融服务向移动化、互联网化的转型，促进了电子银行业务与线上支付业务的发展。

案例 2：交通银行立码付项目

为提升对客户的支付服务能力，满足客户在各类消费场景下的付款需求，交通银行与中国银联联合推出了银行二维码支付产品——立码付。立码付产品不仅可以满足客户在普通商户的扫码付款需求，也可以在水果店、菜场等不具备 POS 布放条件，原本无法直接受理银行卡的小商户，为买家和卖家提供个人间的快速扫码收、付款服务。

与市场上大多数二维码支付产品相比，立码付具有以下显著优势：

（1）通用性。立码付产品由交通银行与中国银联共同牵头，联合各家银行共同制定行业统一的业务规则和技术规范，是市场上第一款真正意义上的全行业通用产品。2016 年年底已正式加入立码付项目的银行达 16 家，包括了国内绝大部分全国性商业银行。

（2）全面性。立码付产品既支持向商户付款，也支持个人客户间扫码收、付款，可全面满足各类客户扫码支付需求。

（3）安全性。立码付产品采用 Token 令牌技术，并由后台系统记录交易相关信息，二维码中不含持卡人账户等任何敏感信息，交易过程中灵活采用多种交易验证方式和交易限额控制，最大限度保障交易安全。

（4）便捷性。使用立码付产品，仅需轻松一扫，几秒内即可完成交易，操作简单、使用方便。

交通银行于 2016 年 1 月上线立码付向个人收、付款（人到人）功能，于 7 月上线向商户付款（C2B）功能，成为行业内首家上线立码付产品的银行。目前，交通银行已在本行信用卡"买单吧"和手机银行 3.0 两个 App 正式上线立码付产品，同时支持信用卡及借记卡付款。产品上线以来，交易笔数和交易金额稳步提升，逐渐被客户所熟知和使用。

附：立码付产品介绍（以交通银行买单吧 App 及手机银行 App 为例）

一、买单吧 App

（一）产品入口

点击交行卡中心"买单吧"App 首页"立码付"功能按钮，进入立码付产品页面。目前，本产品提供"个人收/付款"和"向商户付款"两个选项。

（二）"个人收/付款"功能

选择"个人收/付款"功能，在页面底部出现"付款"和"收款"两个选项。

1. 付款功能

（1）将手机摄像镜头对准收款人生成的二维码进行扫描。

（2）成功扫描收款人的二维码后，页面将提示收款信息供付款人确认。付款人可在确认付款金额、选择付款卡（目前仅支持交行信用卡、借记卡付款）后继续支付。

注：如收款二维码中未包含金额，则由付款人设置支付金额。

（3）确认付款前，可点击"备注"进行设置。所选备注将回显在 App 的交易记录及付款卡账单中，以便收付款人回忆当时的交易场景。

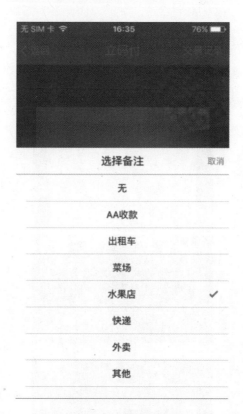

（4）确认付款后，用户只需输入交易密码即可完成支付。

注：若客户首次或更换手机设备后使用立码付付款，还需验证短信动态码

（5）点击"查看交易记录"可查询所有的交易明细。

2. 收款功能

（1）收款人首次操作须阅读并同意《立码付客户协议》并选择收款银行卡（目前可支持交通银行借记卡、信用卡，及其他银行的借记卡收款），生成收款二维码。

（2）默认生成无金额的收款二维码，收款人也可点击"设置金额"生成含收款金额的二维码。

（3）当付款人完成付款后，收款人端将回显付款信息并在"交易记录"处增加红点提示。

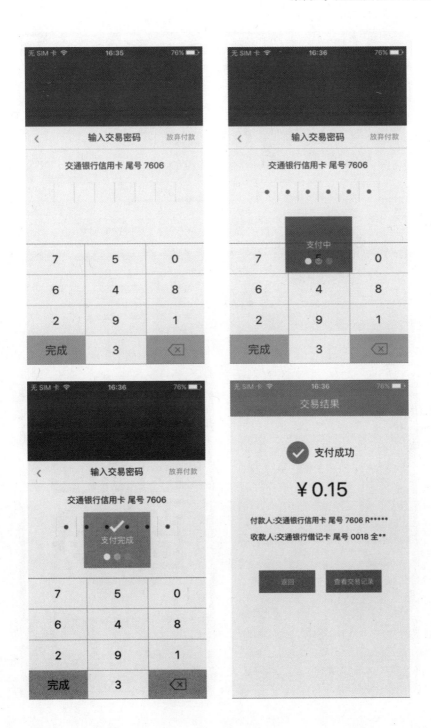

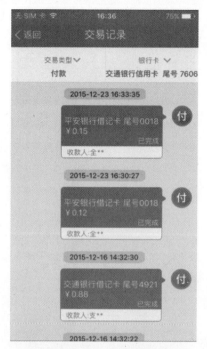

（4）点击"查看交易记录"可查询所有的交易明细。

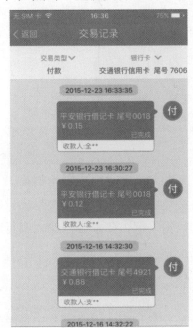

（三）"向商户付款"功能

1. 生成二维码

进入"向商户付款"页面后，会自动生成可用于付款的条形码及二维码。

2. 交易验证

客户将条形码/二维码页面展示给商户，商户使用扫码枪扫描，交易经银联转接后实现快速支付。本业务支持免密付款，但根据交易场景若需验证交易密码，则客户手机上会出现密码输入框，要求客户输入银行卡交易密码。

支付成功后，会跳转至支付成功页面。

3. 查看交易记录

点击"查看交易记录"可查询所有的交易记录。点击交易记录中的每一条，可查看交易明细。

二、手机银行 App

(一) 入口

在手机银行 App 首页有"立码付"图标；目前立码付有"个人收付款"与"向商户付款"功能。

（二）"个人收/付款"功能

选择"个人收/付款"功能，在页面底部出现"付款"和"收款"两个选项。

1. 付款功能

（1）将手机摄像镜头对准收款人生成的二维码进行扫描。

（2）成功扫描收款人的二维码后，页面将提示收款信息供付款人确认。付款人可在确认付款金额、选择付款卡（目前仅支持交通银行信用卡、借记卡付款）后继续支付。

注：如收款二维码中未包含金额，则由付款人设置支付金额。

（3）确认付款前，可点击"备注"进行设置。所选备注将回显在 App 的交易记录及付款卡账单中，以便收付款人回忆当时的交易场景。

（4）确认付款后，用户只需输入交易密码即可完成支付。

309

注：若客户首次或更换手机设备后使用立码付付款，还需验证短信动态码。

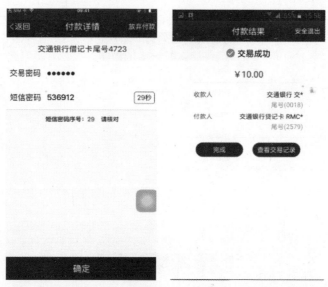

（5）点击"查看交易记录"可查询所有的交易明细

2. 收款功能

（1）收款人首次操作须阅读并同意《交通银行立码付客户协议》并选

择收款银行卡（目前可支持交通银行借记卡、信用卡收款），生成收款二维码。

（2）默认生成无金额的收款二维码，收款人也可点击"设置金额"生成含收款金额的二维码。

（3）当付款人完成付款后，收款人端将回显付款信息并在"交易记录"处增加红点提示。

311

（4）点击"查看交易记录"可查询所有的交易明细。

（三）"向商户付款"功能

1. 生成二维码

进入"向商户付款"页面后，会自动生成可用于付款的条形码及二维码。

2. 交易验证

客户将条形码/二维码页面展示给商户，商户使用扫码枪扫描，交易经银联转接后实现快速支付。本业务支持免密付款，但根据交易场景若需验证交易密码，则客户手机上会出现密码输入框，要求客户输入银行卡交易密码。支付成功后，会跳转至支付成功页面。

3. 查看交易记录

点击"查看交易记录"可查询所有的交易记录。点击交易记录中的每一条，可查看交易明细。

案例3：华夏银行移动银行二维码支付

一、业务背景

随着移动通信技术的快速发展和智能手机的普及，利用二维码生成和识别技术，向客户提供方便、快捷的银行卡结算服务，已成为未来移动支付的一个重要发展方向。一方面通过将银行卡信息的二维码化，可实现银行卡信息在线上安全、快速的传播和使用，另一方面利用线下早已普及的带摄像功能的移动设备进行银行卡信息读取和无线传输，使二维码支付实现了线上和线下支付的无缝对接，满足更广泛的支付应用场景，与传统利用POS/TPOS设备完成银行卡支付相比，二维码支付更符合互联网时代信息开放、易于传播的使用要求，更适合市场对移动支付的应用要求。

随着二维码支付的应用和普及，利用新的支付手段开展业务服务模式创新已成为可能。在华夏银行开展社区金融实践的过程中，如何围绕社区客户需要，搭建完善的社区服务生态圈，是激活社区客户使用率，提高客户粘性，决定社区金融活力的关键。传统利用POS/TPOS布局社区周边商户的模式不仅受限于银联商户体系的高门槛和高成本，也不符合当下互联网金融线下触网的发展潮流。为此华夏银行根据业务发展需要，依托移动银行客户端，结合二维码支付技术，开发二维码收款功能，满足社区金融快速拓展商圈、灵活提供支付手段、方便客户支付的需求，有效解决社区金融生态圈"最后一公里"难题，践行华夏银行"好用、敢用、愿用"的业务服务标准。

二、业务功能介绍

目前市场上主要有三种信息载体技术，分别为条形码、二维码与声波。条形码是将宽度不等的多个黑条与空白，按一定的编码规则排列，来表达信息的图形标识，一般应用在信息获取和检索中，承载的信息量较少。二维码则是用特定的集合图形，按照一定规律在二维平面上分布的黑白相间图形，承载信息量大，在现今商业活动中应用较为广泛，便捷实用性高。声波指用户用手机购买商品付款时，银行卡信息以声波方式进行传输，其易受环境背景声音干扰，应用场景较窄且成功率较低。因此，为了满足业务需要，华夏银行采用二维码技术作为移动支付信息载体，进行业务应用开发。

二维码生成—二维码扫描—银行结算

（一）生成方式

华夏银行移动银行客户通过登录移动银行"二维码收款"功能菜单，自动对移动银行的主签约卡账户生成收款账户的二维码，华夏银行还向客户提供了自助生成二维码功能，客户在生成更多的功能菜单里，进行收款信息录入，包括收款卡号、收款人姓名、收款人手机号码、开户行以及有效期等，生成收款二维码（收款方），且华夏卡和他行卡收款人信息均可生成收款二维码。

图1　主签约卡二维码

图2　自助生成二维码

315

（二）读取方式

二维码是在一维条码的基础上扩展出的一种具有可读性的条码。手机二维码主要通过两种方式实现：一种是用设备扫描手机中的二维码，通过识别条码中记载的二进制数据，获取其中信息；另一种是手机用户通过摄像头扫描二维码，并用手机上安装的识读软件解码，读取相应内容。

社区居民（付款方）可通过"扫一扫"功能菜单对收款二维码进行扫描，自动回显商户的收款卡名称、收款卡号、手机号码等信息，付款在移动银行上输入卡密码及验证码即可完成向收款方付款的收付款业务流程。或者直接通过智能手机的相册导入图片识别二维码也可以完成二维码的收付款流程。

图 3　二维码扫码

（三）生成维护

对已生成的二维码可以在"二维码收款"功能菜单上进行更多的操作和维护。维护功能包括二维码查询，收款人卡号、收款人姓名、手机号、有效期等原始录入信息的修改，修改后，由业务系统后台重新对原始信息按照编码规则重新转换成图形二维码，保障二维码的有效性。

316

图4　二维码查询　　　　　　　　图5　二维码维护

（四）清算规则

二维码清算分为行内清算以及跨行清算，收款方为本行的，清算通过华夏银行系统进行实时清算，消费者（付款方）在确认支付后，系统通过行内清算，实时处理，实时到账。收款方为他行的，则通过超级网银渠道进行用户资金的清算，也能达到小额资金实时处理的目标。

对卡状态不正常、卡号输入有误、收款银行录入有误等造成付款不成功的情况，移动银行客户端返回相应的提示信息，相应的付款资金返回付款方账户。为保障客户的资金安全，二维码收款方以及付款方在交易当时均设置有短信提醒，对客户账户余额变动实时反馈。

三、业务营销

二维码收付款业务主要与社区金融进行结合，对社区物业管理能力较强、社区周边环境成熟、商户集中等社区进行业务营销，多种方式结合培养社区居民的移动支付习惯，实现社区居民、物业、商户和银行的多方共赢的良性发展目标。

（一）助力社区物业服务

对"物业服务"定位于社区物业的日常便民服务，包括物业费缴纳、停车费缴纳、故障上门维修服务费等，物业摒弃了线下收取物业费等工作带来的人力、物力投入，通过二维码收款实现移动缴费、实时收费、透明化管理的物业收费模式。

物业可以将收款二维码保存并附在物业收费通知书上向业主进行发放，业主可以通过扫描收费通知书上的二维码向物业主动缴纳当年的物业费，取代了在收费通知书上附注银行账号的方式，免去了物业公司经常来回银行查账的麻烦，此外，物业公司可以实时掌握业主缴费情况，提醒业主及时缴纳相关的费用。

（二）打造社区小圈子

社区居民在日常通常会使用现金进行交易，经常会遇见现金找不开或零钱不多的情况，如需要购买小件物品，身边没有小额钱币时，部分居民通常会选择放弃购买。

而对于社区周边的商户而言，每日的零钱找补对小额钱币需求量大，在银行网点往往难以兑换到足额的小额钱币，且商户每日有大量的零钱出入账，记账复杂，容易出现错漏，无形中会造成商户的损失。

以社区商户为基础，采用积分加团购或会员专享的运营模式，打造智慧社区的本地商圈，以低于各类电商的最优惠价格向客户提供高品质的商品和服务。

基于移动银行的二维码收付款功能，简化了商户的收款环节，给商户在移动支付上带来了很大的便利，商户和消费者无需额外增加设备即可完成收付款全流程。

（三）线上结合特惠商户不断推出特惠活动

通过与商户进行合作，利用商户不定期的特惠活动吸引社区居民体验移动支付的便利性。将与社区居民日常生活息息相关的美容美发、洗衣店、超市零售、维修维护等商户加入到合作商户，将社区居民需求引流到周边商户，利用移动支付手段打造社区金融生态圈。

（四）线下智慧社区银行

在社区银行内设立客户体验区，引导客户熟悉各项金融知识，针对社区居民中的中老年人，结合物业公司一起，讲解二维码收款与付款的业务流程，减轻中老年居民对二维码收付款业务的顾虑和抵触情绪，并向开辟便民专区，随时向中老年居民提供服务，将传统银行金融服务从线下延伸至线上，让普惠金融服务惠及千家万户。

四、业务特点

在二维码收付款功能推出以前，华夏银行移动银行的应用只能满足客户的日常查询、转账、缴费、理财等基本功能，在用户与商户间尚无法建立更多的联系。基本上，大多数用户也仅仅只是运用了移动银行的转账功能。

本项目的特点在于利用智能手机自带的摄像头与二维码技术相结合，为线下支付提供方便、快捷的支付手段，同时自动为商户识别华夏银行客户，方便华夏银行开展针对华夏银行客户的特惠活动。

五、业务意义

对于社区而言，整个社区生态由小区居民、物业公司、周边商户等多个角色组成，华夏银行采用"线上渠道＋线下门店"的方式，拓展移动支付的应用场景，帮助物业公司更好地管理社区，服务好社区的每个环节。

对于社区居民，多种无卡支付场景应用才能让更多的社区居民享受到互联时代给他们带来的更多便利和实惠，通过线上线下联动实施，以丰富的生活应用场景增强社区居民用户的产品黏性，不断提升移动支付的活跃度，此外，还借助社区银行的优势，帮助商户提高营销宣传的针对性和效率，使更多的商户信息能够被社区居民接收。

互联网金融以"团购"的形式将客户零散资金低成本地开展金融交易，社区金融服务可以社区为单位，在社区居民以每个社区网点为单位"团购"发展社区金融生态圈，通过二维码收款的方式，收集商户经营状态，为优质商户提供资金支持，通过社区银行网点切入贷款金额较低的长尾市场，以社区银行网点为单位，利用银行资金充足的优势，加快网贷平台的资金结算周期、提升客户体验，将碎片金融延伸至现实，绑定社区各层级客户的"小"、"微"需求。

（华夏银行电子银行部　王晨）

案例4：招商银行"手机取款"移动金融解决方案

一、项目背景

1. 移动金融创新之路

近年来，移动金融的快速发展丰富了金融服务渠道，促进了金融产品的创新和惠普金融的发展。其中，移动支付产业在商业银行、通信运营商和第三方支付机构的积极参与下，在转账汇款、网上购物、自助缴费、公共交通、个人理财等诸多领域取得了长足的进步。作为中国最富有创新精神的银行之一，招商银行一直深耕移动支付市场，不断推出创新产品。

2014年底，招商银行推出了业内首创、全球领先的产品"一闪通"，首次实现了手机与银行借贷记卡真正意义上的合一，是全球首款基于NFC近场支付技术的涵盖零售商店和银行网点、支持大额小额支付等各种银行卡应用场景的全功能移动金融产品。2015年，招商银行采用HCE（主机卡模拟）技术，研发发布了移动支付产品"一闪通·云闪付"，使得NFC支付可支持安卓手机由十余款增至上百款。

2. 良好的客群积淀，大量的尝鲜用户

招商银行的年轻客户具有科技敏感度高，喜欢新鲜事物的特点，因此，招行一闪通系列产品推广发卡工作较为顺利，不乏大量尝鲜客户。2016年2月，随着苹果多款手机以及手表均支持的Apple Pay上线，可使用NFC支付的客户范围大大增加。在苹果、银联和招商银行的营销攻势下，发布一天时间，招商银行发卡量即达百万张，占所有支持银行发卡量的三分之一以上；2016全年，招商银行移动支付发卡量一直保持行业领先。在吸引了大量客户绑定后，如何让客户用起来并保持客户使用黏性，是我们持续思考的问题。

3. 持续追求为客户提供优质的金融服务

经过深入的客户分析，招商银行发现手机取款可以作为银行向用户提供差异化服务的突破口。手机取款可以给客户提供更方便的金融服务，也便于银行使用行内渠道引导客户使用 NFC 移动支付产品，培养客户使用习惯。

2016 年初招商银行决定支持手机取款后，相关项目于 2 月初立项。项目周期跨越春节假期，时间极其紧张。招商银行研发、测试及业务团队克服重重困难，在 3 月苹果 iOS 系统升级引导绑卡营销高峰周之前即完成上线并展开试运行。在总分行同事的高效配合下，3 月底，招商银行全行 44 个分行，1.17 万台 ATM 均更新完毕。招商银行成为全国首家所有 ATM 均支持 Pay 取款的银行（见图 1）。招商银行 ATM 不仅支持 Apple Pay，2016 年后续发布的 Samsung Pay、Huawei Pay 及 Mi Pay 均可以在招商银行 ATM 上畅快取款；而且还支持其他银行进行 Pay 取款。

图1

二、产品优势

1. 流程极简，为用户带来便利

以 Apple Pay 为例，招商银行手机取款产品采用极简流程，兼顾便捷与安全，力争为客户提供最佳体验。

客户操作以下 4 步即可完成取款：

（1）在 ATM 首屏选择"Apple Pay 取款"；

（2）选择取款金额；

（3）根据 ATM 提示将手机靠近非接感应区，验证指纹；

（4）输入取款密码，ATM 出钞，完成取款。

图 2

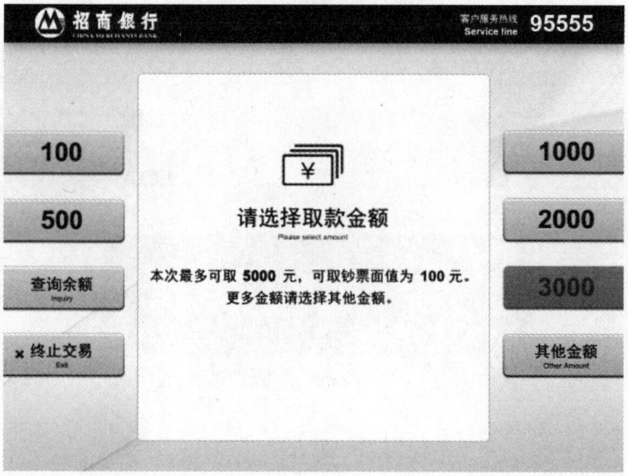

图 3

图4

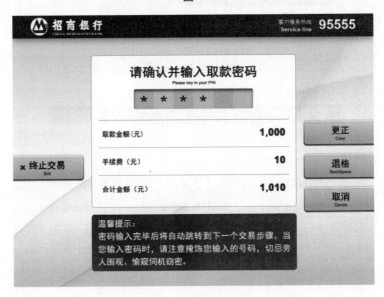

图5

　　值得一提的是，招商银行手机取款方案在读卡环节创新性地采用 qP-BOC（非接触式快速借记贷记应用）流程，读卡时间少于 1 秒，相比传统的需 5 ~ 6 秒读卡时间的 PBOC 流程，大大减少了交互时间，加快了交易速度。

2. 体验友好，人性化设计

手机取款产品设计过程中融入了大量客户角度的思考，产品流程处处体现客户友好型特点。主要体现在以下几点：

（1）自然引导

在 ATM 首页使用客户有认知的产品名称"Apple Pay 取款"替代专业术语"非接触式交易"，并将该菜单置于第一位，高效吸引客户注意力，让客户直观了解符合什么条件的手机才可以进行取款。

（2）图文交互

在"将手机靠近非接感应区，并验证指纹"步骤，ATM 屏幕上使用动图（见图 4）示意指导，解决客户不清楚什么是"非接感应区"，不知道该如何操作的问题。此外，总行根据不同品牌型号 ATM 不同形状大小的非接感应区均设计了引导标识，要求分行逐一张贴，使得非接感应区在 ATM 上更容易被识别。

（3）贴心提示

读卡时，ATM 界面使用进度条指示进度并提示不要移动手机，大大降低了客户在取款过程中因晃动手机导致交易失败的概率。

另外，根据手机厂商的产品设计，使用各种 Pay 取款时设备会自动读取默认卡片进行交易，部分客户未意识到自己使用了信用卡或他行卡进行取款交易，带来不必要的手续费损失。基于此，招商银行特地在该环节增加了提示，当 ATM 读取到非本行借记卡进行交易时会提示客户更换取款卡片。

（4）安全第一，芯片指纹共护航

除了便捷，相对于其他不使用银行卡取款的方式，手机取款更加安全。各种 Pay 绑定银行卡时，实际的卡号既不存储在设备上，也不存储在手机厂商的服务器上。系统会分配一个唯一的设备账号，对该账号进行加密，并以安全的方式将其存储在设备上的安全芯片中，每次交易都使用一次性的唯一动态安全码进行授权。另外，如果客户将手机靠近 ATM 非接感应区前未验证指纹，手机被 ATM 唤醒后会提示验证指纹，该设备认证步骤极大地加强了取款安全。芯片级的保护加上指纹验证，让取款简单又安全。

3. 广泛覆盖，多个品牌均支持

2016 年下半年，随着安卓 Pay 产品的陆续推出，招商银行对 Samsung Pay、Huawei Pay 及 Mi Pay 支持手机逐一测试适配其取款功能，保障用户体验，并修改 ATM 菜单名称为"手机取款"引导客户使用各种 Pay 取款（见图 6）。

图 6

三、创意营销，反响热烈

手机取款功能推出后，招商银行总分行从引导客户首次尝鲜使用和培养客户使用习惯两个方面进行推广营销。

首先，取款功能推出时间与苹果 iOS 系统升级引导绑卡时间相同，招商银行借势通过各种渠道使用各种方式让客户知道这一功能。总行具体推广渠道及推广周期为：全国 ATM 屏幕广告投放一个月，手机银行开屏页和首页广告投放两周，微信公众号推送两篇文章等。ATM 屏幕广告精准触达有取款需求的客户，手机银行广告瞄准银行移动端产品使用客户，均达到了良好的推广效果。另外，微信公众号推送《好玩又实用，ATM 新技能撩到你！》文章介绍了世界各地功能奇特的 ATM，同时宣传招商银行 ATM 新功能，风格诙谐幽默，广受好评（见图 7）。

图 7

在功能宣传的基础上，总行还设计开展了绑卡和取款抽奖活动吸引客户持续使用。在 Apple Pay 中绑定招商银行一卡通，即可参与抽奖，中奖率 100%，活动持续进行，源源不断地吸引客户来绑定。另外，在 2016 年 7 月至 2016 年 9 月，客户使用招商银行借记卡 Apple Pay 进行消费或取款，即可获得抽奖机会，使用次数越多，抽奖机会则越多。奖品由价值 4999 元扫地机器人及每周 1 万份话费充值抵扣券组成（见图 8）。总结发现，活动期间总达标用户 20 万，其中近 33% 的用户领取了活动奖励，用户参与度较高。客户取款笔数较活动前提升了 11%，增幅较大。

图 8

在总行统一推广的同时，全国各地分行也开展了各式各样的宣传活动。分行在网点使用厅堂海报、灯箱海报、台卡、视频等进行阵地宣传，在电台、报纸、机场、地铁、公交、热门商圈等渠道投放广告（见图9）。分行各部门在行内、社区、商圈推广各项业务时，引导帮助客户绑定各种Pay并积极介绍其取款功能。2016年总分行持续联动，线上线下各场景全方位宣传引导，使得产品及功能被更为广泛的客户群体了解和接受。

图9

除了面向客户直接营销推广外，招商银行还通过参与金融展等方式向行业内同仁和公众宣传这一功能。9月8日，2016中国国际金融展在北京展览馆盛大举行。不少观众被招商银行展区放置的ATM所吸引，在工作人员的指引下，客户可以现场体验用手机进行ATM取款操作。体验后的观众表示用手机进行取款确实方便快捷（见图10）。展会也被众多电视台、报纸和网络媒体报道，再次扩大了宣传辐射范围。

图 10

四、示范推广价值

在如今的互联网时代，移动支付已成为人们重要的支付方式。招商银行始终关注全球前沿科技动态与创新产品发展趋势，因客户而变，率先提出"剪掉银行卡"的理念，以优质的支付服务与积淀十余年的安全服务体系为基础，凭借明确清晰的发展战略不断发力移动支付领域。招商银行2016年第一季度迅速开发全面支持 Apple Pay 在 ATM 上取款，并拓展至安卓 Pay 逐步形成完整的手机取款功能的创新举措推动移动支付前进了一大步。

1. 打造移动金融差异化服务标杆

手机取款让客户享受到更便捷的金融服务，在行业内有很大的推广价值。据招商银行统计，Apple Pay 取款客户中，只有不超过一半的人进行过支付，说明使用手机 NFC 功能进行非接触式取款有其特别的客户群体，值得各家银行积极争取。各家商业银行应积极改造 ATM，将其打造为全国ATM 都支持的标准化服务，使得任意一家银行的客户在所有 ATM 上均可

329

以使用手机进行取款，辅助其他无卡取款方式，真正解放人们带银行卡取现金的负担，为客户提供更方便更安全的金融服务。

2. 助力移动支付行业生态化建设

手机取款功能为拓展移动支付客户提供了新的切入点。上述统计表明，被手机取款功能吸引的绑卡客户中还有很多人可以被转化为使用 NFC 技术在线下商店支付或在线上各个 App 内使用手机支付的客户，并逐步培养这部分客户在各场景持续使用虚拟银行卡的习惯。如若全行业均支持手机取款，虚拟银行卡的这一使用场景将吸引更多有取款需求的客户，再持续经营引导客户交叉使用虚拟银行卡其他各项功能，将为推动移动支付发展起到更大的作用。

招商银行正向更轻型、更集约化的方向迈进，以更方便、更快捷、更安全的支付形态覆盖用户更广泛的生活场景，推动移动支付产业的快速发展。未来，招商银行将拥抱变化，不断创新，依靠技术进步，探索移动支付的更多可能，给用户带来更完善、可信赖的体验。

案例5：浦发银行智慧手机银行
——数字化经营创新与实践

随着国家"互联网＋"战略的推进，"大众创业、万众创新"与"互联网＋"的深度融入，未来金融服务将越来越多地融入到社会生产和民众生活的各类场景中，"互联网＋经济"将成为常态，在此模式下，一方面，用户与银行实体网点的接触越来越少，另一方面，用户通过互联网发生的交易、行为等数据将能够以格式化的方式形成沉淀。未来，商业银行为用户提供的理财、信贷、支付等核心金融服务，都将围绕用户数据形成的数字化画像而展开。未来金融将呈现典型的"场景触发业务、业务产生数据、数据驱动场景"特征，核心竞争力将体现在数字化创新和经营能力上。有鉴于此，浦发银行以数字金融为核心，利用大数据、云计算、生物识别、移动互联网等新一代互联网技术，在业内率先开展数字金融创新，于2016年推出新版智慧手机银行，率先在业内构建了移动金融的数字化新服务模式。

一、创新信贷、支付等大数据移动金融产品

第一，浦发新版智慧手机银行以个人征信数据为基础，结合用户在浦发银行体系内沉淀的历史交易数据，构建大数据模型，创新全程在线、无抵押的"浦银点贷"大数据消费信贷产品。用户通过浦发手机银行 App，在任意时间、任意地点，随时发起申请，浦发银行均可实时受理、实时审批、实时放款，全程完全根据客户的大数据信用评分，无需提交任何抵押物。目前已发放贷款余额近百亿元。同时，与全国 200 多个城市的公积金数据相打通，推出了公积金点贷系列消费贷服务，极大地提高了信贷服务的普适度。

第二，搭建互联网直接投融资交易撮合平台，重点发挥浦发银行在信

誉、风控、技术等方面的优势，为资金供需双方提供信息匹配、数据处理、交易撮合服务，小微客户可直接发布融资需求，与个人投资者进行点对点的信息沟通和交易达成，不仅使得融资更加高效，也为个人用户提供了收益尚可的投资理财新渠道。

第三，寻求外部数据对接，提高大数据信贷业务的适用面，推进普惠金融发展。与战略合作伙伴中国移动开展深度数据对接，中移动用户在申请浦发银行手机支付产品时，浦发银行即可根据用户在中移动的历史话费消费等数据，实时给予一定额度的信用额度，客户可立即在线上线下商户进行消费。

二、重构业务流程，推出人性化、智能化移动金融服务

第一，针对个人客户最常使用的转账汇款业务，创新手机银行智能汇款服务。客户只需要输入收款人账号、收款人姓名和汇款金额三个要素，浦发手机银行即可智能判别出收款银行和网点，按照用户设置的时间，智能选择款项结算通路，以速度最快、成本最低的方式将款项汇至收款人，并且免收客户所有手续费。此外，浦发银行还在业内独创了"微信好友汇

款"服务，用户无需提供收款账号，只需要通过微信好友列表选择收款人，输入汇款金额，即可将汇款信息发送给好友，好友使用任意银行的借记卡即可轻松实时完成收款。

第二，浦发银行将手机的 NFC 读写、LBS 地理定位、语音、摄像头等智能化属性与转账、支付等业务相结合，通过浦发手机银行 App，客户使用智能手机的摄像头"拍一拍"二维码、"听一听"另一台手机的声波即可快速读取出收款人信息，完成转账汇款。浦发银行创新的"云闪付"系列手机支付服务，通过智能手机的 NFC 读写模块"碰一碰"，即可在全国具有银行"Quick Pass"标识的 POS 机上完成"闪电"付款。

三、数据整合，打造专业、智能的财富管理服务

一是打造专业化移动金融财富管理服务。以往客户在银行渠道购买理财、基金、贵金属、外汇等产品，往往只能看到交易当时的收益率、市

值、价格信息，大部分客户对金融产品的了解，更多地依赖于销售人员的介绍，自己独立判断的参考元素很匮乏。而随着移动互联网的普及，用户与网点的联系越来越少，在购买或交易这些产品时，选择和判断更加困难。浦发银行充分发挥金融的专业化能力，对自己销售的银行理财产品，从根本上梳理产品历史数据，形成规范统一的数据结构，对所代销的基金、贵金属等外部产品，强化外部专业数据引入。客户通过浦发手机银行App进行财富类产品交易时，不仅能够看到产品的当前价格，还能够看到该产品的亮点优势介绍、行情 K 线走势、当前持仓情况、历史收益分析等信息，并能够在输入投资金额、投资期限后，实时进行投资收益的初步预估，清晰地告知客户产品起息日、到期日等信息，为客户提供了专业化的投资顾问式服务，让客户对所投资的产品标的情况、风险点、投资周期、预估收益等一目了然。

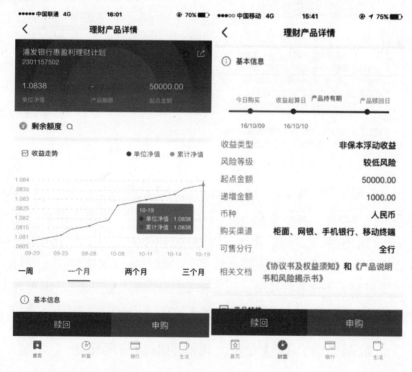

二是创新手机银行智能理财服务。对客户的等级、资产、交易等业务和行为数据进行归并整合，依托客户大数据推荐引擎，客户只需一键选择

"智能理财"，浦发手机银行即可根据客户历史上的财富类产品交易数据，从收益性、流动性、安全性等角度，为客户计算出财富评分，并能够根据客户的历史交易行为特征、当前市场走势等维度，为用户智能化地推荐理财、基金、保险等专业投资组合策略，客户可以通过一键购买，快速便捷地为自己的资产进行合理配置。

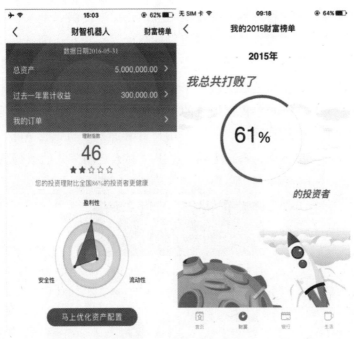

四、依托大数据开展更贴近客户需求的精准营销

一是围绕用户构建数据画像，为不同的用户差异化提供产品推荐。浦发手机银行与 CRM 深度对接，在客户打开手机银行 App 时，根据客户等级、历史资产配置、当前资产状况等数据，即为用户差异化推荐财富产品。例如，私人银行客户打开浦发手机银行 App，首先推荐的是私人银行专享产品；白金客户打开时，为其推荐的是明星理财"尊享盈"或"天添盈"产品；普通客户打开时，为其推荐的是起点金额低、收益性较好的"普发宝"或"靠浦 E 投"产品。

二是开展嵌入式营销，在用户自主办理金融业务过程中，为其智能推荐合适的产品和服务。浦发手机银行对用户的交易轨迹进行全方位追踪式服务，以助力客户最大化利用好资产、提高资产价值为服务目标，根据不同的交易类型，为用户营销推荐相关联的产品。例如，客户通过浦发手机银行办理跨行资金归集时，会推荐流动性和收益性平衡的"天添盈"产品，客户从行外归集的活期资金可立即购买。

三是加强对用户行为数据的收集与应用，探索提供"千人千面"的个性化服务。浦发手机银行从客户浏览过的界面、菜单、产品，以及用户使用手机银行的终端设备、IP 地址等数十个维度，对用户在使用手机银行服务过程中的各类行为轨迹数据进行采集、归纳、加工，力求能够做到比客户更懂客户的真实需求，根据用户的行为数据，智能化、动态化地为用户展现个性化的手机银行界面，每一个用户打开浦发手机银行 App，都可能看到不一样的菜单界面，真正为用户提供"私人定制"式的银行服务。

五、构建数字化移动金融服务模式

一是利用移动互联技术，创新理财经理与客户能够实时线上线下相互动的 O2O 服务。客户通过浦发手机银行 App 在进行理财、融资等业务办理时，可一键呼叫理财经理，浦发手机银行则根据客户当前的专属理财经理归属关系、地理定位，向特定的理财经理或一定范围内的理财经理发送客户需求，理财经理可实时接单为客户提供线上互动式营销咨询服务。

二是将人脸识别技术应用到服务流程和风险控制中，客户通过浦发手机银行，不仅能够凭借手机号＋密码的方式进行登录，还能够通过"刷脸"的方式进行登录，浦发手机银行实时对采集的客户视频图像进行活体检测，并实时与公安联网进行核查比对，不仅提高了客户身份识别的安全性，也应用先进技术提升了用户的体验度。

三是推出了智能客服机器人服务。用户通过浦发微信银行，只需要通过自然的语言叙说出需求，浦发微信银行的云端智能客服机器人即可智能化地解析出客户的语音语义，识别出用户的金融需求，快速给予应答。对于复杂的业务需求，智能客服机器人还能够实时转到后台人工客服进行处理，同时在此过程中进行自学习，不断提升智能化服务能力。

浦发手机银行围绕未来数字金融的核心理念，以持续改进用户体验为目标，是移动金融的领先者和创新探索者。近三年来，浦发手机银行用户规模连年保持翻番增长，目前用户总数已超过1700万户。

案例 6：财付通 QQ 钱包

一、背景分析

随着移动支付交易规模的暴涨和移动支付市场的不断成熟，为了更好地满足用户在移动支付领域上的需求，腾讯推出了手机 QQ 钱包。随着 QQ 钱包的上线，将结合手机 QQ 与微信两者的优势以及在社交关系链的互补，全面布局移动支付领域。

二、QQ 钱包简介

QQ 钱包是由腾讯公司推出的基于手机 QQ 平台集多种支付方式为一体的移动支付创新产品。旨在为广大手 Q 用户及商户提供安全、快捷、顺畅的支付体验及丰富的服务产品。

QQ 钱包支付主要基于 QQ 的账号体系，而微信支付则是基于微信账号体系，但两者整体的底层都是财付通快捷支付。据最新数据统计，腾讯 QQ 软件的月活跃用户数达到 8.68 亿，庞大的用户群激发了巨大的移动支付需求，特别是对于那些未开通微信支付的用户，QQ 钱包形成了很好的补充。QQ 钱包与微信支付齐头并进，形成用户群和场景互补，成为腾讯布局移动支付的两把利剑。

三、QQ 钱包的使用方法

步骤一：打开手机 QQ 后，点击 QQ 头像，即可找到 QQ 钱包。

步骤二：进入 QQ 钱包后，可以直达各类消费场景，同时可以查询你的 Q 币余额，账户余额以及与其绑定的银行卡。

步骤三：如果要添加新的银行卡，可以选择添加银行卡，并输入相关信息。在通过手机验证码验证后，即可完成银行卡的添加。如果需要解除银行卡绑定，可以点击进入银行卡信息页面，选择"解除绑定"，即可完成银行卡解绑。

四、QQ 钱包的支付能力

QQ 支付主要有以下四种支付模式：付款码支付、App 支付、手机扫码支付、H5 支付。

1. 付款码支付，即用户线下购物场景中，通过打开 QQ 钱包里付款码功能，商家扫码，即可完成支付。

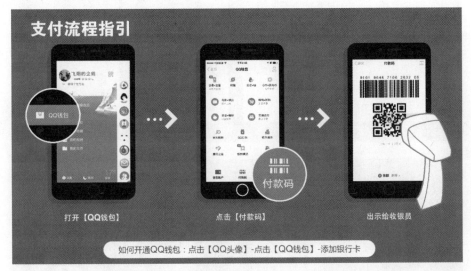

2. App 支付，即用户从第三方应用程序下单，可选择 QQ 钱包，完成支付。在用户支付完成后直接返回到第三方应用程序中，整个支付过程客户体验连贯。

3. 手机扫码支付，即用户扫描商家提供的二维码（或通过链接），直接调起支付模块。二维码按照规则生成，包含商家 ID、商品 ID 等信息。

4. H5 支付，即用户可通过手机 QQ 打开内外部商户 H5 页面发起支付，调用 QQ 钱包完成支付。

五、QQ 钱包典型案例：QQ 红包

QQ 钱包通过丰富的支付应用将便利的支付体验延伸到用户生活的方

方面面。特别是春节前推出的 QQ 红包，以其独具特色的创意玩法，一经推出即受到了广大用户的热烈欢迎，有效地推动了用户对于移动支付业务的认识。

1. QQ 红包业务介绍

打造红包社交，可以用红包沟通的就不要用文字。

| 追女神从前我们这样 | 如今这样玩 | 股市动荡啦 | 我们现在这么闹 |

2. QQ 红包的产品特色

（1）个性多样化的玩法

红包排行榜

面对有着强大社交关系链的 QQ 平台，针对 QQ 用户年轻、娱乐、爱炫耀的特点，基于好友关系链和群关系链，好友红包排行榜、群红包排行榜陆续出炉。排行榜结合当下网络流行语，发红包多，土豪也名曰"土豪榜"，收红包多，人气也名曰"人气榜"，极大增强了趣味性及互动性。

在排行榜的规则制定上，团队考虑到直接暴露金额涉及用户隐私，且刷榜成本低，决定按收发红包个数进行排名。好友/群友间收红包的个数互相可见，发的个数隐藏但会显示排名，在简单的同时又增添了一层神秘的面纱。用精美的徽章凸显前三名，更增强了用户上榜的荣誉感和动力。正是这个貌似简单的排行榜，为 QQ 红包带来了更多的话题性。数以百万计的用户把榜单分享到空间、微博、朋友圈等社交网络，增加了 QQ 红包品牌的曝光，也刺激了用户收发 QQ 红包的热情。在全国红包排行榜中，一位山西用户以共发出 8583 个红包的惊人"战绩"荣登土豪榜排名榜首，江苏一位用户凭借收到 17774 个红包拿下人气榜榜首。

QQ 口令红包

在群、讨论组、单人会话中，给单个或多个好友发出带有特定口令的一个口令红包，好友需要发出相应口令才能抢相应的红包。

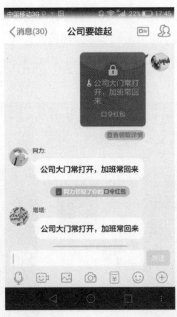

如上图中的会话，好友需要回复"公司大门常打开，加班常回来"即可发起抢红包。在实际体验中，点击红包体会出现相应的快捷输入口令的气泡，可以快捷发出口令抢红包。

一呼百应，让刷屏变得生动有趣

从产品创意上来讲，口令红包的玩法新意一目了然。大家一起刷屏，跟风附和也有诸多快乐。使得更多的人参与到红包玩法中来，口令红包上线之后收发个数（4.7）较普通红包（2.9）高出很多，说明有更多的用户参与到了口令红包的玩法中来，这对移动支付场景的拓展，用户支付习惯的培养有重要意义。

在聊天中用对话命中抢红包

以聊天的方式抢红包，既有抢红包的玩法，又有社交带来的乐趣。

"QQ口令红包"作为一种新型红包，深受年轻人喜爱。QQ口令红包在刷新用户对红包认知上贡献颇大。在其诞生的短短两个月时间里，持续快速增长，日均收发量到数亿个，广受好评。另外，口令红包可以有效地激活关系链，对盘活用户活跃贡献巨大。

QQ个性红包

春节期间，各种红包满天飞，如何让用户凸显与众不同，彰显自己的个性，成为了发红包的新需求。将自己姓氏或者自己有代表性的文字输入后，生成在红包上，霸气又时尚，立刻成为小伙伴眼中的高富帅、白富美。

姓氏红包还被用户延伸出了新玩法：表白、调侃……能用红包解决就不用说话。

与收发红包场景相关的红包封也受到了年轻用户的追捧，满足了用户利用红包搞怪的心理诉求。

霸道总裁 VIP   土豪卡纳 VIP   花痴奥斯卡 SUIP

春节期间也特别上架了数款拜年红包，让用户低调华丽地拜个年。

（3）营销创意：QQ 春节红包

鸡年春节期间，QQ 红包的王牌产品"LBS + AR 天降红包"从 1 月 20 日正式开抢，上线第一天，在仅仅 10 小时内，参与用户数就达到了 1.27 亿，创新用户人数新纪录，用户中奖次数达到了 4.84 亿次，个人 AR 红包的发送次数也达到了 503 万次。与第一天的火爆场景相适应的是为期 5 天的持续火爆。在 20 日至 24 日，天降红包一共吸引了 2.57 亿的用户参与，用户领取卡券和现金红包的次数达到 20.5 亿次，个人 AR 红包的发送次数达 1520 万次。

借助于 AR 技术，未来每一个物品、每一个地理位置都有可能变成网络世界的新入口。这也是为何鸡年支付宝和 QQ 在发红包项目上，都借助了 LBS + AR 的技术来增强用户的黏性和互动。腾讯公司副总裁殷宇表示："红包的本质仍然是社交，AR 技术只是手段。我们使用 AR 技术发放红包，是为了让用户给好友发红包时能更有趣。"此次 QQ 在"LBS + AR 天降红包"上取得了非常不错的成绩，吸引了高达 2.57 亿用户参与其中，而其中"90 后"参与者占比达到 64%。事实上，这并不是 QQ 在 AR 社交领域的首次尝试，里约奥运会期间，QQ 就曾推出过 AR 火炬传递的活动。这样的成功，不仅稳固了 QQ 的社交关系，更是进一步激活了 QQ 的移动支付能力。

相比于其他平台，QQ 活跃用户的年龄层更低，更能够接受新鲜事物，而正因为 QQ 庞大的用户基数，其每次在 AR 领域的尝试，某种程度上都是一次全民性的 AR 普及。

QQ 的天降红包准备了 2.5 亿元现金和 30 亿卡券，这些红包分布在全国 369 个城市的 450 万个地理位置点上。

QQ 更懂年轻人，并在年轻人群体中已经取得了压倒性优势。

为何这样说？在本轮竞争最激烈的 AR 红包中，个人 AR 红包的发送次数达 1520 万次，而其中，参与的用户中"90 后"占比达到 64%，这与"90 后"在 QQ 中的占比相吻合。更深入点讲，QQ 红包是瞄准了年轻人三大心理特点：

1. 爱娱乐，也爱黑科技。QQ 天降红包的各种玩法带来的趣味性极大地激起了他们的兴趣，以至于形成了抬头 45 度抢红包的新姿势。又比如，在游戏"皇室战争"的商家红包中，用户集齐对应的游戏角色卡片后，就可以兑换 Q 币，这种彩蛋的不定期发生，自然让"90 后"们乐在其中。

2. 讨厌套路，喜欢直接。无论是 2.5 亿元的现金外加 30 亿元的购物券，还是"走一路抢一路"的抢红包姿势，QQ 红包都以更实在的面目展现在年轻人眼前。明星红包、商家红包和个人红包都突出直接、快速、不藏着掖着、不拐弯抹角。

3. 喜欢社交，渴望融入。QQ 超过六成用户是"90 后"，本身具备高度成熟的社交功能和平台，伴随着这个平台长大的年轻人必定对 QQ 有天然的偏爱，所以，QQ 依托社交基础所打造的红包玩法，也就更具有亲和力和号召力。

整体来看，QQ 红包将重点放在了 AR 上，将落脚点放在年轻人群体中。事实上，每一次变革，其实都伴随着终端的变化。从 PC 到手机，其实是因为智能手机发展起来了，一切的生态都不一样，而 AR 是一个非常好的有未来成长性的新终端。腾讯 QQ 对 AR 的尝试其实可以看出腾讯对于 QQ 在转型过程中的期望，一旦新的时代到来，当一切都需要从头再来时，QQ 其实早已站在了风口上。

案例 7：拉卡拉智能 POS

拉卡拉智能 POS 是一款基于互联网和云计算的智能 POS 终端。集全支付，全受理（全面受理银联卡、Visa、Master card、Apple Pay、NFC 支付、银联钱包、微信支付等），多项商户增值服务于一体，包括叠加的拉卡拉便民服务和互联网金融增值服务，一站式满足商户转账、还款、理财、贷款等各类金融所需，拉卡拉智能 POS 的各种定制化应用，助力商户实现智能化店铺经营。

一、背景介绍

拉卡拉智能 POS 于 2015 年 12 月 8 日，以"超越支付 连接无限可能"为主题，在亚洲第一高楼上海中心举办了产品发布会，推出了"智能 POS 及云平台"两项重量级产品。商户收单向来属于比较传统的行当，多年保持着稳定模式。而拉卡拉智能 POS 的推出，引发了智能 POS 的技术革新，开启了一个全新的支付时代。

二、创新特质

与传统 POS 不同，拉卡拉运用互联网思维将智能系统和云平台搬进了 POS 机中。拉卡拉智能 POS 拥有 5.5 寸液晶显示屏，配备安卓 5.1 系统，内存容量大，并支持蓝牙、WIFI、3G 等多种通信方式。收单、还款、缴费、理财等业务均可通过显示屏触屏操作，实现了 POS 机智能化的蜕变。

拉卡拉智能 POS 与传统 POS 最大的区别在于，借助高性能的智能终端，实现快速系统对接，为行业提供更贴合的产品，即给商户提供收单之外的增值功能，进一步推动了线下经营以及互联网金融的相结合。

依托拉卡拉综合性互联网金融平台，拉卡拉智能 POS 不但能为商户提供转账、还款、充值、缴费等便民服务，还能提供理财、贷款、征信等金融服务。

拉卡拉智能 POS 除了简化传统的支付流程，还整合了商家、企业的财务、ERP 甚至全渠道管理软件，商户可随时读取、分析数据，并接收来自拉卡拉平台推送的自动化营销服务。

拉卡拉通过智能 POS 落地商户，通过云平台作支撑，并与线上线下相结合，打造商户、银行和应用软件合作方的生态圈。

三、功能介绍

全支付——一体化解决收单、收银所需

拉卡拉智能 POS 支持多种支付形态，包括传统的现金、银行卡支付在内，拥有拉卡拉智能 POS 的店铺还能够支持扫码支付、NFC 闪付等多种支付方式，顾客到店购买商品可选择任意一种方式进行支付。

1. 多卡支付：支持国内/外银行卡、预付费卡支付（会员卡支付）等多样卡片支付；

2. 扫码支付：全面支持市场主流扫码通道，支付宝，微信以及钱包类；并实现在一台终端上同时支持 B 扫 C 和 C 扫 B；

3. NFC 支付：支持银联 quick pass（闪付）、市民卡 NFC 及团购核销等多样支付形态。

云平台—— 行业解决方案的入口

云平台具有开放性特征，拉卡拉智能 POS 可以完全摆脱线下地域对商户的束缚，做到"全受理"，且拉卡拉具有十多年的行业支付经验，针对零售、餐饮、物流、保险等细分领域的痛点，打造不同行业解决方案。拉卡拉智能 POS 上线以来，一直致力于行业主流应用的对接。因此，对商户而言，商户可以根据自身个性化的经营需求，选择相应的应用以及相关服务。

例如：智能 POS 能够帮助商户全面经营顾客。"微会员功能"建立了商户与顾客沟通的新平台，商户会员积分、消费优惠都可通过智能 POS 实现，为商户积攒下更多的优质用户。

1. 个性收银：不同行业收银 App 随时下载更新，360 度满足中小商户的经营所需；

2. 智能店铺：会员营销、进销存管理、店铺 O2O 引流，紧跟互联网＋时代发展步伐；

3. 行业方案：对接餐饮、零售、保险等行业，提供个性解决方案，让POS 收单更智能。

慧金融——综合金融增值服务

借助高性能的智能终端，拉卡拉智能 POS 提供给商户收单之外的增值功能。依托拉卡拉综合金融服务平台，拉卡拉智能 POS 还能为商户提供转账、还款、充值、缴费等便民服务，以及理财、贷款、征信等金融服务。

1. 提供拉卡拉成熟的转账、还款、充值、缴费等便民服务；

2. 提供理财、信用贷款、拉卡拉小额授信等互联网金融服务。

案例8：拉卡拉个人端支付工具：
拉卡拉手环

拉卡拉手环是拉卡拉推出的一款专注于支付的智能手环，把交通一卡通和银行卡戴在手上，挥手之间完成公交地铁刷卡、NFC 闪付免签、App端随时充值等业务，此外，还能支持普通运动手环的计步、健康等功能，更有 3 周超长待机无忧使用。

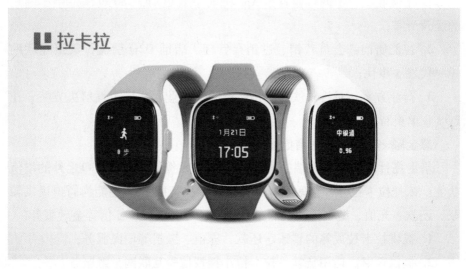

功能介绍：

一、可支付智能穿戴设备

1. 公共交通挥腕出行。预置当地交通一卡通，全面覆盖公交、地铁、轻轨、轮渡等本地公共交通，还可在当地交通卡合作商户进行便捷小额支付（便利店，商超，餐厅、加油站）。目前已覆盖北京、上海、广州、深圳、武汉、西安、大连等城市。

2. NFC（闪付）功能，挥手刷 POS 机，0.3 秒支付完成。支持全国各地区 600 万＋银联商户的闪付 POS 机使用，无任何地域限制；内置中银通闪付卡挥手结账，可在麦当劳、星巴克等商户 0.3 秒免密付款，告别零钱和扫码，拒绝繁琐流程，在支持 apple pay 的地方也均可挥腕支付。

3. App 内快速充值，资金查询一目了然。随时随地为一卡通等各种卡片进行空中充值，有支付宝、拉卡拉钱包、银行卡快捷支付等多种方式可选。还可随时一键查看各种卡片余额，交易记录、消费时间与金额。

4. 便民金融服务等金融平台的搭载，用手环满足所有金融需求。通过拉卡拉手环，链接拉卡拉综合金融服务平台，满足理财、转账还款、充值缴费、个人征信等多种金融需求。

5. 平台级产品，多卡合一新体验。未来，你的门禁卡，考勤卡、食堂卡、会员卡，商超特惠卡、美容美发健身卡等都可以放进手环里。

二、贴身智能伴侣

1. 来电提醒，手环振动，同时显示来电人信息；

2. 大屏幕清晰视界；

3. 超长续航 7 天，关机状态无忧使用；

4. 智能提醒功能，包括闹钟、运动目标、卡余额不足等；

5. 运动记步，监测用户健康。

三、金融及安全保障

内置通过国际 CC 组织认证的安全芯片，金融 IC 卡严格遵循国家标准 PBOC3.0 规范。"一机一密，一卡一密"全方位立体式保障您的资金安全。

四、逾 30 项测试，严格把控品质保障

通过的测试包括：0~40℃工作温度测试、-40~55℃贮存运输温度测试、冲击试验、碰撞试验、跌落试验、静电放电抗扰度测试、射频电磁场辐射抗扰度测试等。

五、外观特征

简约腕表造型，颜值更高，品质更强；优选医疗级 TPSIV 材质，食品级亲肤感受；IP54 防水防尘级别，日常佩戴无忧；尺寸 36×42×10.6mm（不含腕带），重量 34g。

案例 9：天翼电子——翼支付付款码

翼支付付款码是由合作商户扫描用户客户端付款码（条形码/二维码）完成支付的一种支付产品。在满足小额支付产品快速增长的市场需求的同时提升了网络支付的便捷性与安全性。

自 2015 年 5 月上线以来，付款码获得百万月活跃用户，数亿交易额。服务各类商户数十万家，包括快餐连锁类：麦当劳、肯德基、必胜客等；大型商超类：沃尔玛、永辉集团、物美集团等；百货类：大悦城、百盛集团等；便利类：全家、罗森等，还有各类其他商户。

翼支付付款码通过营建各类线下支付场景及转化传统运营商用户使用网络支付，有效地推动了网络支付的发展。

翼支付付款码产品详细介绍如下：

（一）术语定义

序号	术语及缩略语	定义
1	翼支付账户	翼支付账户是天翼支付面向公众用户推出的全业务支付产品。用户开通翼支付账户并充值后，即可通过 WEB、WAP、IVR、SMS、ATM、BSM 手机客户端等多媒介渠道在翼支付线上合作商户进行消费支付。
2	付款码	付款码是由天翼电子商务有限公司开发，由合作商户扫描客户客户端条形码完成支付的一种支付产品。
3	网关平台	类似收银台、支付宝，链接商户与资金源的纽带。
4	支付机构	扣款的资金源。

（二）业务定义

付款码是由天翼电子商务有限公司（翼支付）开发，由合作商户扫描客户客户端条形码完成支付的一种支付产品。付款码支持账户余额、快捷卡等多资金源，支持有密/无密消费，支持支付限额设定。

（三）用户范围

付款码主要面向：已经安装客户端的翼支付用户，即已开通翼支付个

351

人账户产品，可正常使用翼支付账户，已安装客户端的用户。

（四）使用规则

使用付款码产品时，有其特有的规则，具体有以下几点：

1. 使用付款码的用户必须是翼支付用户，并且账户为正常状态。

2. 用户必须已经安装翼支付客户端。

3. 用户需在支持付款码产品的合作商户使用本产品。

4. 付款码支持免密与有密支付。

5. 付款码支持记录上一次使用的资金源为默认资金源。

（五）付款码产品背景

1. 付款码产品产权由翼支付独有。

2. 技术壁垒：本产品技术标准由第三方公司为支付公司定制，暂不对其他第三方开放。

3. 标准的权威性：采用 IETF 国际组织 rfc6238、rfc4226 等国际规范并根据翼支付条码支付产品进行优化的安全加解密算法。

4. 产品定位：本产品在翼支付"六力模型"中，一方面是核心账户的支付媒介创新，提升用户活跃度；另一方面对接后向商户，提供便捷、安全的支付方式。

（六）付款码的属性

付款码是翼支付为商户和用户推出的一款基于条码的收付款业务。付款码业务为客户端生成与支付账户相关联的动态一维/二维条码作为支付凭证，商户只需扫描用户手机条码即可快速创建交易和完成收款（支持部分无扫码枪的商户使用小键盘输入条码）。用户无需更换手机，通过付款码即可享受翼支付快捷的手机支付功能。

付款码产品具备以下属性：交易金额、交易时间、交易限额、交易密码、付款账号、商户信息。

（七）应用场景

客户打开翼支付客户端生成与支付账户相关联的动态一维码/二维码作为支付凭证，商户扫描用户手机条码即可快速创建交易和完成收款（支持部分无扫码枪的商户使用小键盘输入条码）。

（八）场景演示

客户首次使用付款码产品：

1. 大额有密支付：

若客户支付的金额在限额（1000元）以上的则为有密支付，每次扫码后，需输入支付密码，完成支付。

注：客户可在密码输入页面处点击"余额支付"处变更支付方式，当次选择的支付方式将成为下次有密支付方式的默认选项。

2. 小额免密支付：

若客户支付的金额在限额（1000元）以下的则默认为免密支付，每次扫码后，无需输入支付密码，扫码成功后直接完成支付。

3. 交易失败：

若客户交易失败，则会显示失败原因及结果，界面如下：

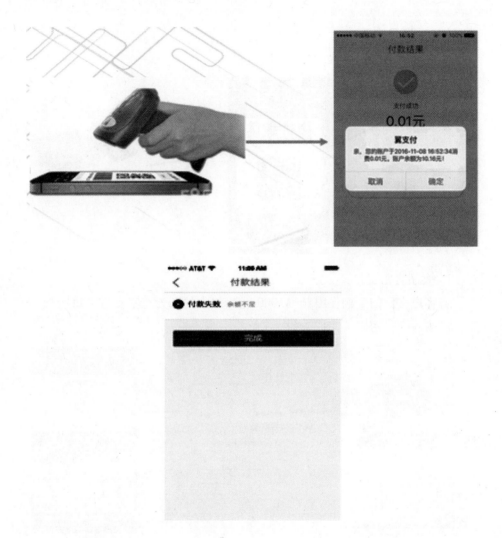

失败情景如下：

（1）免密支付：若客户支付失败，则直接显示失败原因及结果页面。

（2）有密支付：密码验证页面有账户余额显示，客户可点击余额处选择其他支付方式，当次选择的支付方式将成为下次有密支付方式的默认选项。

（九）设置页面

在付款码页面，点击"更多"出现三项显示，"消费记录""支付设置""使用说明"界面，可查看消费记录、设置支付选项及使用说明。

点击消费记录，呈现如下：

点击支付设置，呈现如下：

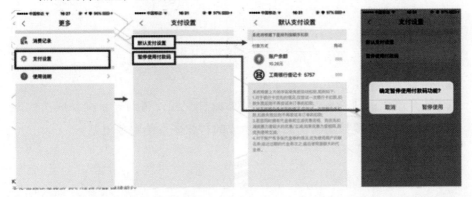

点击使用说明，呈现如下：

清结算流程说明

1. 商户结算

目前网关平台商户结算模式分为两种：（1）全额结算；（2）差额结算。

全额结算：网关平台在商户结算点对商户上一结算周期内交易做结算处理，手续费部分进入全额手续费报表，网关平台现将交易款项全部结算给商户，不扣除手续费，后期商户将手续费部分再打款到翼支付方。

差额结算：网关平台在商户结算点对商户结算周期内的交易统一做结

算处理，从总交易额中扣除手续费部分，净额结算给商户。

2. 银行结算

结算流程：网关平台根据商户结算信息配置，将前一日交易成功数据生成结算报表，复核后将由结算表生成的付款表发给财务付款。

案例1：中国民生银行指纹支付

随着手机支付在大众生活中的逐渐普及，对于支付的快捷、安全需求成为用户越发关注的焦点，而传统支付流程中的短信验证码，由于伪基站和短信木马的日益猖獗，对支付安全的保护作用也日趋衰减。2013年9月10日，苹果发布会推出了带有 Touch ID 功能的 iPhone 5s，2014年9月17日 iOS 8 操作系统上线，将 Touch ID 模块对 App 开放使用，从此开启了手机终端对于指纹功能的广泛应用，随后三星、华为、魅族等主流安卓手机品牌也推出了指纹功能。为提升客户支付效率，简化手机银行操作流程，结合当下手机领域对于生物识别技术的应用情况，中国民生银行于2015年1月在业内率先推出手机银行苹果终端的指纹支付，并将其应用于手机银行的缴费、话费充值、商城支付和二维码支付场景，手机支付通过指纹验证取代短信验证码，配合交易密码，采用双因素认证的方式完成支付交易，开启了金融领域新兴支付的大门。

民生手机银行的指纹支付功能，满足银监会与央行联合下发的《中国银监会中国人民银行关于加强商业银行与第三方支付机构合作业务管理的通知》和《网上银行系统信息安全通用规范》的要求，银行在用电子渠道验证客户身份时，应采用双因素验证方式对客户身份进行鉴别。指纹作为客户持有、特有并用于实现身份认证的双因素身份认证信息之一，由客户本人设置，仅在支付时采用交易密码结合指纹 Touch ID 的双因素验证方式，支付业务的开通仍通过柜台或网银开通。

手机设备通常存储的是指纹加密数据，而不是指纹图像，即便被破解也不会泄露客户的指纹图像信息，并且指纹加密数据存储于独立的安全单元，在手机设备越狱、刷机甚至被攻击的情况下，指纹信息也不会泄露。

手机设备在设置指纹功能时，要求客户创建一个密码备用，在手机重启、修改指纹信息的时候均需要验证备用密码，用户即便丢失手机指纹信息也不会泄露。除此之外，民生手机银行在手机设备对于指纹信息保护的基础上，还在操作流程上对指纹功能进行了进一步的安全保护。

一、业务流程（以苹果设备为例）

（一）指纹支付设置

在民生手机银行"个人设置"中选择"指纹支付设置"进入指纹设置流程，需要依次验证客户的苹果 Touch ID、任意借记卡（或活期一本通）交易密码、绑定手机银行手机号短信验证码。

①个人设置

②安全提示

（二）支付流程（以扫码支付为例）

客户开通指纹支付后，在缴费、话费充值、二维码扫码支付、商城支付时，除了验证交易密码外，客户可以在指纹与短信中选择一种进行验证，若指纹三次验证失败将强制客户选择短信验证。

③验证 Touch ID

④客户信息验证

⑤设置成功

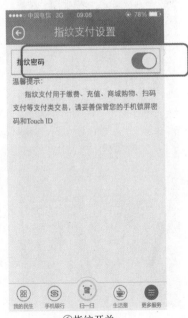

⑥指纹开关

359

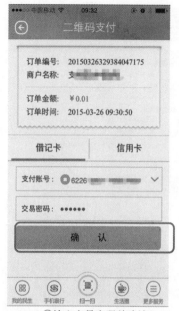

①输入交易密码并确认

②确认支付

③指纹验证

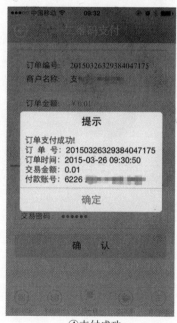

④支付成功

二、安全控制

1. 用户在新设备使用指纹支付时，需要重新做指纹设置，设置成功后旧设备的指纹开关关闭，并且指纹只能绑定一台设备，新设备开通指纹设置，旧设备自动关闭指纹设置，刷机或还原出厂设置需要重新设置指纹。

2. 用户在手机操作系统升级、手机银行客户端升级、重置手机银行登录密码、更换手机银行签约号码等情况时，首次支付需要进行短信验证码和交易密码的验证，再次支付时重启指纹支付。

3. 用户进行指纹验证在本地环境离线状态下即可实现，验证过程与服务器没有任何交互，避免验证数据上送过程中被截取的风险。

民生银行的指纹支付功能自上线以来，获得客户一致好评，既提升了客户交易效率，又符合人民银行关于支付要素的要求，还节省了大量的短信运营成本，避免了由伪基站或短信木马导致的安全风险。《网易财经》《四川日报》《新华网》《中国经济网》等各大媒体对民生银行指纹支付进行了报道，其中 CCTV-4 中文国际频道对民生银行手机银行指纹支付这一功能进行了专访报道，并在该频道黄金时间进行宣传播放。

截至 2015 年 11 月，民生银行手机银行客户总数已经超过 1800 万户，2015 年交易金额超过 5 万亿元，2014 年全年的交易类短信约为 2 亿条，指纹支付取代短信验证，更快捷的支付方式必将带动交易量提升，并且节省大量短信验证的运营成本。2015 年第二季度以来，随着安卓手机对指纹验证功能的逐渐普及，更多的设备将支持指纹支付，在生物识别领域，未来的支付市场依然很有潜力。

案例2：中国邮政储蓄银行 基于 MTPS 的移动金融 安全芯片卡产品推广

一、项目背景

近年来，随着智能手机和移动互联网的快速普及，移动电子商务凭借其在使用便捷性方面的巨大优势，成为当前电子商务领域的热点。2014 年中国移动互联网用户突破 8 亿大关，移动互联网接入量达 1.33 亿 GB，在移动互联网接入流量中，有 80.8% 的流量来自手机上网，民众的消费习惯渐渐从传统的购物方式向移动电子商务方向发展，购物、理财、生活服务类的移动智能应用层出不穷。各商业银行、支付机构借此机会纷纷推出以智能手机为载体的网上银行业务，如手机信贷、手机银行等，以及基于 NFC 手机的移动近场支付，为民众的消费新习惯提供了新的金融服务。

为了支持移动电子商务金融科技服务的发展，国家发展和改革委员会及中国人民银行从促进信息消费、发展电子商务产业的战略高度，针对移动电子商务支付存在安全隐患、身份认证标准不一、移动金融服务难以互联互通等问题，联合开展移动电子商务金融科技服务创新试点工作，并选择合肥等五个城市作为试点城市。人民银行总行负责建设移动金融安全可信公共服务平台（以下简称 MTPS），主导基于 SE（安全单元）的移动支付模式。试点工作目标为：一是优化移动支付环境，加快 POS、ATM 非接受理方式改造进度；二是推广安全移动终端，推广基于 TSM 的各类手机安全芯片卡（包括 SD、SIM 或全终端模式）；三是深化移动电子商务应用领域，促进政府公共服务行业资源与移动金融服务的对接，为市民提供基于安全移动终端的线上公共服务；四是统一移动电子商务标准，实现各行业之间的互联互通；五是实现移动金融与金融 IC 卡的协同发展，真正实现金融 IC 卡"一卡多用"和移动支付多应用目标。

二、产品说明

2015 年 2 月 10 日，总行金融 IC 卡系统 TSM 子系统成功对接 MTPS，并在安徽省试点上线，空中发行移动金融安全芯片卡。

（一）卡片种类

中国邮政储蓄银行在试点地区空中发卡的卡片种类为"手机电子现金卡"，由客户自助申请、充值，余额上限为 1000 元；不记名、不挂失、不计付利息；支持查询、圈存和脱机消费，不提供支取现金、转账等支付结算功能。

（二）SE

在人民银行合肥中支的组织下，安徽省分行与安徽移动、安徽电信达成合作意向，签订了《关于联合发行金融标准安全芯片拓展移动金融应用环境合作框架协议书》，使用经过专业机构检测、在 MTPS 注册的 NFC – SIM 卡作为 SE 发行金融 IC 卡。

（三）产品功能

1. 空中开卡。通过金电手机钱包 App "服务超市"菜单，申请"邮储电子现金卡"，使用中国邮政储蓄银行开立的借记卡完成手机电子现金卡的开卡。

2. 空中圈存。通过金电手机钱包 App "充值"菜单，使用绑定的借记卡向手机电子现金卡中进行充值，最高为 1000 元。

3. 支付。手机闪付，打开手机 NFC 开关，将手机背面 NFC 区域靠近非接受理机具的闪付区域，无需输入交易密码，即可完成支付。

4. 查询。查询电子现金卡余额以及交易明细。

（四）使用条件

移动金融安全芯片卡的使用对终端有一定要求，即手机必须为具有 NFC 功能的安卓手机，且用户必须使用经过 MTPS 注册的 NFC – SIM 卡。

三、业务推广

（一）工作进展

为有效开展安徽省移动电子商务金融科技服务创新试点工作，安徽省分行成立工作小组，由电子银行部牵头，个人金融部、信息科技部、会计结算部、采购部等部门配合，共同推进试点工作开展。

因产品使用条件、受理环境等多方面的局限性，产品推广首先在内部员工进行，条件成熟后面向邮蓄银行个人客户推广。产品上线后，面向各市分行行长、个金部（含电子银行部）负责人、业务管理员进行了多次业务培训。2015 年 6 月，安徽省分行本部、合肥、马鞍山、六安等地进行内部试点发卡 500 余张，结合体验活动，取得了较好效果。8 月，正式下发工作通知，要求各地市组织开展卡产品推广活动。

（二）受理环境建设

移动金融安全芯片卡的受理环境主要是支持闪付的 POS 机具。安徽省营业网点柜面以及省内布放的 7200 台 POS 机已全部完成非接受理方式改造；ATM 暂不支持非接受理方式。人民银行各分支行也在积极组织辖内非接受理环境的建设，合肥、铜陵、安庆等 10 余个地市已经完成了公交售票系统的改造，乘客可以使用 IC 卡或移动金融安全芯片卡进行闪付购票。省内部分景区售票点、早餐车、菜市场有望年内完成系统对接改造。

（三）营销活动

为提高员工体验移动金融安全芯片卡产品的积极性，安徽省开展了趣味性营销活动，反响较好。

（1）开卡有礼

为了激发客户开卡意愿，安徽省开展了"卡开有礼"线上营销活动。使用金电手机钱包 App 成功申请邮蓄银行电子现金卡并完成圈存，将获得圈存金额 50% 的返利优惠，每位客户返利优惠 50 元封顶。

（2）一分闪购

"闪付"是银联推出的非接触式支付产品及应用，由于受理环境、使用习惯等原因，大众的认知程度较低，产品普及情况不理想。为了引导客户体验闪付，初步建立交易行为习惯，安徽省配合产品推广，开展了"一分闪购"的趣味体验活动。使用手机作为支付工具，通过 POS 机具闪付支付，可以低价购入活动礼品。

（3）饮料畅饮

目前安徽省在用的饮料贩售机设备，使用的支付结算方式多为现金、支付宝、微信等，暂不支持银联卡闪付支付。为创造更多的闪付应用场景，在安徽银联的组织下，邮蓄银行与上海米源饮料有限公司达成合作意向，选址布放支持银联卡/电子现金卡闪付的机具，投入使用后开展了"清凉一夏""温暖冬日"等活动。使用 NFC 手机电子现金闪付支付时，可以优惠价格购得饮料。

四、前景展望

移动电子商务金融科技服务创新试点工作，找准了移动互联网时代电子商务和金融服务相融合的切入点，也是国家金融 IC 卡迁移战略的拓展和延伸，对于提升移动电子商务和金融服务水平具有重要意义。一方面，通过创新移动电子商务金融科技服务，实现金融服务、公共服务行业和 O2O 电子商务应用在安全移动终端上的加载与整合，实现各行业资源的有效对接和管理，完善行业应用的统一规划和设计，有助于促进城市产业升级和转型，提升城市科技创新水平。另一方面，试点工作有助于为广大市民提供安全、高效、功能齐全、有利于民生的移动电子商务和金融服务，提升城市信息消费，同时通过在辖区农村市场推广移动电子商务和金融服务，有利于改善农村商业和金融网点稀缺、农民享受金融服务不够便利的情况，提升普惠金融发展水平，具有较高的社会效益。随着移动金融应用场景的丰富、移动金融安全芯片（SE）功能的完善、大众交易行为习惯的建立，基于人民银行 MTPS 框架的移动金融卡产品将会展现出更旺盛的生命力和更广阔的应用前景。

案例3：支付宝基于人脸＋
辅助因子验证的身份核实服务

一、立项背景

随着互联网技术的发展与普及，特别是移动互联网逐渐渗透到每个用户的日常生活，传统的金融机构也更多地以线上方式向普通用户提供产品，服务门槛大大降低。但同时亦因其便捷性、非面对面的特点，在给机构带来海量用户的同时，也给机构在客户实名认证、风险防控、客户服务方面带来一些挑战。特别是金融机构由于其管理大量资金的行业特殊性，以及网络数据泄露、用户身份认证带来的挑战等原因，成为欺诈分子的重点目标。金融机构面临如何有效降低各种身份冒用、账户盗用、盗卡、伪卡交易、洗钱、套现等风险，同时又要保证良好的用户体验。

对于所有互联网产品和服务而言，由于所有操作都是在网上完成，首先需要解决的就是用户的身份核实问题。传统的做法是通过采集用户的一些个人信息（如移动电话、住址、银行卡号等）验证身份，或者是通过线下发放的实物（如 U－key，证书等）来将实物持有者等同于用户本人。但是以上这些信息既可能被正常用户遗忘或遗失，也可能被泄露或被非法用户获取，无论是安全性还是用户体验性都存在很大的问题。

随着社交网络的兴起，基于公共网络搜集的海量人脸图片结合深度学习申请网络的突破性进展，人脸识别技术在近一两年取得突破性进展，在国际上最著名的公开人脸数据集 LFW 上，最新的识别精度已经突破99.5％，人脸识别技术成为 IT 产业新一轮技术浪潮的热点，国内外诸多知名企业都在积极涉足该领域。与传统身份识别方法相比，人脸识别有独特的优势，一是简单便捷，用户只需当场打开手机完成拍摄即可，可以在一定程度上提升用户认证体验。二是身份验证可靠性更高，通过当场动态拍摄与权威人脸数据库等可靠照片进行比对，可以有效解决盗用他人证件、伪造证件进行开户的问题。

在这样的背景下，支付宝研发了一款基于人脸验证的生物识别核身服务产品，该产品通过安装在移动智能终端的人脸活体采集技术与图像脱敏技术拍摄用户的人脸图像，再与权威机构的人脸图像库做人脸比对，从而远程核实用户的身份。既通过人脸验证满足了身份核实所需要的高安全性，同时也具备随时随地完成身份验证的便利性。

二、项目内容

本项目以世界领先的人脸比对算法为基础，同时研发了基于人脸眼部细节的辅助识别技术和活体采集、判断技术，研发了基于自主知识产权的人脸图像脱敏技术，并设计了满足高并发和高可靠性的系统安全架构，以此为依托的人脸验证核身产品提供服务化接口，已在支付宝内部的几大业务场景上线，累计服务超过1亿用户。该生物识别系统具备了金融级的安全防控能力，能够防范绝大多数已知攻击，并具备了动态的智能攻防能力。结合人脸和眼纹等辅助因子，识别准确率较单一因子有了大幅提升，通过自主专利的活体识别技术，能够实时获取攻击数据，并进行智能训练，不断提升防控能力。同时，系统将生物信息与用户的设备、环境、位置、行为和关系等数据进行多维组合判断，安全风控能力进一步得到加强，利用实时动态安全策略，系统能够智能识别并关闭"恶意使用者"和"风险用户"，整体防控能力处于行业领先水平。2017年2月21日，蚂蚁金服"刷脸"支付被评为《麻省理工科技评论》（MIT Technology Review）2017年全球十大突破性技术。

实施方案要点：

本项目的目标是提供基于人脸验证的身份核身服务，整个实施方案主要分为以下几项：

1. 人脸活体采集技术。通过活体采集技术确保采集的人脸来自活人，以确保操作人确实为验证人本人。本项目方案基于普通的手机摄像头，使得此技术的使用门槛大大降低，几乎覆盖目前市场上的所有智能手机。通过采集人脸眼部的细节特征，进行分析并判断当前采集的是活体人脸。

2. 人脸图像脱敏技术。人脸图像脱敏是指将采集的人脸图像经过某种变换后，使得变换后的数据不能恢复成原始人脸图像，同时也不能肉眼辨别人脸的相貌。对于远程传输的业务场景（如远程认证），人脸图像脱敏保证了用户隐私的安全，即使传输的数据被截获，也不会泄露用户的隐私。

3. 人脸图像比对技术。人脸图像比对，也可称为人脸识别，即判断输入的两张人脸图像是否来自于同一个人，这也是人脸识别技术的核心算法之一。随着人脸识别技术的进展，特别是近年来深度学习神经网络的应用，机器通过大量人脸图像的学习，在处理光线变化、表情/容貌变化以及年龄老化等人脸识别的传统难题方面取得突破进展，已基本具备了某种程度上超过肉眼分辨能力的人脸比对准确率。

4. 系统安全架构。由于人脸验证服务作为远程核身的一项基本服务，在系统架构设计上考虑了提供标准接口供不同的业务场景使用，同时也考虑了业务的可扩展性和服务的对外输出。通过安全决策平台实现人脸验证服务产品输出前的风控测评，通过运营平台针对不同业务场景做区别化配置，同时根据反馈的业务效果指导技术优化与系统升级。

项目应用情况以及实施效果：

目前人脸验证服务已经在支付宝内部的会员认证类和交易管控类两大业务场景上线。其中会员认证类的业务需求是通过实时的人脸验证服务提高会员实名认证流程中的审核效率，减少审核人力成本。同时通过验证服务的高覆盖率和高安全性降低人工求助量。交易管控类的业务需求是实时防范移动端用户的银行卡盗用风险、信用卡套现风险和账户盗用风险，风险发生及限权后使用人脸认证为用户提供自助解限手段。

应用方式：

1. 自动化证件审核：使用人脸识别技术对用户上传的凭证图片（身份证照片）与其公安网的人脸图像比对，比对结果输出给人工参考，提高审核速度。

2. 实时实名认证：用户上传身份照片并采集活体人脸图像后，与公安网人脸图像一并进行身份证人脸图像/活体人脸图像/公安网人脸图像三者之间的两两比对，若人脸比对通过且银行卡验证通过则实时认证成功。

3. 找回密码：提供人脸认证作为找回密码的一种方式，根据风险策略在某些场景下替代原有的认证方式（如短信验证码、安保问题），特别是短信验证码容易受到用户换手机号、短信被拦截或丢失等因素影响，成功率较低。

4. 风险交易解限：支付宝风控体系检测到风险交易并限权后，为确保当前交易是用户本人操作，实时向用户输出人脸采集入口，现场采集用户的活体人脸图像，与其公安网人脸图像比对后返回比对结果，若比对通过则实时解除用户的限权措施。

5. 签约绑卡：在用户在支付宝绑定其实名制下的银行卡时，为确保当前交易是用户本人操作，实时向用户输出人脸采集入口，现场采集用户的活体人脸图像，与其公安网人脸图像比对后返回比对结果，若比对通过且银行卡验证通过则绑卡成功。

6. 刷脸登录：在用户登录支付宝手机客户端时，能够通过刷脸替代输入密码的过程，进行身份验证。独一无二的生物特征成为用户天然的密码，用户不用记忆繁琐的密码，通过现场采集用户的活体人脸图像，与其公安网人脸图像比对后返回比对结果，若比对通过则成功登录用户账户。

应用效果：

证件审核与实名认证：降低50%的人工审核工作量，降低50%以上的人工求助量/日。

找回密码：有效提高找回密码的成功率，防范用户丢手机后被重置密码的风险。降低20%以上的人工求助量/日。

风险交易解限：资损率不变的前提下，降低客户端打扰率至万分之一，提高用户体验。签约绑卡：有效防范银行卡盗用风险，提高用户体验。

三、主要创新点

1. 居于世界领先地位的人脸识别核心算法、图像脱敏技术以及交互式活体人脸采集技术。其中人脸比对算法在国际公开人脸数据集（LFW）上的识别精度已达到99.5%，在实际业务场景的人脸图像数据集上的比对精度达到95%，交互式活体人脸采集技术采用高精度的关键点定位和跟踪算法以及连续帧检测算法，可以有效防止照片、视频和面具攻击。相关算法已申请12项发明专利，整体技术方案已通过公安部测评。

2. 开发了全球独一无二的基于眼部细节特征的人脸辅助因子识别技术，准确性达99.99%，同时，基于眼部细节特征的活体人脸采集技术能够在不需要用户做动作的前提下完成活体判断，在体验和准确性之间取得了良好的平衡。该项技术已获得12项专利授权。

3. 高可靠性和高灵活性的安全系统架构。人脸验证服务的整体系统架构分为客户端和服务端两部分，人脸活体采集客户端采用直达 driver 签名判断机制、https 打点机制和暗水印/签名机制有效防范注入攻击和替换攻击。人脸比对服务端采用并行架构，便于平行扩容，同时将资源抢占型的算法层与负载均衡型服务层分离，既充分发挥算法服务器的计算优势，又保持服务接口服务器的独立性和稳定性。

4. 完善的基于人脸验证服务的运营平台和数据平台。运营平台实时监控人脸验证服务的各项性能指标，并通过下发服务端参数和接收客户端行为日志来不断优化各项指标，指导技术优化与系统升级，从而形成数据化运营的闭关。数据平台积累人脸验证服务的脱敏行为数据，基于数据分析结果对不同业务场景的相关参数形成区别化配置，同时对不同用户群体的行为特性进行个性化配置。

四、社会贡献度

经济效益：

人脸验证服务能有效节省人力成本，按照身份认证类的业务场景所降低的人工审核和客服求助量计算，平均每月可减少60个人工投入，至少可降低60万元的人力成本，根据替代短信发送量统计，平均每月可节省100万元成本。

社会效益：

1. 基于人脸验证的核身服务，为用户提供了更高安全性的身份验证服务和更流畅的用户体验，同时极低的使用门槛也使普通用户能够体验到最新、最前沿的智能技术。

2. 人脸验证服务在支付宝几大业务场景的使用，有利于积累人脸识别技术的运营推广经验，同时具有很强的示范作用，更好地推动国家技术升级转型。

案例 4：天翼电子人脸
识别支付产品应用

一、项目背景

为了降低 POS 机终端成本、促进支付手段多样化，构建人脸识别支付产品设计。人脸识别支付主要包含人脸识别核心系统和 PC 版及安卓版软件制作、注册接口对接、支付接口对接、系统测试及后续的改进和系统维护。

人脸识别是基于人的脸部特征信息进行身份识别的一种生物识别技术。用摄像机或摄像头采集含有人脸的图像或视频流，并自动在图像中检测和跟踪人脸，进而对检测到的人脸进行脸部的一系列相关技术，通常也叫做人像识别、面部识别。

随着电信翼支付用户的不断扩展，让用户更方便地使用翼支付成为电信运营商考虑的一个方向。我们考虑可以通过目前已经成为新的生活方式的微信和人脸识别技术来服务于翼支付用户。

二、项目详细介绍

1. 总体思路、方案、实施效果

本产品提供了一个通道，使翼支付用户通过微信功能，上传人脸头像到翼支付平台上进行账号和人脸的绑定，主要包括了与人脸识别平台的接口交互上传用户的人脸照片信息，与翼支付平台的接口交互确定翼支付账号与人脸绑定的纪录和反馈。

通过微信公众平台中"我要绑定"进入相应的翼支付人脸绑定功能界面；输入翼支付账号，与翼支付平台交互获取短信验证码；进入身份证照上传和身份证号码信息填写界面，确认后与翼支付平台交互确认身份证号码和翼支付账号绑定身份证号码一致后开始上传人脸正面信息；把身份证照和人脸正面照片信息发送至翼支付平台等待审核；后续继续上传至人脸侧面照片两张，一共3张人脸照片信息上传至人脸识别平台，通过人脸识别平台建模后提示用户进入绑定审核状态；待翼支付平台审核通过后由微信界面查询绑定成功信息。

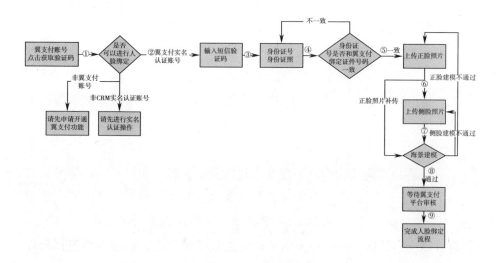

图1　翼支付人脸绑定流程

主要有微信平台接口与翼支付平台的交互和与人脸识别系统的交互两大模块。

案例一：

（1）客户端向翼支付平台发送获取短信验证码请求，客户端和翼支付平台之间采用 http + soap 协议，传输内容包括请求平台编码和附加域，其中附加域包括请求流水、翼支付账号、认证码。翼支付平台接受客户端请求，并解析请求包数据，执行相关业务，发送应答包给客户端，传输内容包括请求流水、操作结果、短信验证码。客户端接受翼支付平台应答，并解析应答包，根据操作结果做出不同的响应。

（2）客户端向翼支付平台发送核实身份证号请求，客户端和翼支付平台之间采用 http + soap 协议，传输内容包括翼支付账号和身份证号。翼支付平台接受客户端请求，并解析请求包数据，执行相关业务，发送应答包

373

给客户端，传输内容包括请求流水、操作结果、短信验证码。客户端接受翼支付平台应答，并解析应答包，根据操作结果做出不同的响应。

（3）客户端通过 java 的 FTP 相关包（commons – net – 3.3. jar）上传身份证照和正脸照片。

（4）客户端向翼支付平台发送用户绑定通知请求，客户端和翼支付平台之间采用 http + soap 协议，传输内容包括请求平台编码和附加域，其中附加域包括请求流水、翼支付账号、身份证号、身份证照片文件名、用户正脸照片文件名、认证码。翼支付平台接受客户端请求，并解析请求包数据，执行相关业务，发送应答包给客户端，传输内容包括请求流水、操作结果。客户端接受翼支付平台应答，并解析应答包，根据操作结果做出不同的响应。

案例二：

（1）客户端向人脸识别平台发送建模请求，客户端和人脸识别平台之间采用 socket 协议，传输内容包括操作类型、账号、建模类型（0 – 预建模、1 – 续建模）、图片的 Base64 字符串。人脸识别平台接受客户端请求，并解析请求包数据，执行相关业务，发送包给客户端，传输内容包括操作类型、账号、图片操作结果、建模操作结果。客户端接受人脸识别平台响应，并解析响应包，根据操作结果做出不同的响应。

（2）客户端向人脸识别平台人像注册请求，客户端和人脸识别平台之间采用 socket 协议，传输内容包括账号、注册类型（0 – 取消注册人像数据、1 – 注册人像数据）。人脸识别平台接受客户端请求，并解析请求包数据，执行相关业务，发送包给客户端，传输内容包括账号、操作结果（1 – 成功、0 – 失败）。客户端接受人脸识别平台响应，并解析响应包，根据操作结果做出不同的响应。

2. 关键创新点

（1）快捷

人脸识别大约在 2 秒之内完成对应的支付，满足用户不用带翼支付卡就可以快速支付。

（2）安全

通过微信功能进行翼支付账号的人脸信息绑定，通过人脸识别的唯一性，增强了账户的安全性。

3. 节约成本

一台人脸识别摄像机费用不到 300 元，远远低于现有 POS 机的成本。

图 2　人脸支付双屏一体机

图 3　人脸支付售货机

三、应用成效

1. 应用情况

截至目前，已在邻小二自助售货机和专用机具上加载人脸识别应用。2015 年 6 月在甜橙金融北京、上海、广州三地办公场所部署人脸支付邻小二售货机。另外，从 2015 年 8 月起，分别在福州电信、福建号百公司食堂部署人脸支付终端，如图 4 所示。累计消费笔数 3155，消费成功 3124，消费成功率为 99.06%。

图 4　福州电信食堂试点图

此外，人脸识别自助售货机也多次参加各种国际国内展览，得到了多个地区的电信领导及媒体的关注，很好地宣传了甜橙金融品牌，提升了甜橙金融在公众中的创新形象，如图 5 所示。

图 5　江苏"宽带中国，千兆苏州"全光网展会

2015 年 10 月 22 日，由甜橙金融媒介实验室与交费易事业群共同倾力

打造，人脸识别应用于实名认证功能正式上线。截至目前，通过人脸认证累计商户数 1690 户，通过数 1482 户，成功率 87.7%。

OCR 图像识别　　　　　　　　　活体检测　　　　　　　　　人证比对

2. 社会效益

人脸识别具有安全性高、识别唯一性等特点，支付业务对于安全性和唯一性的要求也很高，人脸识别技术和支付业务有机地结合起来，通过人脸识别技术，可以保证支付的快捷、便利和安全，具有较好的创新意义，相对于传统的卡片＋密码的支付方式，具有更好的便利性，建议可以先从小额支付和需要快速支付的场景进行推广，并在应用中完善，尝试推动支付方式的革新。在发现和解决支付安全问题后，可迅速在客户端、支付网关等场景使用，单独使用加快鉴权及支付速度，并可结合密码提升支付安全性。